THOMAS BENJAMIN

LA REVOLUCIÓN MEXICANA

MEMORIA, MITO E HISTORIA

Colección PASADO Y PRESENTE
Director: ENRIQUE FLORESCANO

Thomas Benjamin

La Revolución Mexicana

Memoria, Mito e Historia

Traducción de María Elena Madrigal Rodríguez

taurus

PASADO Y PRESENTE

LA REVOLUCIÓN MEXICANA. MEMORIA, MITO E HISTORIA.
D.R. © Título original en inglés: *La Revolución: Mexico's Great Revolution as Memory, Myth and History.*
D.R. © Thomas Benjamin, 2000.
D.R. © University of Texas Press, 2000.

De esta edición:
D.R. © Santillana Ediciones Generales, S.A. de C.V.
Av. Universidad 767, Col. del Valle
México, 03100, D.F. Teléfonos: 5420-7530 y 5604-9209
www.taurusaguilar.com.mx

- Distribuidora y Editora Aguilar, Altea, Taurus, Alfaguara, S.A.
  Calle 80 Núm. 10-23, Santafé de Bogotá, Colombia.
  Tel. 635-1200
- Santillana S. A.
  Torrelaguna 60-28043, Madrid, España.
- Santillana S. A.
  Av. San Felipe 731, Lima, Perú.
- Editorial Santillana S. A.
  Av. Rómulo Gallegos, Edif. Zulia 1er. piso
  Boleita Nte., 1071, Caracas, Venezuela.
- Editorial Santillana Inc.
  P.O. Box 19-5462 Hato Rey, 00919, San Juan, Puerto Rico.
- Santillana Publishing Company Inc.
  2105 N.W. 86th Avenue, Miami, Fl., 33122, E.U.A.
- Ediciones Santillana S. A. (ROU)
  Constitución 1889, 11800, Montevideo, Uruguay.
- Aguilar, Altea, Taurus, Alfaguara, S. A.
  Beazley 3860, 1437, Buenos Aires, Argentina.
- Aguilar Chilena de Ediciones Ltda.
  Dr. Aníbal Ariztía 1444, Providencia, Santiago de Chile.
- Santillana de Costa Rica, S.A.
  La Uruca, 100 m Oeste de Migración y Extranjería, San José, Costa Rica.

Primera edición: octubre de 2003.

ISBN: 968-19-0936-4

D.R. © Fotografías de portada: *Emiliano Zapata en su cuartel de Cuernavaca,* 1914-1918; y *Soldaderas,* CONACULTA-INAH-SINAFO-FONOTECA DEL INAH.
D.R. © Diseño de portada: Angélica Alva Robledo, 2003.

Impreso en México

ÍNDICE

Para Sharon

Es el comienzo de una gran historia.
Prometo contárselas.
Regístrenla, todos ustedes,
y consérvenla en la memoria.
Nunca permitan que sea olvidada.

Corrido de la Revolución.

PREFACIO

Hace más de veinticinco años que "leo" el texto de la Revolución Mexicana. Durante la década de los ochenta resumí, en ensayos historiográficos, mis conocimientos apenas elementales sobre el tema. La historiografía me llevó a recorrer el trabajo de las escasas generaciones de historiadores que han investigado, narrado e interpretado la gran Revolución Mexicana del siglo XX. Me percaté de cómo los historiadores con frecuencia reflejaban —e influían en— los presupuestos políticos de su tiempo. Los historiadores de la Revolución, en la etapa posterior a los sucesos de Tlatelolco, eran los herederos de una extensa historiografía que exigía una revisión drástica, a decir de un buen número de ellos. Ante la investigación documental y académica de los revisionistas que contradecía a la historia oficial, promotora de una visión positiva de la Revolución, el "mito de la Revolución" se derrumbó. En mis incursiones por la historiografía del periodo, comencé a pensar en la memoria oficial, el mito y la historia, y me pregunté: ¿es que hubo una historiografía revolucionaria desde los orígenes del movimiento y, si así fue, cuándo, cómo y por qué surgió, cómo era?

Este trabajo pretende responder a estas preguntas. La Revolución Mexicana que discuto en estas páginas existe sólo en palabras, en el papel: es el discurso de la memoria. Los sucesos que provocaron los mexicanos durante el periodo de 1910 a 1930 a fin de transformar su sociedad y reconstruir su nación también son parte de la Revolución Mexicana. Me adelanto a aseverar que la Revolución Mexicana no fue fundamentalmente una logomaquia, una mera polémica; que preste atención a las palabras no implica que niegue los hechos. Con su conducta, los revolucionarios hicieron una revolución —o tal vez debería decir revoluciones— al tiempo que inventaron otra revolución con su discurso. Cientos de historiadores han estudiado la revolución de los hechos; considero que ha llegado el momento de escuchar atentamente a la otra, la de las palabras.

No soy el primero en intentarlo y, por lo tanto, doy crédito a un par de predecesores. El primero es Guillermo Palacios, autor de la tesis "La idea de la Revolución Mexicana", presentada en El Colegio de México en 1969. De esta fuente retomo la premisa fundamental de "la idea de la Revolución", a la que me referiré como *la Revolución*. Mi segunda antecesora es Ilene O'Malley, con *The myth of the Mexican revolution: hero cults and the institutionalization of the Mexican State, 1920-1940*, de 1986. Este excelente libro muestra cómo y por qué el Estado posrevolucionario hizo de Francisco I. Madero, Emiliano Zapata, Venustiano Carranza y Francisco Villa héroes oficiales, mitos y símbolos. Estos dos estudios han guiado mi investigación y mi escritura.

En los últimos diez años he estado "leyendo" esta Revolución Mexicana en particular. La investigación para este libro fue hecha con base en documentos "menores", políticamente hablando, ésos que frecuentemente ignoran o menosprecian los historiadores (al menos, eso es lo que yo hice durante años). La Colección de Folletos de la Revolución Mexicana, de la Biblioteca Lerdo de Tejada, en la ciudad de México, constituye una mina de oro de impresos, folletos y artículos prácticamente desconocidos. La sección es tan poco frecuentada que ni siquiera los bibliotecarios del mostrador principal sabían de su existencia cuando les pregunté por ella. Igualmente indispensable para mi proyecto fue la Colección Basave, de la Biblioteca de México, en la Ciudadela de la ciudad de México. Estoy profundamente agradecido con los bibliotecarios de las dos instituciones —y de muchas otras en México, Estados Unidos y Europa—, quienes localizaron textos relegados y los hicieron llegar a mis manos. Otros proveedores importantes para este trabajo fueron los libreros "de viejo" de las calles de Donceles y de Brasil de la ciudad de México. Con ellos adquirí incontables materiales y libros que no habría podido conseguir en ninguna otra parte. Finalmente, el legado de la maravillosa colección de Charles C. Cumberland y David C. Bailey sobre la Revolución Mexicana resultó una fuente de investigación incomparable y pertinente.

En 1988, el National Endowment for the Humanities me dio la oportunidad de comenzar mi investigación en la Benson Latin American Collection, en la Universidad de Texas en Austin. Durante el periodo 1989-1990, en calidad de profesor visitante en la Universidad de Groningen, Holanda, pude continuar con este proyecto a distancia, gracias a la ayuda de numerosas bibliotecas en Holanda y el Reino Unido. La Universidad Central de Michigan me otorgó una Beca a la Investigación Profesional durante el semestre de otoño de 1990, con la cual pude consultar las bibliotecas y archivos de la ciudad de México, a donde regresé algunos veranos y durante mi año sabático en el semestre de invierno de 1993. Expreso mi sincera gratitud por este apoyo institucional.

Las ponencias que presenté ante la American Historical Association, la Latin America Studies Association, el Congreso Internacional de Historiadores Estadounidenses y Mexicanos y el Mexican Studies Center de la Universidad de Groningen propiciaron mi reflexión y mis esbozos del proyecto. En 1992 reformulé completamente el proyecto a raíz de las atinadas observaciones que me hicieron algunos lectores anónimos cuando presenté mi trabajo para su publicación a *Mexican Studies/Estudios Mexicanos*. Nunca envié la nueva versión porque mi propuesta ya se había convertido en este libro. Una versión anterior del primer capítulo apareció bajo el título "The past in the mexican revolution", en Hub Hermans, Dick Papousek, y Catherine Raffi-Béroud (eds.), *Concierto mexicano 1910-1940: repercusión e interpretaciones* (Groningen, Mexican Studies Center, 1997). Lo mismo sucedió con el sexto capítulo que, con el título "La Revolución hecha monumento: el monumento de la Revolución", apareció en *Historia y Grafía* 3: 6 (1996). En el decurso de mi proyecto, he recibido el consejo y ayuda de Bill Beezley, Matt Esposito, Javier Garciadiego Dantan, Elaine Lacy, David Lorey, Clemente Martínez, Norma Mereles de Ogarrio, Henry C. Schmidt, Bárbara Tannenbaum y Paul Vanderwood. David LaFrance me guió hacia la Colección Documental del Instituto Nacional de Estudios Históricos de la Revolución Mexicana del Archivo General de la Nación de México. Daniela Spenser pasó muchas tardes conmigo en la Hemeroteca Nacional de la UNAM debatiendo sobre la década del novecientos veinte. Mark Wasserman leyó y criticó una versión incipiente del libro. Estoy en gran deuda con Samuel Brunk, quien leyó dos borradores y me dio algunas sugerencias invaluables.

Comencé a leer la Revolución en un coloquio sobre la nueva historiografía de la Revolución Mexicana que impartió David Bailey. Allí inició mi conocimiento sobre la historia de México. Más recientemente, y sobre todo durante esta tarea, me he servido de las estupendas historias escritas por Bill Beezley, David Brading, Enrique Florescano, Adolfo Gilly, Charles Hale, Linda Hall, John Hart, Friedrich Katz, Alan Knight, Enrique Krauze, Guillermo Palacios, Doug Richmond, Ramón Eduardo Ruiz, Mary Kay Vaughan, Mark Wasserman y Allen Wells. Mi postura frente a las políticas culturales y a la memoria colectiva ha sido influida por la obra de Benedict Anderson, Murray Edelman, Maurice Halbwachs, E. J. Hobsbawm, Patrick H. Hutton y Edmundo O'Gorman. Huelga decir que influencia, ayuda y amistad no implican corresponsabilidad en lo más mínimo. Finalmente, la compañía incesante de Sharon House ha hecho de este viaje por la Revolución Mexicana y por México una experiencia valiosa y digna de recordarse.

El panteón de los héroes de la patria

Estos personajes históricos aparecen a lo largo del libro. La lista no incluye los nombres de todos los héroes nacionales, sino solamente a aquellos de mayor resonancia dentro del discurso patriótico mexicano.

Cuauhtémoc (1502?-1525)

Cuauhtémoc fue sobrino de Moctezuma II y el último emperador azteca y gobernante de Tenochtitlán. Defendió con tenacidad a su pueblo y a su ciudad contra los conquistadores españoles de Hernán Cortés en el verano de 1521. En agosto del mismo año fue capturado y torturado, pero no reveló el lugar donde se localizaba el tesoro "perdido" de los aztecas. Cortés se llevó a Cuauhtémoc a su expedición por Honduras, de 1524-1525, pero, temerosos de un levantamiento, los españoles juzgaron y condenaron al antiguo gobernante por traición y lo colgaron. Cuauhtémoc, y no Cortés, resultó vencedor ante la muerte y ante la historia, puesto que se convirtió en un símbolo fundamental para el nacionalismo mexicano. Se erigió un monumento en su honor en el Paseo de la Reforma de la ciudad de México en 1887.

Miguel Hidalgo y Costilla (1753-1811)

Miguel Hidalgo, el "Padre de la Patria", sacerdote católico, fue uno de los criollos conspiradores de la región del Bajío que se confabularon contra los españoles, quienes en 1808 habían derrocado al virrey José de Iturrigaray por su apoyo a la autonomía criolla. Cuando se descubrió prematuramente la conspiración, desde su iglesia parroquial en el pueblo de Dolores, Hidalgo convocó a una revuelta popular a realizarse el 16 de septiembre de 1810. Su llamado movilizó a decenas de miles de indios y mestizos, quienes tomaron las ciudades más importantes del Bajío. Su avanzada llegó hasta las afueras de la ciudad de México en octubre y, a pesar de que obtuvo la victoria, con un alto costo, contra el ejército realista, Hidalgo no llevó a cabo su plan de apoderarse de la ciudad. A partir de ese momento, el ejército popular sufrió derrota tras derrota a manos de los soldados realistas. Junto con otros líderes insurgentes, Hidalgo se replegó hacia el norte y fueron capturados en Coahuila. Fueron enjuiciados en Chihuahua y fusilados en julio de 1811. Las cabezas de Hidalgo y sus caudillos fueron colocadas en las cuatro esquinas de la alhóndiga de Guanajuato y permanecieron allí por diez años. En su honor, el pueblo donde estaba su parroquia recibió el nombre de Dolores Hidalgo y se creó el estado de Hidalgo en 1869.

José María Morelos y Pavón (1765-1815)

Morelos, el "Siervo de la Nación", fue comisionado por Hidalgo para comandar la revuelta en el Sur. En noviembre de 1810, Morelos promulgó el fin de la esclavitud y el sistema de castas. Después de la ejecución de Hidalgo, los insurgentes sureños prosiguieron la lucha. Morelos convocó al Congreso Supremo Nacional Americano en Chilpancingo, en 1813, donde recibió el título de generalísimo y se le entregó el Poder Ejecutivo. Cuando el Congreso se trasladó a Apatzingán en 1814, se proclamó una Constitución. Morelos fue capturado en 1815, llevado a juicio a la ciudad de México y fusilado. En 1823 fue declarado "Benemérito de la Patria" y su ciudad natal recibió el nombre de Morelia en su honor en 1828. El estado de Morelos fue creado en 1869.

Benito Juárez (1806-1872)

Juárez, un indio zapoteca del estado de Oaxaca, condujo a los liberales en la Reforma, revolución de finales de la década de 1850 y de la que surgió una nueva Constitución; derogó los privilegios judiciales de la Iglesia católica; separó a la Iglesia del Estado y expropió los "bienes de manos muertas" de la Iglesia. Llegó a la Presidencia en 1858 y comandó a las fuerzas liberales en la Guerra de Reforma (1859-1861) contra los conservadores, que se oponían a sus medidas anticlericales. En 1861 fue electo presidente, pero casi de inmediato debió enfrentar la intervención del ejército francés en 1862 y la imposición del archiduque Maximiliano de Habsburgo como emperador en 1864. Juárez capitaneó al ejército republicano durante la Intervención Francesa (1862-1867), triunfó y ordenó el fusilamiento de Maximiliano. Juárez fue reelecto presidente en 1867 y de nuevo en 1871. Murió en 1872 y fue convertido en el símbolo primordial del nacionalismo. Fue proclamado "Benemérito de la Nación". Su monumento, el Hemiciclo a Benito Juárez, fue inaugurado en el parque de la Alameda en la ciudad de México durante las fiestas del centenario en 1910.

Los niños héroes (muertos en 1847)

Estos "niños héroes" fueron seis cadetes del Colegio Militar, muertos durante el asalto del ejército de Estados Unidos contra el castillo de Chapultepec en la ciudad de México, el 13 de septiembre de 1847, durante la guerra mexicano-americana. Sus edades fluctuaban entre los trece y los diecinueve años. Uno de los cadetes, Fernando Montes de Oca, fue hallado después de la batalla envuelto en la bandera mexicana; al parecer, había saltado hacia la muerte para evitar ser hecho prisionero. Hay dos monumentos a los Niños Héroes en el bosque de Chapultepec, donde se les rinde honores mediante una ceremonia oficial el 13 de septiembre de cada año.

Ricardo Flores Magón (1874-1922)

El "Precursor de la Revolución" nació en Oaxaca, al igual que Juárez. Flores Magón fundó el periódico *Regeneración* en 1900 en contra del régimen dictatorial de Porfirio Díaz. Fue arrestado en 1901 y el diario clausurado. En 1904, junto con su hermano Enrique, se mudó a San Antonio, Texas, y continuó la publicación de *Regeneración*, a pesar del hostigamiento local. Los hermanos Flores Magón vivieron en Saint Louis de 1905 a 1906, pero la persecución de la que eran objeto los obligó a mudarse a Los Ángeles, donde fundaron el diario *Revolución*. Ricardo fue arrestado en 1907, juzgado en 1909 y encarcelado hasta agosto de 1910. A causa de la intolerancia en Estados Unidos durante la Primera Guerra Mundial y de su conocida ideología anarco-comunista, Ricardo fue arrestado bajo el cargo de sedición en 1918 y sentenciado a veintiún años de prisión. Murió en la penitenciaría de Leavenworth en 1922 y su cuerpo fue trasladado a México. Ricardo Flores Magón y otros magonistas fueron conocidos durante la Revolución Mexicana como "los precursores", es decir, como los autores intelectuales del movimiento.

Francisco Indalecio Madero (1873-1913)
El "Apóstol de la Democracia" nació en Parras, Coahuila, en el seno de una de las familias más acaudaladas de México. Estudió administración de empresas en una universidad cercana a Baltimore, Maryland, en el Liceo de Versalles en París y en la Universidad de California en Berkeley. A su regreso a México, comenzó a administrar los negocios familiares y se convirtió al espiritismo. Por ser un terrateniente, estaba provisto de conciencia social; se involucró en la política local a comienzos de 1904 y llegó a convertirse en un auténtico creyente de la democracia. Ingresó a la política nacional en 1908 con la publicación de *La sucesión presidencial en 1910*, que presentaba un diagnóstico de los problemas nacionales y proponía las prácticas democráticas y la libertad política como remedio. En 1909, organizó el Centro Antirreeleccionista y lanzó su candidatura a la Presidencia en las elecciones de 1910.

La campaña de Madero logró suscitar un apoyo considerable en todo el país, pero fue arrestado en junio de 1910 y permaneció en la cárcel durante las elecciones de julio, en las que Díaz fue "reelegido". Escapó de la prisión en octubre y huyó a San Antonio, Texas, donde fraguó el Plan de

San Luis Potosí, la ciudad donde había estado cautivo. El plan convocaba a iniciar una revolución el 20 de noviembre de 1910. El levantamiento maderista ganó simpatías en 1911, sobre todo en Chihuahua, al norte del país, y en Morelos, al sur. Cuando en mayo de 1911 el ejército de Madero tomó Ciudad Juárez, en la frontera con Estados Unidos, el dictador Díaz renunció y abandonó el país.

Después de un intermedio conservador, Madero fue electo presidente en noviembre de 1911 en las elecciones más libres que haya registrado la historia de México. Su administración sufrió el asedio de una prensa hipercrítica e incontables sublevaciones. El presidente, sin embargo, fiel a su palabra, gobernó sobre principios democráticos. A comienzos de 1913, una revuelta en la ciudad de México se convirtió en el pretexto para un golpe de Estado por parte de Victoriano Huerta, un general supuestamente leal al presidente. Madero y el vicepresidente José María Pino Suárez, fueron obligados a renunciar a sus cargos y asesinados la noche del 22 de febrero de 1913. Al morir, el Apóstol de la Democracia se convirtió en el mayor mártir de la Revolución.

Aquiles Serdán (1876-1910)

Llamado el "Mártir de la Revolución", Aquiles Serdán murió a manos del ejército, bajo el Porfiriato, en 1910. Los hermanos Aquiles y Máximo Serdán eran hijos de Manuel Serdán, un anarquista que participó en diversas revueltas y desapareció sin dejar rastro alguno. El 18 de noviembre de 1910, dos días antes del inicio oficial del levantamiento de Madero, la intención de Aquiles Serdán de secundar el alzamiento fue delatada a la policía de la ciudad de Puebla. Quinientos soldados y la policía rodearon la casa de los Serdán y se suscitó una sangrienta batalla. Carmen, la hermana, escapó antes de que se iniciara el enfrentamiento y llegó a ser una revolucionaria de renombre. El gobierno del estado erigió un monumento en honor a los hermanos Serdán en la ciudad de Puebla en 1916 y, en el cincuentenario de la Revolución, en 1960, la casa de los Serdán fue convertida en el Museo Regional de la Revolución.

Emiliano Zapata (1879-1919)

El "Apóstol del Agrarismo", en un principio defendió las tierras del pueblo por las vías legales durante su gestión como presidente municipal de Anenecuilco, Morelos. En marzo de 1911 se unió a la revuelta maderista y organizó una partida de guerrilleros que logró tomar la ciudad de Cuautla en mayo. Zapata se desilusionó de Madero y se levantó en armas en noviembre de 1911 enarbolando la causa del Plan de Ayala, un llamado a la redistribución de la tierra, y el sometimiento a la ley y la democracia electoral. Tras la caída de Madero, los zapatistas continuaron su lucha contra el régimen de Huerta. Cuando éste fue derrocado en el verano de 1914, Zapata tomó el gobierno de Morelos y realizó una reforma total de la tenencia de la tierra.

Cuando estalló la guerra civil entre Venustiano Carranza y Francisco Villa, Zapata se alió a este último. En la primavera de 1916, las tropas carrancistas invadieron Morelos y los zapatistas se vieron obligados a involucrarse en una guerra de guerrillas que se prolongaría hasta 1920. En abril de 1919, los carrancistas idearon una emboscada y asesinaron a Zapata. Al morir, Zapata se convirtió en un poderoso símbolo de la revolución agraria; el Estado posrevolucionario se adueñaría de él en la década de los veinte para afianzar su legitimidad.

Venustiano Carranza (1859-1920)

Antes de convertirse en el "Primer Jefe" del movimiento constitucionalista, Carranza era un acaudalado hacendado de Coahuila. Comenzó su carrera política en la década de 1890; sin embargo, cuando el presidente Díaz apoyó a otro candidato para la gubernatura de Coahuila en 1909, Carranza se alió con Madero. Fungió como su ministro de Guerra y después del triunfo se convirtió en gobernador de su estado. Al derrocamiento y asesinato de Madero en febrero de 1913, Carranza hizo historia. Siguiendo el ejemplo de Juárez en 1858, Carranza, el "Abuelo" de la Revolución, a la edad de cincuenta y tres años, se alzó en armas en nombre del Plan de Guadalupe e hizo un llamado para el restablecimiento del gobierno constitucional. Se autonombró "Primer Jefe del Ejército Constitucionalista" y ganó adeptos. Desde los comienzos de 1913 y hasta el verano de 1914, Carranza coordinó la lucha armada contra el gobierno del general Huerta. Se opuso a la intervención y ocupación del puerto de Veracruz por parte de Estados Unidos en la primavera del 1914, a pesar de que el objetivo estadounidense era confiscar armamento alemán y debilitar así al huertismo.

En el otoño de 1914, los generales revolucionarios organizaron la Convención de Aguascalientes, que de inmediato desconoció el liderazgo de Carranza. Sin embargo, la escisión entre Villa y Carranza orilló a Obregón, el general más poderoso de Carranza, a optar por este último. De nueva cuenta, a semejanza de Juárez, Carranza se replegó en Veracruz (ya liberado de las tropas americanas) y proclamó las "Adiciones al Plan de Guadalupe", las leyes de la nueva reforma que modificarían la propiedad de la tierra, el matrimonio civil, la autonomía municipal y la soberanía del Poder Judicial. En la primavera de 1915, el general Obregón derrotó a Villa en algunas batallas. A finales de 1916, Carranza convocó al Congreso Constituyente en Querétaro. Los delegados ahondaron sus moderadas reformas y redactaron la Constitución de 1917, que incluía muchas de las reformas sociales y económicas por las que habían luchado los revolucionarios. La nueva Constitución también legislaba sobre la política y, en mayo, Carranza fue electo presidente constitucional de México para el periodo 1917-1920.

En la presidencia, Carranza se volvió más cauto y conservador: se rehusó a aplicar seriamente las nuevas reformas constitucionales que afectaban la tenencia de la tierra, las condiciones laborales, la Iglesia y la inversión extranjera. En 1920, casi al final de su periodo, intentó imponer como su sucesor a Ignacio Bonillas, embajador ante Estados Unidos. Desde el estado de Sonora, Álvaro Obregón organizó una rebelión, que para la primavera se había fortalecido con la mayor parte de las Fuerzas Armadas. Nuevamente, Carranza se repliega a Veracruz, pero es interceptado en el camino. El primer jefe y su comitiva se dirigieron hacia el norte a caballo. En la noche del 20 al 21 de mayo, los obregonistas descubrieron y atacaron su campamento. Carranza murió en el tumulto. Su cuerpo fue llevado a la ciudad de México y enterrado en el panteón de Dolores. En 1942 —en ocasión del vigésimo quinto aniversario de la promulgación de la Constitución de 1917— la urna de cobre que contenía sus cenizas fue depositada en una cripta dentro del Monumento a la Revolución.

Francisco "Pancho" Villa (1878-1923)

El "brazo fuerte de la Revolución" nació en el estado de Durango y fue bautizado como Doroteo Arango, mas tuvo que cambiar su nombre a Francisco Villa para escapar de la ley. De ocupación arriero y bandido, en 1910 se unió a la sublevación maderista en Chihuahua. En 1912 luchó contra Madero bajo el liderazgo de Pascual Orozco. En 1913, reunió una fuerza militar para luchar contra el régimen de Huerta y se convirtió en uno de los líderes más importantes del ejército constitucionalista. Su División del Norte tomó Torreón y Zacatecas y allanó el camino para la derrota final de Huerta. Sus diferencias con el "Primer Jefe" se ahondaron y evidenciaron hacia la primavera de 1914, pero se hicieron drásticas en el otoño de ese año. Cuando Carranza huyó de la ciudad de México a Veracruz a finales de 1914, las triunfantes fuerzas villistas y zapatistas ocuparon la ciudad. Los dos caudillos populares posaron para una famosa fotografía en el Palacio Nacional, con Villa sentado en la silla presidencial. Villa no habría de conocer un poder igual.

En la primavera de 1915, los ejércitos de Villa y Obregón se enfrentaron en una serie de batallas que determinaron el destino de México. Derrotado, mas no destruido, Villa se retiró a Chihuahua y, a finales de 1915, descargó su cólera contra las fuerzas del general Plutarco Elías Calles en Sonora. Una vez más, las fuerzas de Villa fueron derrotadas y reducidas a guerrilla. Cuando el gobierno de Estados Unidos reconoció a Carranza, en octubre de 1915, Villa se sintió traicionado y en marzo de 1916 contraatacó por sorpresa el pueblo de Columbus, en Nuevo México. La ofensa susci-

tó la "Expedición Punitiva", una intervención norteameri-
cana comandada por el general John J. Pershing para capturar, o al menos dispersar, las fuerzas del "bandido". Villa burló
a Pershing y a las fuerzas carrancistas durante los años siguientes, al tiempo que daba muestras de su ingenio. A la
caída de Carranza en 1920, el presidente interino Adolfo de
la Huerta negoció el retiro de Villa: él y sus hombres depu-
sieron las armas y el gobierno los pensionó y les otorgó la
hacienda de Canutillo. Tres años después, el 20 de julio de
1923, Villa fue asesinado cuando iba en automóvil por el
pueblo de Parral. Algunos culparon a Obregón y a Calles,
otros atribuyeron el asesinato a rencillas personales. Después
de tres años de sepultura, unos saqueadores de tumbas ro-
baron el cráneo de Villa. Cincuenta años más tarde, en 1976,
los restos de Pancho Villa fueron depositados en el Monumento a la Revolución.

Felipe Carrillo Puerto (1872-1924)

El "Santo del Proletariado", más tarde gobernador del estado de Yucatán, nació en el pueblo de Motul. Fungió como
agrónomo con los zapatistas en Morelos en 1915 y regresó a
Yucatán el mismo año en que el general Salvador Alvarado
tomó el control del estado en nombre del movimiento constitucionalista. Bajo la protección de Alvarado, Carrillo Puerto fundó las Ligas de Resistencia, organizaciones agrarias
armadas compuestas por decenas de miles de peones indígenas. También fundó el Partido Socialista del Sureste. Cuando Alvarado se marchó de Yucatán en 1918, el presidente
Carranza persiguió al Partido Socialista y, en 1919, envió a
Carrillo Puerto al exilio por haber apoyado la candidatura
presidencial de Álvaro Obregón.

Carrillo Puerto regresó a Yucatán después del derrocamiento de Carranza, trabajó para reconstruir las ligas y el
Partido Socialista de 1920 a 1922, durante un periodo de
gobierno provisional socialista, y fue electo gobernador por
derecho propio en 1922. Cuando la rebelión delahuertista
estalló a finales de 1923, el gobernador Carrillo Puerto fue
capturado; fue ejecutado en la capital estatal el 3 de enero

de 1924. El estado de Yucatán lo honró con un monumento en enero de 1926, en Mérida. La inscripción dice: "Su sangre hará fructificar al pueblo.

Álvaro Obregón Salido (1880-1928)

Obregón, el "Caudillo de la Revolución", nativo del estado de Sonora, fue un agricultor medianamente exitoso durante el Porfiriato. No tomó parte en la sublevación maderista de 1910 a 1911, una falta de la que siempre se arrepentiría. En 1912 luchó contra la rebelión antimaderista que comandaba Pascual Orozco y, en 1913, se unió al movimiento constitucionalista, cuyo líder era Venustiano Carranza. Rápidamente ascendió a general del ejército del noroeste —con lo que se convirtió en uno de los tres comandantes en jefe del Ejército Constitucionalista— y le tocó ser el oficial que aceptó la rendición del Ejército Federal en 1914. Al darse la ruptura entre Carranza y Villa en el otoño de 1914, Obregón permaneció leal al "Primer Jefe". En el transcurso de una serie de batallas en el Bajío en la primavera de 1915, Obregón derrotó definitivamente a Villa, aunque en una escaramuza fue herido por una granada y perdió su brazo derecho.

Obregón jugó un papel importante en el apoyo a los diputados radicales durante el Congreso Constituyente de 1917. Entre 1919 y 1920 se lanzó como candidato a la Presidencia y, cuando quedó claro que Carranza pretendía imponer a su propio candidato, Obregón y sus coterráneos Adolfo de la Huerta y Plutarco Elías Calles iniciaron la revuelta que derrocó a Carranza y condujo a la muerte del "Primer Jefe". Obregón fue elegido presidente en 1920 (su periodo duró de 1920 a 1924), y su imposición de Calles como sucesor condujo a la sublevación —infructuosa— de de la Huerta entre 1923 y 1924. Obregón entregó el poder a Calles en 1924 e ideó una reforma de las leyes electorales que le permitiría la reelección no consecutiva. Fue reelecto presidente en 1928 y poco después fue asesinado por un fanático católico.

CRONOLOGÍA
1810-1910

1810   Este año marca el comienzo de la lucha por la independencia, bajo el liderazgo del padre Miguel Hidalgo. El virreinato de la Nueva España tiene unos seis millones de pobladores.

1811   La sublevación de Hidalgo es aplastada y él es ejecutado. Alexander von Humboldt publica su *Mapa de la Nueva España* en Francia.

1821-1822   Los generales Agustín de Iturbide y Vicente Guerrero logran la Independencia en 1821.
            Estados Unidos otorga su reconocimiento diplomático a México en 1822.

1823   Se establece la República Mexicana.
            Se autoriza la bandera nacional tricolor, con un águila sobre un nopal en el escudo.

1831   Vicente Guerrero es enjuiciado, hallado culpable de traición y fusilado.
            Se funda el Museo Nacional en el Conservatorio de Antigüedades.

1849   Se descubre oro en California, uno de los territorios perdidos en la guerra contra Estados Unidos en 1847-1848.
            Se funda la Biblioteca Nacional.

1854-1855   El levantamiento de Ayutla de 1855 provoca la caída del poder de Santa Anna.
    El Congreso aprueba el Himno Nacional en 1854.

1856-1861   En el periodo de la Reforma y la Guerra de Reforma entre liberales y conservadores, Benito Juárez es el líder del Partido Liberal y el guía de México.
    Se emite el primer timbre postal, con una efigie grabada del padre Hidalgo.

1857   La Constitución de 1857, liberal y federalista, otorga a la nación su primera declaración de derechos.
    De acuerdo con el censo, hay cerca de ocho millones de mexicanos.

1862-1867   Luis Napoleón Bonaparte envía al ejército francés al Nuevo Mundo e impone al archiduque austriaco Fernando Maximiliano de Habsburgo como emperador de México.
    Se dedica un monumento a Morelos en 1865 en la Plazuela de Guardiola en la ciudad de México.

1862   El cinco de mayo, las fuerzas republicanas repelen un ataque francés contra la ciudad de Puebla. Esta victoria se convierte más tarde en fiesta nacional, pero en su momento sólo retrasa un año la ocupación francesa de México.
    Maximiliano cambia el nombre de la Academia de Arte de San Carlos, fundada en 1785, por el de Academia Imperial.

1867   El presidente Benito Juárez regresa a la ciudad de México y es reelecto para un tercer periodo.
    El discurso por el Día de la Independencia, de Gabino Barreda, interpreta la historia de Méxi-

co como una pugna entre un espíritu negativo y un espíritu positivista encarnado por las fuerzas liberales republicanas.

1872 Muere el presidente Juárez y Sebastián Lerdo de Tejada ocupa su lugar.

1876-1911 Periodo conocido como el Porfiriato, en el que México ve a Porfirio Díaz ocupar siete veces la primera magistratura del país.

Durante el Porfiriato, México construye su sistema ferroviario, instala sus sistemas telegráfico y telefónico y resuelve los problemas de drenaje en la ciudad de México.

1887 La industria minera de México repunta durante la década de 1880 gracias a una nueva ley, la inversión extranjera y maquinaria moderna.

Se inicia la construcción de un monumento a Cuauhtémoc en el Paseo de la Reforma en la ciudad de México.

1900 Los hermanos Flores Magón inician la publicación de *Regeneración*, un diario semanal donde se critica al porfirismo.

Justo Sierra publica una voluminosa historia nacional titulada *México, su evolución social.*

1904 Ricardo Flores Magón funda el Partido Liberal Mexicano (PLM).

Santa, de Federico Gamboa, la primera novela mexicana genuinamente moderna, se publica en 1902.

1906 Los trabajadores mexicanos de la Cananea Koper Company van a la huelga y son violentamente reprimidos. Al año siguiente, los trabajadores de las fábricas textiles de Río Blanco también se declaran en huelga y son masacrados por las tropas federales.

Para conmemorar el centenario del natalicio de Benito Juárez, comienza la construcción de un grandioso monumento en su honor en la ciudad de México, el Hemiciclo a Juárez en la Avenida del mismo nombre.

1909-1910   Francisco I. Madero publica en 1910 *La sucesión presidencial de 1910*, un llamado a concluir pacíficamente la dictadura.

En 1909, Andrés Molina Enríquez publica *Los grandes problemas nacionales*, un análisis crítico de la crisis agraria en México.

1910   Porfirio Díaz es reelecto presidente y se interrumpe la campaña antirreeleccionista de Madero con su arresto en la primavera. Cuando es liberado, Madero llama a un levantamiento nacional para el 20 de noviembre de 1910.

En septiembre, el régimen porfirista invierte grandes recursos para celebrar el Centenario de la Independencia, que incluye la inauguración del Monumento a la Independencia, en Paseo de la Reforma.

Introducción
La Revolución con mayúscula

En 1929, Moisés Sáenz, uno de los más conocidos líderes políticos de México, explicó que "nosotros en México distinguimos la Revolución, con mayúscula, de las revoluciones con minúscula".[1] La Revolución con mayúscula, a la cual quería aludir, resultaba loable, justificada, todopoderosa y lo abarcaba todo. Un coro entonaba su acuerdo. Durante las dos décadas precedentes, comentaristas, periodistas, políticos, intelectuales, propagandistas y otros portavoces de la insurgencia, hombres y mujeres en todo el territorio mexicano, los llamados "voceros de la Revolución", inventaron y construyeron la Revolución con mayúscula en sus volantes, impresos, hojas sueltas, proclamas, historias, artículos y editoriales. Durante las dos décadas que siguieron a la declaración de Sáenz en 1929, el gobierno mexicano aprendió a mostrar, difundir y representar la Revolución con mayúscula en festivales, monumentos y en la historia oficial, para educar e inspirar a sus ciudadanos.[2] Los mexicanos le confirieron un alto significado a su Revolución con mayúscula durante el siglo XX, y el proceso por el que le otorgaron constituye el eje de este libro.

El catálogo del mundo anda de cabeza
"Éstos son tiempos de caos; las opiniones son confusas, los partidos una mezcolanza; el lenguaje de las nuevas ideas no ha sido creado [...]. El problema de esta era es clasificar las cosas y los hombres [...]. El catálogo del mundo anda de cabeza". Así se expresó Lamartine en otra era revoluciona-

ria.[3] La crisis en México durante la segunda década del siglo XX fue muy parecida en su complejidad, confusión y ambigüedad. El presidente Woodrow Wilson, que seguía los acontecimientos desde la Casa Blanca, llegó a expresar su descontento: "Estaba muy confundido porque las historias no concordaban".[4] En 1916, Luis Cabrera reconoció que

> la impresión dominante respecto de la situación mexicana, no sólo en el extranjero, sino en México mismo, es la de que es un absoluto caos.
> Las causas que cada Gobierno, cada caudillo, cada conspirador, cada político o cada escritor expone como motivos de la Revolución mexicana son tan numerosas y tan divergentes, unas inmediatas, otras remotas, que es imposible comprenderlas.[5]

Un torrente discursivo acompañó a la avalancha de acontecimientos.[6] En la mayoría de los casos, la intención de dichos discursos era otorgar un sentido, un orden, una dirección y un significado a los sucesos; es decir, reordenar el catálogo. Tal organización del pasado reciente era necesaria porque, como indica Hans Kellner, "los sucesos históricos no se representan a sí mismos, sino que son representados; no hablan, sino que necesitan ser narrados".[7]

Los contemporáneos de la Revolución contaban historias, comparaban y discutían sobre los sucesos del momento según su parecer, para justificar sus actos, condenar a sus enemigos, hacer proselitismo y mucho más. Con sus charlas, sus cantos, su dibujo, su pintura y su escritura inventaron *la Revolución*: un término transformado en lo que parecía ser una parte natural y evidente de la realidad y de la historia. La conversación y la escritura eran parte de un proyecto más amplio y más viejo llamado "forjando patria"; es decir, inventar un país, imaginar una comunidad llamada México ubicada en el tiempo y en el espacio. *La Revolución* se volvió parte del gran relato —la "corriente principal de la tradición", como la denomina Isaiah Berlin— que fundó, moldeó y que es la nación mexicana.[8]

¿Qué es una nación? Es una solidaridad a gran escala, dijo Ernest Renan en 1882. Un siglo más tarde, Benedict Anderson actualizó el término: "es una comunidad imaginada". De acuerdo con Renan y Anderson, no es la etnia, la religión, el interés material, el idioma, la necesidad militar o la geografía lo que reúne las fuerzas fundadoras y básicas para crear y mantener dicha solidaridad. La clave está en la memoria, el mito y la historia; en el recuerdo organizado y en el olvido deliberado. Para Renan, es "un rico legado de recuerdos [...], el deseo de vivir juntos, la voluntad de perpetuar el valor del legado que el individuo ha recibido cual si fuera una unidad indivisible".[9] Para Anderson, es "la expresión de una tradición histórica de continuidades en serie".[10] Cuando decimos "identidad nacional", Jean Meyer argumenta, "también estamos diciendo 'historia'",[11] e incluso en ese momento la nación es meramente un "entelequia problemática, variopinta y artificialmente construida".[12]

El gran relato —o "trama" básica— "se construye culturalmente y provee a los miembros del grupo de una noción general de su pasado común". Asimismo, contribuye a la formación de una nación al "representarla como un grupo homogéneo en evolución dentro del devenir histórico".[13] La mayor parte de las veces, son los poetas, los periodistas, los maestros, los políticos y los escritores quienes más influyen en la composición del gran relato, y no tanto los historiadores profesionales. El gran relato es la memoria colectiva, la mitología nacional, la historia oficial y extraoficial, la formal y la popular; todas ellas unificadas en una sola versión que favorece la fraternidad y la solidaridad nacionales entre sus ciudadanos.[14]

Durante casi dos siglos, los mexicanos se han preocupado por la batalla fundamental que ha de definir y construir dicha solidaridad. Nadie se ha atrevido a rebatir su carácter necesario. Respecto de la precaria cohesión nacional mexicana, Lord Acton escribió en 1862:

> En México, es perceptible lo insustancial y peligroso que es un discurso nacionalista carente de una tradición polí-

tica y fundado solamente en el aspecto racial. Las razas en México están divididas por la sangre y dispersas en las diferentes regiones. Por lo tanto, no es posible unificarlas ni tampoco convertirlas en elementos constitutivos de un Estado organizado. Son inaprensibles, informes y disgregadas, y no pueden ser consolidadas de manera que lleguen a ser los cimientos de las instituciones políticas.[15]

De hecho, México fundó su discurso nacional sobre una tradición política, o gran relato. Debemos primero fijar nuestra atención en la historia nacional, para así entender mejor la invención, construcción y trascendencia de *la Revolución*.

La nación relatada

Los primeros historiadores nacionales del siglo XIX buscaron los orígenes y la naturaleza de México en las contrastantes interpretaciones provenientes de los conquistadores, cronistas y misioneros del siglo XVI. Los conservadores tradicionalistas e hispanófilos, se vieron influidos por la original escuela imperial de historia. Las cartas de Hernán Cortés al emperador Carlos V, y las crónicas de Gonzalo Fernández de Oviedo, Francisco López de Gómara, Bernal Díaz del Castillo y Gonzalo Jiménez de Quesada justificaban y ensalzaban la conquista militar del imperio azteca. Los cronistas españoles hacían hincapié en el heroísmo individual y, simultáneamente, hacían alarde de un sentido mesiánico de la historia. Por lo general, denigraban a la cultura nativa al caracterizarla como brutal y salvaje, y condenaban de manera particular su naturaleza idólatra y "satánica". Consecuentes con tal visión, los conservadores decimonónicos interpretaron la conquista como el nacimiento de la nación mexicana, a Cortés como su padre fundador y a la aparición de la Virgen María, en su advocación de la Virgen de Guadalupe (a tan sólo diez años de la Conquista) como su bautismo.[16]

Los liberales, racionalistas e hispanófobos, imaginaron un México muy diferente, uno derivado de tradiciones muy distintas y más complicadas. Fundamentaban su condena y su rechazo a la Conquista en las crónicas e historias de Bartolomé de las Casas, Jerónimo de Mendieta y Agustín Dávila Padilla. Su ponderación e incluso glorificación del México antiguo se originaba en las etnologías tempranas de los franciscanos Toribio de Benavente (Motolinía) y Bernardo de Sahagún, y en las elaboraciones posteriores de Carlos de Sigüenza y Góngora y Francisco Xavier Clavijero. Un sofisticado patriotismo criollo de tendencia antiespañola se forjó durante los siglos XVII y XVIII, que interpretaba la Conquista como el inicio, no de una nación, sino de cientos de años de cautividad y explotación atenuados por valerosos evangelizadores. Desde esta perspectiva, la nación mexicana surgió del pasado indígena, fue conducida a la fe cristiana primero por el apóstol santo Tomás y luego por los santos misioneros, y recibió la bendición de la Virgen de Guadalupe. Esta nación nacida de la Providencia, la nueva Jerusalén en Anáhuac, despertó a la libertad gracias al Grito de Dolores del padre Miguel Hidalgo —su declaración de independencia y su llamado a la revolución— en 1810 y alcanzó la independencia pastoreada por Agustín de Iturbide en 1821.[17]

La escritura de la historia nacional comenzó con la Guerra de Independencia de 1810-1811, conocida también como la Insurgencia. Fray José Servando Teresa de Mier (autor de *La historia de la revolución de Nueva España, antiguamente Anáhuac...*, de 1813) y Carlos María de Bustamante (con su *Cuadro histórico de la revolución mexicana comenzada en 15 de septiembre de 1810...*, de 1823-1832) aportaron una justificación histórica a la insurgencia y al renacimiento de la nación mexicana. Al exaltar a Cuauhtémoc, último emperador azteca, y a los líderes insurgentes Hidalgo y José María Morelos, los dos autores trataron de entregar al naciente país una versión predigerida de la herencia patriótica criolla. José María Luis Mora (*México y sus revoluciones*, de 1836) y Lorenzo de Zavala (*Ensayo histórico de las revoluciones de México desde 1808 hasta 1830*, de 1831), ideólogos liberales y a ratos historiadores, rechazaban la premisa fundamental del patriotismo criollo: la creencia en la intervención de la Providencia en la historia de México. Su interpretación hispanófoba de la historia hacía énfasis en la condena a la Iglesia —la cual, a su vez, ya había condenado a la Insurgencia—, por considerarla puntal de tres siglos de colonialismo español. De ese momento en adelante, el anticlericalismo sería la piedra angular de la ideología e historiografía liberales.[18]

Durante las primeras décadas posteriores a la independencia nacional, no hubo facción o ideología que dominara a la política o al Estado. La visión histórica de México propuesta por una tradición liberal incipiente fue contradicha por otra de naturaleza conservadora, encarnada por Lucas Alamán (*Disertaciones sobre la historia de la República mejicana...*, 1844-1849, e *Historia de Méjico desde los primeros movimientos...*, 1849-1852). Alamán argumentaba que la Iglesia era el supremo don que le había hecho España a México, y la sustancia de la nacionalidad mexicana. El libertador no era Hidalgo, el sacerdote rebelde y excomulgado que fue derrotado y fusilado en 1811, sino el ex soldado realista Agustín de Iturbide, quien obtuvo la independencia nacional con la garantía de conservar la religión católica.[19]

La épica y romántica *Historia de la conquista de México* (1843), de William H. Prescott, primera gran contribución extranjera a la historiografía de México, reafirmaba la tradición conservadora a pesar de provenir de la pluma de un protestante de Nueva Inglaterra (lo cual no es mera coincidencia, dado que el historiador yanqui se vio favorecido por el consejo y la ayuda de sus colegas Alamán y Joaquín García Icazbalceta). El desdén de Prescott hacia los indios "bárbaros" concordaba con la óptica conservadora de la nación fundada por Hernán Cortés, el conquistador.[20]

Estas dos visiones opuestas y casi contradictorias del pasado, presente y futuro deseable de México desataron un casi perpetuo conflicto político. La revolución liberal de la década de 1850 llamada la Reforma y las victorias liberales subsecuentes en la Guerra de Reforma (1859-1861), así como la Intervención Francesa en la década siguiente, derrotaron por completo y desacreditaron ampliamente la causa conservadora en México. Los liberales declararon oficialmente su causa como la causa nacional, a sus héroes como los héroes de México, a sus enemigos como los enemigos de la patria y a su versión de la historia nacional como *la* historia de México. Esta visión se reforzó durante 1860 y 1870 gracias a los ensayos y discursos de Ignacio Ramírez e Ignacio Manuel Altamirano, quienes adoptaron el indigenismo del patriotismo criollo (y, en buena medida, la Leyenda Negra de fray Bartolomé de las Casas), pero reemplazaron la visión providencial de la historia por una concepción evolucionista, casi historicista, y el catolicismo místico por una hispanofobia radical y anticlerical. Naturalmente, glorificaron la Insurgencia y su secuela, la Reforma. Por fin, México era poseedor de un gran relato que se expresaba y glorificaba en las historias oficiales, los libros de texto escolares, los monumentos conmemorativos y los discursos patrióticos.[21]

Durante la República Restaurada (1867-1876), el primer periodo de paz relativa después de la Reforma, la historia nacional cobró en todos los niveles educativos una importancia nunca antes vista. Aparecieron nuevos manuales y textos escolares de historia cuyo propósito fundamental era "crear los mitos sobre los que descansarían la nacionalidad y los héroes que la simbolizan; y, sobre todo, presentar un análisis acorde con la ideología política dominante".[22]

Durante la época liberal, los historiadores de la línea conservadora no desaparecieron, sino que se dedicaron a otras tareas: la preservación de documentos y manuscritos históricos y la publicación de impresionantes colecciones de documentos. Manuel Orozco y Berra, director de los Archivos de la Nación y del Museo Nacional, Joaquín García Icazbalceta, Francisco Pimentel, Francisco del Paso y Troncoso y Carlos Pereyra publicaron amplios volúmenes de documentos de la Colonia y sacaron a la luz nuevas ediciones de documentos etnológicos y crónicas coloniales clásicas. José Fernández Ramírez, un liberal, dedicó su vida a reunir documentos y libros históricos y llegó a ser, tal vez, el historiador más respetado de su época. Estos hombres eran estudiosos con talento, y no meros diletantes. A pesar de que no influyeron directamente en el gran relato, fueron verdaderos gigantes de la historiografía colonial. Los historiadores del siglo XX han llegado a depender de sus aportaciones.

La primera historia oficial de México, los cinco volúmenes de *México a través de los siglos* (1887-1889), constituyó la historia nacional más ambiciosa y célebre del siglo XIX. Sus muchas reimpresiones todavía se encuentran en la mayoría de las librerías y en muchos hogares. Vicente Riva Palacio y otros tres intelectuales liberales de prestigio se dieron a la tarea de integrar, en una historia nacional conciliatoria, una serie de pasados distintos, olvidados y, con frecuencia, opuestos. Riva Palacio y sus colaboradores organizaron la historia nacional en cinco épocas, una por cada tomo: las civilizaciones mexicanas antiguas, la Nueva España colonial, la Insurgencia, el México independiente y la Reforma. Un poco más de diez años después, Justo Sierra y los intelectuales de la generación siguiente de liberales produjeron *México, su evolución social* (1900-1902), una historia oficial monumental semejante a la de Riva Palacio y sus colaboradores. La historia de Sierra, a diferencia de su predecesora organizada por temas, era una adulación política al general Porfirio Díaz, en el poder en ese entonces. *México, su evolución social* era una loa a Díaz, héroe de la guerra contra los franceses, la cual era valorada como la culminación victoriosa de un largo enfrentamiento contra las fuerzas oscurantistas del colonialismo, el clericalismo y el conservadurismo. Era también deliberadamente científica en tanto defendía la concepción del darwinismo social en México, al que presentaba como un organismo que había partido de una fusión original entre lo indígena y lo español para dar lugar a un nuevo pueblo y una nueva nación mestizos. Juntos, estos dos monumentos bibliográficos integran lo que Edmundo O'Gorman denomina la síntesis liberal en la historiografía mexicana. A su vez, la síntesis liberal, aunada a la reverencia por los héroes nacionales y la conmemoración de los días patrios, constituyó la esencia de lo que Justo Sierra llamó "la Religión de la Patria".[23]

El caos de las segunda y tercera décadas del siglo XX interrumpió al gran relato en este punto. Los sucesos requerían de un explicación y, naturalmente, los observadores los interpretaron con sus propios términos y en relación con el gran relato: la síntesis liberal.

La Revolución rememorada

La Revolución fue un producto de la memoria colectiva, la creación de los mitos nacionales y la escritura de la historia. Maurice Halbwachs, el primer teórico de la memoria colectiva, argumenta que, si a los individuos les corresponde recordar, a los grupos les toca determinar qué se debe recordar y se debe recordar.[24] Por lo tanto, la memoria colectiva es el término que generalmente se aplica a "aquello que es rememorado por la cultura cívica dominante".[25] Pero la memoria colectiva, al igual que la memoria individual, nunca es una recuperación o una restauración fiel del pasado. Simplemente no sucede. Como explica Leon Wieseltier, "el recuerdo de un suceso es una interpretación de un suceso".[26]

La Revolución, entonces, con frecuencia fue recordada por sus "voceros" y los herederos de éstos, en forma ideal y mítica.[27] Dentro del pensamiento positivista moderno, el "mito" se define como una historia ficticia y nada confiable y, por ello, es entendible que aquellos que acuñaron la frase "el mito de la Revolución Mexicana" hayan pretendido desacreditar una parte o la totalidad de *la Revolución*. Empero, "un mito no es un retrato infiel del mundo", explica Stephen Ausband, "sólo es un retrato". William McNeil sostiene que la verdad radica en el mito, aunque sea una verdad idealizada y simplificada que con frecuencia convierte la complejidad del mundo en algo inteligible, significativo y confiable.[28] De manera similar a la conmemoración, la creación del mito en México ha implicado la reconstrucción del pasado a la luz del presente, especialmente a la luz de las necesidades políticas del presente. "A semejanza de los individuos, las naciones se alimentan de mitos, y los sistemas políticos que nacen de las revoluciones —como ha sucedido en Estados Unidos, en Francia, en Rusia— dependen particularmente de la creación y el mantenimiento de mitos para sostener su legitimidad".[29]

La Revolución también fue confeccionada por aficionados y pseudohistoriadores. Halbwachs estableció una distinción importante entre la memoria colectiva —a la que consideraba un "mero" constructo social— y la historia escrita, un conocimiento objetivo, según su propuesta. En nuestros días, es bien sabido que tal distinción carece de fundamentos: "memoria e historia parecen ser, fundamentalmente, relatos sumamente construidos".[30] Hace ya un buen tiempo, Carl Becker caracterizó a "la historia como la extensión artificial de la memoria social". Aunque anteriormente se haya considerado contaminada a la memoria, François Hartog asevera que "la memoria se está volviendo objeto de estudio de la historia: ahora hay una historia de la memoria". La historia remota de la escritura de la historia revolucionaria en México fundamenta la propuesta de Philippe Ariés en relación con que la historia surge de la memoria colectiva y apenas se la puede diferenciar del mito.[31]

Sin embargo, en un primer momento, no todo el mundo rememoró, mitificó y convirtió en historia a *la Revolución* del mismo modo. La movilización revolucionaria de la década de 1910 trajo consigo la aparición de numerosas facciones armadas y movimientos políticos, las más de las veces antagónicos. Dada la complejidad de toda sociedad, es casi imposible hablar de una sola memoria colectiva de un suceso o de una época; el México revolucionario ciertamente fue testigo de construcciones diferentes y rivales sobre su pasado reciente. Así como el poder, el pasado es disputado en la política, la guerra y la revolución. En el decurso de cualquier lucha, los más poderosos privilegian determinados recuerdos y mitos a costa de otros y buscan crear una memoria oficial (con miras a convertirla en nacional o en dominante) para así legitimar la autoridad política existente. Sin embargo, el desarrollo de una memoria oficial generalmente no expulsa, ni tampoco incorpora a todas las otras memorias colectivas. Aquellas construcciones, aquí denominadas contra-memorias, que resisten e impugnan la versión oficial, a veces son marginadas, pero en otras ocasiones persisten para desafiar y ejercer presión sobre la construcción dominante.[32] Los principios para la supervivencia exitosa, huelga decirlo, no son los criterios de verdad: "Las representaciones dominantes pueden ser las más ideológicas y las que de manera más obvia se ajustan a los estereotipos llanos del mito".[33]

La Revolución emergió, como sucesivas memorias oficiales, en un proceso semejante a una formación geológica: una sedimentación caprichosa de memoria, mito e historia. *La Revolución* fue nombrada, historiada y materializada muy tempranamente. Al mismo tiempo que el Estado posrevolucionario intentaba consolidar el poder y la autoridad en los años veinte, este proceso se demoraba por la presencia de diferentes memorias y mitos colectivos pertenecientes a facciones diversas, mismos que, con el tiempo, se codificaron en tradiciones revolucionarias rivales, cada una con su repertorio de héroes y villanos, con sus aniversarios sacros y luctuosos, con sus mitos y símbolos. Las heridas en la memoria no crearon, pero sí exacerbaron las luchas por el poder más graves e inmediatas. Durante la década de los veinte, se fortaleció el afán por hacer de *la Revolución* un suceso perdurable y todas (o casi todas) las facciones, pasadas y presentes, se unificaron en una sola familia revolucionaria. A partir de este presupuesto, líderes y regímenes habrían de justificar y construir sus proyectos particulares, de la democracia al nacionalismo, del anticlericalismo al socialismo.

Si, en última instancia, gobernar es sinónimo de hacer creer, "Sólo en opiniones se funda un gobierno", escribió David Hume,[34] el Estado posrevolucionario mexicano buscó y logró construir el consenso político, consagrado por una religión civil, para asegurar el nuevo *statu quo*.[35] Sanar las heridas de la memoria fue parte del proceso de reconstrucción del Estado, que en México recibió el nombre de institucionalización de la revolución. La forja de una tradición revolucionaria oficial dominante, si bien fraterna, auxiliaría a los revolucionarios en el logro de los objetivos que la tradición está destinada a cumplir: difundir *la Revolución* en el presente y transmitir *la Revolución* a las generaciones subsiguientes, mediante un proceso de inculcación de valores, legitimación de las instituciones y promoción de la cohesión social. Sin embargo, la intención primera y más importante de la "tradición revolucionaria" consistió en reforzar el poder de la elite y con ella la unidad política nacional, para establecer un fundamento histórico sólido sobre el cual unificar a todas las facciones revolucionarias pasadas y presentes.[36]

Si, como indica Michael Walzer, "la unión de los hombres sólo puede ser simbolizada", la "tradición revolucionaria" —el rostro público de *la Revolución*— representó un papel crucial en la promoción de la concordia dentro de la "familia revolucionaria" y dentro de la memoria-nación.[37]

Nación y revolución son una y la misma

El factor que hizo a *la Revolución* un suceso tan efectivo, conmocionante, poderoso y duradero fue su asimilación expedita a la "religión de la patria" mexicana. En el México posrevolucionario, a semejanza de la Tercera República Francesa descrita por Pierre Nora, "la historia, la memoria y la nación disfrutaron de una inusual comunión íntima".[38] Resulta difícil discernir la frontera entre la caduca síntesis liberal y *la Revolución*. "Nación y revolución son indisolublemente una", admitió en 1940 John Gunther.[39] En buena medida esto se debe a que, como lo expresó Samuel Inman dos años antes, "la Revolución se ha convertido en una religión".[40] Esa religión, la religión de la patria, consistía en la reverencia sentida hacia la lucha librada por México para darse a sí mismo el carácter de nación mediante tres revoluciones sucesivas.[41]

En la actualización del gran relato, el régimen de Porfirio Díaz fue transformado, de apoteosis de la evolución liberal, en otra etapa oscurantista más de predominio reaccionario, parecida a los siglos de colonialismo español, a las décadas de incompetencia conservadora posterior a 1821 y a los pocos años de la imposición francesa del reinado de Maximiliano en el periodo de 1860. Naturalmente, *la Revolución* ocupó la ilustre vacante. Se convirtió en la tercera de las revoluciones, después de la Insurgencia y la Reforma, que crearon y dieron forma a la nación. Se transmutó en la apoteosis de la evolución liberal y de la revolución popular: la historia nacional conducía inexorablemente a esta era gloriosa. *La Revolución*, sin embargo, no marcó el fin de la historia. Sus reformas permanecen inconclusas, sus objetivos, inalcanzados. Aunque derrotados, la reacción interna y el imperialismo exterior no están extintos. Por lo tanto, la lucha continúa, *La Revolución* debe continuar. Y la nación continuará su camino hacia el progreso y la unidad.[42]

¿Cómo sucedió todo esto? Retornemos a la cuestión que abrió la presente introducción: los mexicanos han depositado un caudal de significaciones en su Revolución con mayúscula. La primera parte de este libro narra la construcción de *la Revolución* en la memoria, el mito y la historia de 1911 a 1928 en tres capítulos. Se considera cómo *la Revolución* adoptó su forma por primera vez. En seguida, se atiende al desarrollo de tradiciones revolucionarias diversas, y con frecuencia antagónicas, de la década de 1910, y a los primeros esfuerzos, llevados a cabo en la década de 1920, por forjar un relato unificado y unificador de la Revolución. El asesinato de Álvaro Obregón, el hombre fuerte de México, en 1928, marca un aumento en la rapidez de la "institucionalización de la Revolución", proceso de consolidación política y unificación que abarcó la formación y la difusión de una "tradición revolucionaria".

La segunda parte analiza la "tradición revolucionaria" en tres encarnaciones o actuaciones distintas: como festival anual, como monumento conmemorativo y como historia oficial. Ellas representan modos distintos de memoria organizada y vías distintas de representar y difundir el pasado, para realzarlo y vivificarlo en el presente. El capítulo cuatro revisa la historia de los festivales nacionales y la instauración oficial del Día de la Revolución Mexicana, el 20 de noviembre. El capítulo cinco estudia la historia de los monumentos revolucionarios y la construcción del mayor de ellos, el Monumento a la Revolución. El capítulo seis se aproxima a la aparición de la historiografía revolucionaria y al desarrollo de las historias oficiales de la revolución. La conclusión analiza cómo es que en las últimas décadas varios grupos políticos y gobiernos han afirmado y subvertido la "tradición revolucionaria" y, por ende, *la Revolución* misma.

Durante la mayor parte del siglo XX, el sistema político mexicano ha sustentado en gran medida su legitimidad en *la Revolución.* El Estado y el partido dominante, por consiguiente, son la culminación y la continuación de la Revolución Mexicana. Se identifica a *la Revolución* tanto con los valores más sagrados y los principios más altos de la República, cuanto con las necesidades y las aspiraciones máximas de su gente.[43] Los orígenes revolucionarios del sistema político y la fiel adhesión del sistema a *la Revolución* han justificado la existencia del sistema, la hegemonía del partido oficial y la autoridad de los sucesivos gobiernos que toman el poder cada sexenio. Sin embargo, este patrón de respaldo está cambiando. El sistema se ha ido desviando de sus principios fundadores, en tanto que la sociedad civil mexicana ha cambiado y despertado. La oposición al gobierno ha acogido e ido apropiándose de *la Revolución*. La "tradición revolucionaria" ciertamente sobrevivirá a la caída del sistema político posrevolucionario, así como la vieja "tradición liberal" sobrevivió a la caída del sistema político porfiriano. Por mucho tiempo, los mexicanos seguirán proclamando ¡Viva *La Revolución*!

CRONOLOGÍA
1911-1928

1911   La rebelión maderista fuerza a Díaz a renunciar y a exiliarse del país en mayo.

Se suspende la construcción del Palacio de Bellas Artes, concluido hasta la década de 1930.

1911-1913   Presidencia de Madero.

1911   Emiliano Zapata firma la proclamación del Plan de Ayala, el cual justifica la rebelión contra el gobierno de Madero.

El presidente interino Francisco León de la Barra inaugura un monumento a Morelos en la Ciudadela de la ciudad de México.

1912   En Chihuahua, rebelión de Pascual Orozco contra el gobierno de Madero.

Los gobernadores Abraham González de Chihuahua y Venustiano Carranza de Coahuila restringen la venta de bebidas alcohólicas y regulan la prostitución, prohíben las apuestas, abren nuevas escuelas, aumentan los salarios de los profesores, inician clases de alfabetización para adultos y continúan el programa porfirista del liberalismo cívico.

1913   Un golpe de Estado conservador derroca al gobierno de Madero. El presidente y el vicepresidente son asesinados y el general Victoriano Huerta se convierte en el nuevo presidente.

Venustiano Carranza, gobernador maderista de Coahuila, hace pública la proclamación del Plan de Guadalupe, justificación de la rebeldía contra el gobierno de Huerta.

El Plan de Guadalupe proclamado por Carranza busca su legitimación en la historia nacional al hacer un llamado a la restitución de la Constitución de 1857.

1913-1914   Estalla la guerra civil entre el gobierno de Huerta y el movimiento constitucionalista capitaneado por Carranza, su "Primer Jefe".

El régimen huertista aumenta el gasto en educación y estudia el problema de la distribución de la tierra. Se impulsan proyectos menores para mejorar las condiciones de vida de los indígenas.

En retrospectiva, el historiador Michael Meyer considera que el régimen no fue contrarrevolucionario, en tanto que no pretendía reestablecer el *statu quo* porfirista.

1914   El movimiento constitucionalista derrota al Ejército Federal en el verano, pero la desconfianza entre Carranza y uno de sus generales, Francisco Villa, amenaza la unidad de la coalición triunfante.

1914   En el otoño, la Convención de Aguascalientes trata de prevenir un conflicto entre Carranza y Villa. Falla en su intento y Villa y Zapata forman una débil alianza contra Carranza.

A finales del año, las fuerzas zapatistas entran a la ciudad de México y quitan las placas con los nombres de las calles sobre la avenida Madero; Francisco Villa manda restituirlas.

1914   En noviembre, Carranza realiza un repliegue táctico hacia Veracruz y las fuerzas de Villa y de Zapata ocupan la ciudad de México.

Al replegarse, Carranza sigue el ejemplo de Benito Juárez, quien trasladó su gobierno a Veracruz en 1859 durante la Guerra de Reforma.

1915   "La guerra de los ganadores" es una guerra civil que libran las fuerzas de Carranza contra las de Villa y Zapata. En una serie de batallas decisivas en la primavera de 1915, el mejor general de Carranza, Álvaro Obregón, derrota decisivamente a Villa.

En este año, Mariano Azuela publica *Los de abajo*, la novela clásica de la Revolución Mexicana. La historia cuenta los avatares de Demetrio Macías, un revolucionario que se ve atrapado, sin entender por qué, en lo que parece ser un conflicto sin final.

1916-1917   De noviembre a febrero, los seguidores de Carranza se reúnen en Querétaro y la convención, como Congreso Constituyente, redacta una nueva legislación de carácter "revolucionario": la Constitución de 1917.

Por primera vez, Carranza manda grabar el escudo nacional, el águila que devora una serpiente sobre un nopal, en las monedas nacionales.

1917-1920   En mayo de 1917, Carranza es elegido presidente constitucional.

Se inaugura el primer monumento revolucionario, dedicado a los hermanos Serdán, en la ciudad de Puebla. En 1919 abre sus puertas el Museo Histórico de Churubusco, en el distrito sur de la ciudad de México, para conmemorar la guerra contra Estados Unidos.

1920   Se proclama el Plan de Agua Prieta, que justifica la rebelión contra Carranza.

1920   El gobierno interino de Adolfo de la Huerta ne-
              gocia un acuerdo de paz con Villa y los líderes
              del movimiento zapatista.

1920-1924   Elección y presidencia de Álvaro Obregón.
              En 1921, el régimen de Obregón organiza un
              fastuoso festival para rivalizar con los festejos del
              Centenario de la Independencia del tiempo de Díaz.
              Esta segunda conmemoración tiene un carác-
              ter más populista que las celebraciones de 1910.

1922   Los restos de Ricardo Flores Magón son devueltos
              a México desde Estados Unidos y reciben los
              honores en un funeral oficial.
              El gran renacimiento del arte mexicano, el movi-
              miento muralista, da inicio cuando José Vascon-
              celos, secretario de Educación Pública y Bellas
              Artes, invita a los artistas a pintar temas mexica-
              nos en los muros del nuevo edificio de la SEP, en
              la Escuela Nacional de Agricultura de Chapin-
              go y en el Palacio Nacional, entre otros sitios.

1923-1924   Derrota de la rebelión de De la Huerta contra Obre-
              gón; Felipe Carrillo Puerto, gobernador socialista
              de Yucatán, es asesinado durante la revuelta.

1923   En el verano, Francisco Villa es asesinado en
              Parral, Chihuahua.
              Para 1924, funcionan cerca de mil escuelas ru-
              rales federales.

1924   Al término de la gestión de Obregón, unos tres
              millones de acres han sido redistribuidos en 624
              pueblos. Se calcula que el número de campesi-
              nos que recibieron tierras es de 140,000.
              Al comienzo de la presidencia de Calles, los mura-
              listas José Clemente Orozco y David Alfaro Siquei-
              ros son despedidos por el secretario de Educación.

1924-1928 Elección y presidencia de Plutarco Elías Calles, candidato designado por Obregón, su paisano sonorense.

En 1925, Madero se convierte en el primer héroe revolucionario cuyo nombre es inscrito en los muros del Congreso de la Unión.

1926-1929 Durante la rebelión cristera, el conflicto entre el gobierno y la jerarquía de la Iglesia católica provoca una masiva rebelión de campesinos en el área centro-occidental del país. El enfrentamiento arroja entre 65,000 y 80,000 muertos.

El muralista Diego Rivera se adapta al régimen de Calles y pinta la capilla de la escuela agrícola de Chapingo. Al terminar los murales, viaja a Moscú invitado por la Unión Soviética con motivo del décimo aniversario de la Revolución Socialista.

1927 Los seguidores de Obregón aprueban una ley que le permite un periodo más en la Presidencia. Esta violación del principio de no reelección detona la rebelión de los generales Francisco Serrano y Arnulfo Gómez, que es sofocada por completo en dos meses.

En 1928, Martín Luis Guzmán escribe *El águila y la serpiente,* novela documental sobre la Revolución en el norte del país. En 1929 publica *La sombra del caudillo,* novela que hace una revisión de la política posrevolucionaria.

1928 Álvaro Obregón es electo presidente para el periodo 1928-1934. El 17 de julio, José de León Toral, un católico fanático, asesina al Caudillo de la Revolución disparándole cinco tiros en la cabeza.

Una estrofa de un corrido sobre la muerte de Obregón narra: "Y así termina esta vida/del manco héroe de León, /por sostener sus ideales/en honor de la nación".

Primera parte

La puesta en escena

Viene ahora la historia de *la Revolución* tal como fue inventada y construida por sus "voceros", productores de discursos revolucionarios, manifiestos y otros textos en el México de los años 1910 y 1920. Casi invariablemente, todo discurso público y político del periodo incluye una representación del pasado reciente. Todos estos textos, las piezas y manifiestos importantes y bien conocidos al igual que las fuentes efímeras, más abundantes, proporcionan una oportunidad para atisbar el discurso de la memoria de México durante estas décadas tumultuosas.

Se sabe de la existencia de algunos "voceros de *la Revolución*" famosos, y de otros, muchos más, casi anónimos. Gaspar Bolaños, de Jalisco, es un buen ejemplo de estos últimos. Bolaños comenzó su carrera propagandística revolucionaria en 1910 en Guadalajara, con artículos periodísticos en favor de Madero. Esta actividad le ganó una invitación a ingresar en la Liga Amigos del Pueblo, una organización cívica que patrocinaba actos patrióticos. En su calidad de miembro, habló en ocasión del cambio oficial de nombre de la calle Bernardo Reyes por el de avenida Francisco I. Madero en 1914. Cuando las fuerzas constitucionalistas del general Manuel Diéguez tomaron Guadalajara en ese año, Bolaños se integró al periódico oficial *El Reformador* como articulista y editorialista. El gobierno constitucionalista lo nombró profesor de historia en la escuela normal estatal. Lleno de orgullo, Bolaños declaró en 1916 que precisamente en esa prensa liberal en la que se publicaron mis artículos, hice con ellos labor profundamente antirreaccionaria y anticlerical, hasta el grado de que el Gobierno constitucionalista de Jalisco no tuvo empacho en decir que los buenos liberales escritores habían abierto un camino a la Revolución en esa Entidad. Esa activa propaganda que hice en Guadalajara, me atrajo varias veces los ataques en la prensa y aun a mano armada de los esbirros y de los fanáticos religiosos y políticos.[1]

Bolaños y otros voceros en Guadalajara, El Paso, Puebla y Veracruz, en la ciudad de México, Nueva York, La Habana, París y muchas otras ciudades dentro y fuera de México, se vieron envueltos en los procesos de interpretación de la realidad mexicana, simplemente al tratar de construir sentidos para los sucesos. Al hacerlo, sin embargo, estaban cimentando algo que no existía antes, algo que adquiría una forma consistente y duradera extraordinaria, algo que denominaron *la Revolución*.[2]

En México, esta construcción revolucionaria, comparada con las realizadas por otras sociedades revolucionarias en momentos posteriores del siglo XX, resultó singular. En la Unión Soviética, China y Cuba, así como en la Italia y la Alemania fascistas, el Estado creó una memoria colectiva autorizada de naturaleza monolítica, un mito revolucionario y una historia oficial vinculada con un "culto a la personalidad". Tal vez porque la Revolución Mexicana sucedió primero, porque el Estado se debilitó y desintegró durante la década de 1910 y porque el divisionismo imperó entre los revolucionarios, en México, la tríada memoria, mito e historia no fue elaborada por el Estado, sino por individuos heterogéneos pero simpatizantes de la promesa de transformación que la revolución acarrearía. El Estado que fue reconstruido después de la revolución no necesitaba inventar *la Revolución*: los voceros ya estaban trabajando en esta tarea. Los pronunciamientos del Estado, por lo tanto, no son tan importantes como la plétora de textos surgidos de los escribas de la revolución.

Las expresiones públicas de la historia constituyen documentos omnipresentes y su contemporaneidad resulta incuestionable. Dada la atención reciente a la historia oral en los estudios mexicanos, las entrevistas hechas por historiadores nos revelan lo que la gente recuerda muchos decenios después de los episodios históricos (y, significativamente, décadas después de la construcción de *la Revolución*). El valor de dichas expresiones personales de la memoria se ha visto comprometido por el tiempo transcurrido. Inmerso en las expresiones públicas de su tiempo, hallamos un sentido más prístino de la remembranza colectiva, así como huellas y pistas relacionadas con el proceso de construcción de la memoria colectiva, del mito público y de la historia oficial. "No hay enunciado que, por sí mismo, constituya una prueba que pueda ser utilizada para apoyar un argumento sobre el lenguaje de la política", asevera Dror Wahrman, "únicamente es la repetición persistente lo que convierte a un enunciado sobre política desvirtuado de su contexto en un discurso resonante que integre por sí mismo, una parte significativa del proceso político".[3]

Este libro examina la cultura letrada media y alta y la construcción de una memoria colectiva, un mito público y una historia oficial nacionales y, en última instancia, dominantes. Los muchos autores de las fuentes aquí presentadas pertenecían fundamentalmente a la clase media urbana. Un buen número de ellos surgieron de la ciudad de México, aunque durante la violenta década de 1910 a 1920 otro tanto escribió y publicó su trabajo en las ciudades de provincia y fuera de México, por lo general. A pesar de que aquí se escuchan las voces provenientes de la provincia, el foco de esta investigación no está allí y, por ende, no es posible aventurar opinión alguna sobre las variaciones y contradicciones regionales (mucho menos sobre las locales) que ciertamente existieron.[4] Las voces del pueblo, las de la gente que narró y cantó sus historias en lugar de escribirlas, en ocasiones se escuchan aquí pero, de nueva cuenta, no ocupan el centro del escenario. La memoria regional y la popular son temas importantes que merecen sus propios historiadores. Es mi deseo que esos historiadores futuros encuentren en este libro una piedra angular que les ayude en sus esfuerzos por hacer avances en el tema y, todavía mejor, entenderlo cada vez más.

El relato que ocupa los tres primeros capítulos examina los sucesos acaecidos entre 1910 y 1920 según fueron percibidos e interpretados por sus contemporáneos. Debemos recordar que ellos carecían del privilegio de nuestra visión retrospectiva. Muchos mexicanos harían eco a Joseph de Maistre, quien al contemplar su patria francesa en 1794 cobró conciencia de que "por mucho tiempo, no entendimos la revolución que ahora atestiguamos". A manera de alerta para el lector ante la confusión que imperó en la perspectiva de aquellos tiempos, antes que nada, se le presenta un panorama de los sucesos del periodo.

La proclamación del Plan de San Luis Potosí, el llamado de Francisco I. Madero a la rebelión en noviembre de 1910, desencadenó una serie de sucesos que condujo a la caída del régimen de Porfirio Díaz en tan sólo seis meses. Seis años antes, un partido de oposición, el Partido Liberal Mexicano (PLM), bajo la dirección de Ricardo Flores Magón, había incitado e iniciado una crítica seria al régimen de Díaz, pero su participación distó de ser trascendental para la rebelión nacional de 1910. Magonistas y maderistas criticaron el aplacamiento de la rebelión mediante la negociación, es decir, por los Tratados de Ciudad Juárez, donde se pactó la renuncia y el exilio de don Porfirio pero la permanencia del Ejército Federal, del Congreso de la Unión, de la Suprema Corte y de la mayoría de gobernadores estatales del régimen precedente. En el tratado también se estableció una presidencia interina para gobernar al país hasta las elecciones nacionales en noviembre de 1911, cargo otorgado a Francisco León de la Barra, embajador de México en Washington durante el régimen de Díaz.

El gobierno de Madero surgido de la elección de 1911 enfrentó varias rebeliones de antiguos enemigos pero también de aliados anteriores (como Emiliano Zapata y sus seguidores en el estado de Morelos y Pascual Orozco en Chihuahua) y, en febrero de 1913, el presidente fue asesinado y el gobierno finalmente derrocado por Victoriano Huerta, uno de los generales de Madero. El golpe de Estado desató una nueva rebelión bajo el mando de Venustiano Carranza, gobernador maderista de Coahuila. En lo que fue una ardua campaña, el movimiento constitucionalista de Carranza avanzó desde los estados norteños hacia el centro del país en el verano de 1914 y forzó a Huerta al exilio. A guisa de la Revolución Francesa, en ese mes de octubre, las facciones revolucionarias se reunieron en una convención en la ciudad de Aguascalientes para definir la Revolución, impulsar las reformas necesarias y unificar a los inestables caudillos.

En el otoño de 1914 se dio un cisma entre los constitucionalistas triunfantes y estalló una nueva guerra civil. La facción carrancista peleó contra el ejército de Francisco Villa de Chihuahua y contra las fuerzas guerrilleras de Zapata. Gracias al talento político de Carranza y a la habilidad militar del general Álvaro Obregón, quien había aprendido más de un par de cosas de las batallas que asolaban a Europa por aquellos tiempos, las fuerzas de Carranza lograron la victoria hacia la primavera de 1915. Carranza estableció un gobierno para todo el país, favoreció una nueva constitución y fue electo presidente en 1917. El respetado y célebre Primer Jefe del movimiento constitucionalista resultó un primer mandatario menos diestro, políticamente hablando. Su representante en Morelos se las arregló para tender una trampa a Zapata, muerto a traición en 1919. Cuando en 1920 Carranza trató de imponer a su sucesor para prolongar su predominio, fue derrocado y asesinado en una rebelión encabezada por Obregón, Plutarco Elías Calles y el gobernador de Sonora, Adolfo de la Huerta.

Con esta victoria, los sonorenses tomaron el control de México. Electo presidente en el mismo año del derrocamiento de Carranza, Obregón gobernó durante cuatro años y, en 1924, después de un sangriento levantamiento militar, impuso a Calles como su sucesor. Francisco Villa, que se había retirado en 1920 a una hacienda que le había concedido el gobierno, fue asesinado en Parral, Chihuahua, en 1923. Los simpatizantes de Villa culparon a Obregón y a Calles por su muerte, al parecer con bastante fundamento. Como sea, Calles fungió como presidente durante cuatro años y allanó el camino para la reelección de Obregón en 1928. Durante la presidencia de Calles, el régimen comenzó a aplicar duras medidas constitucionales que afectaban a la Iglesia católica, y esta persecución provocó a los rebeldes cristeros de la región centro-occidental del país a sostener una insurrección de grandes proporciones durante tres años contra el gobierno. Los regímenes de Obregón y de Calles comenzaron a enfrentar el problema de la tenencia de la tierra, preocupación constante de muchos revolucionarios, tanto campesinos como intelectuales, durante el decenio de 1910, y tema prácticamente ignorado por el presidente Carranza. Los sonorenses comenzaron a erigir las instituciones necesarias para impulsar el crecimiento económico y el desarrollo, invirtieron en educación lo mismo en las ciudades que en pueblos aislados y toleraron gobiernos estatales más radicales, con frecuencia denominados "socialistas", los cuales aplicaron importantes reformas sobre la tenencia de la tierra y el trabajo.

En 1927, los simpatizantes de Obregón en el Congreso redactaron de nuevo las leyes electorales para permitir la reelección no consecutiva y, con ello, conceder otro periodo para Obregón, el "Caudillo de la Revolución". Una vez más, una rebelión militar ensangrentó los tiempos de elecciones presidenciales. De manera similar a la del periodo de 1923-1924, la rebelión fue sofocada y se inició una purga. La campaña de Obregón en 1928 consistió en una marcha triunfal a todo lo largo y ancho del país y culminó con su elección para un sexenio. "He demostrado que el palacio presidencial no es necesariamente la antesala del cementerio", Obregón confió a Calles.[5] Se precipitó al hablar. El 17 de julio, en un banquete en su honor, el caudillo fue asesinado por un joven partidario del movimiento cristero que creía actuar en el nombre de Dios. Madero, Zapata, Carranza, Villa y ahora Obregón habían encontrado una muerte violenta y los revolucionarios estaban más escindidos que nunca.

1

1911-1913

Todo nombre dado a un suceso es,
en sí mismo, una interpretación.[1]

Los revolucionarios mexicanos promovieron un ininterrumpido discurso de la memoria durante las décadas de 1910 y 1920. Desde el comienzo del movimiento revolucionario, estos "voceros de *la Revolución*", un conjunto de hombres de letras minoritario, pero ampliamente difundido, escribieron sobre los sucesos del momento como si fueran un fenómeno histórico singular. Entre ellos había afinidad en muchos aspectos de la historia contemporánea y, como resultado de ello, construyeron *la Revolución Mexicana* como una fuerza imaginaria e inventaron una tradición en la historia y la vida política de México. El divisionismo político, sin embargo, trajo consigo una serie de desacuerdos fundamentales sobre el pasado. Los diferentes movimientos revolucionarios crearon distintas tradiciones revolucionarias —con frecuencia hostiles y en competencia mutua— dentro de *la Revolución*, tradiciones que caracterizaron la nueva cultura política de México. No obstante, bajo la forma de una "familia revolucionaria", imaginarios de fraternidad propios de la década de 1920 acompañaron el proceso de consolidación política.

Edmundo O'Gorman comienza su clásica "investigación acerca de la estructura histórica del Nuevo Mundo y del sentido de su devenir" con un reto poco usual: "El problema fundamental de la historia americana estriba en explicar satisfactoriamente la aparición de América en el seno de la Cultura Occidental". Para O'Gorman, la forma en que América "apareció" conlleva un proceso de invención más que de descubrimiento. América hizo su aparición [...] no ciertamente como el resultado de la súbita revelación de un descubrimiento que hubiere exhibido de un golpe un supuesto ser misteriosamente alojado [...] sino como el resultado de un complejo proceso ideológico [integrado por] una serie de tentativas e hipótesis.

El argumento central de O'Gorman es que el significado de los sucesos importantes y complejos nunca es evidente; éstos son y tienen que ser imaginados, inventados y construidos "dentro del marco de referencia de la imagen que se tenga acerca de la realidad en ese momento".[2] Este enfoque puede servir de guía para acercarse a los sucesos en México durante la segunda década del siglo XX. A continuación presento un nuevo tipo de historia de la Revolución Mexicana, un recuento de la manera en que surgió y se desarrolló *la Revolución* como tal en la escena histórica y llegó a convertirse en un ente histórico.[3]

Madero, sus seguidores y los críticos revolucionarios inventaron las primeras representaciones perdurables de la Revolución Mexicana en el discurso de la memoria que inició a raíz de su triunfo en la primavera de 1911. Sus versiones del surgimiento de la oposición política y de la insurrección contra el presidente Díaz no reflejan con exactitud una realidad, sino que la crean bajo el nombre de *la Revolución*, mediante un proceso de organización de percepciones significativas derivadas de un complejo cúmulo de experiencias.[4] Con esto no queremos decir que los maderistas y otros revolucionarios hayan producido una imagen del pasado completamente falsa o distorsionada en su mayor parte. Los sucesos que envuelven y siguen a la rebelión de 1910 eran lo suficientemente complicados y ambivalentes como para admitir una variedad de interpretaciones y una miríada de significados. Durante esta década, novelistas como Mariano Azuela, el mejor de todos ellos en *Los de abajo*, presentaron imágenes de caos y de sucesos inexplicados e inexplicables. "Me preguntará que por qué sigo entonces en la revolución", pregunta uno de los personajes de Azuela. "La revolución es el huracán, y el hombre que se entrega a ella no es ya el hombre, es la miserable hoja seca arrebatada por el vendaval..."[5] Sin embargo, los políticos deben encontrar un significado e inventar. La invención de *la Revolución* por parte de los maderistas y sus rivales trajo consigo la reconfiguración mítica del pasado inmediato.[6]

El pasado de México está salpicado de numerosas revoluciones, sin embargo, todos los mexicanos saben que *la Revolución* es la que comenzó en 1910. Saben que este conjunto de sucesos en particular constituyó una de las grandes revoluciones en la historia mundial, una revolución que transformó significativamente a México para bien. Durante mucho tiempo, el significado de este término ha sido dado por sentado, visto como una nomenclatura transparente, una descripción obvia de la realidad objetiva de una porción del pasado de México. De hecho, ha sido más evocador y emotivo que descriptivo. Reinhart Koselleck indica que "casi parece que la palabra 'revolución', por sí misma, posee un poder revolucionario". De manera muy especial, en México, se convirtió en "la palabra mágica".[7]

Pero no siempre ha sido así en México. Durante una gran parte del siglo XIX, el término "revolución" hacía referencia a levantamientos políticos y sociales de magnitudes diversas que bien podrían perjudicar o beneficiar. La Revolución Francesa tuvo más detractores que simpatizantes durante el periodo temprano de la República mexicana, y la insurrección del padre Hidalgo en 1810, por su cercanía temporal y espacial, resultó aún más polémica.[8] Resultaba previsible que el pensador conservador Lucas Alamán retratara 1810 como la "revolución vandálica", pero los primeros liberales como Servando Teresa de Mier (1765-1827), Lorenzo de Zavala (1788-1836) y José María Luis Mora (1794-1850) también parecían inmunes a cualquier vínculo romántico con la idea del cambio por vías revolucionarias. La revolución de 1810 fue necesaria para lograr la independencia, señala Mora en un pasaje famoso, pero también fue perniciosa y destructiva para la nación.[9] Sólo Carlos María de Bustamante (1774-1848), indica Enrique Krauze, había visto la guerra de Hidalgo con los ojos de un Michelet mexicano: un cura ilustrado conducía a un pueblo sediento de libertad, prosperidad y justicia.[10]

La mayor parte del tiempo, los mexicanos decimonónicos usaron los términos "revolución" y "pronunciamiento" indistintamente para referirse a las revueltas contra un gobierno en funciones.[11] Los "revolucionarios" eran simplemente rebeldes e insurrectos, estatus que se perdía si la revuelta triunfaba y sus líderes se adueñaban del gobierno.[12] Un aforismo de la etapa temprana de la República captura una de las causas triviales que daban pie a muchas revueltas insignificantes: "Cuando se pagan los salarios, se apagan las revoluciones".[13] Una revuelta particularmente exitosa contra Antonio López de Santa Anna en 1839 fue conocida como la "revolución de tres horas".[14] Todas las revoluciones del México independiente, lamentaba Ignacio L. Vallarta en 1855, podrían reducirse "a la sola búsqueda del poder político".[15] El concepto de Revolución en México antes de mediados del siglo resulta pobre en comparación a como se le usa en siglo XX, y su significado es bastante reducido y neutral ideológicamente hablando. Sin embargo, esta limitación comenzó a cambiar en 1855 con la proclamación del "Plan de Ayutla".

El movimiento político llevó a un sitio preeminente y al poder a una nueva generación de liberales que vieron la Revolución Francesa y la Insurgencia de 1810-1811 mucho más favorablemente que como las habían percibido sus predecesores. David A. Brading ha hecho notar que, desde la óptica de los liberales de la Reforma, "si la patria liberal se fundó durante la Insurgencia, se inspiró en los ideales y en el ejemplo de la Revolución Francesa".[16] La prensa liberal proclamó en 1856 que "México está en este momento en su 89".[17] Durante los debates en el Congreso Constituyente de 1856-1857 abundaron las referencias, positivas y negativas, comparativas y preceptivas, a los sucesos de 1789.[18] Benito Juárez enfatizó en 1859 que él compartía la mentalidad de los revolucionarios franceses de 1793, cuyos ideales humanitarios se honraban —afirmaba— en implantar en México.[19] Por todo México, en este periodo, aparecieron asociaciones políticas según el modelo y el funcionamiento, "punto por punto", de "las reglas de funcionamiento de los clubes revolucionarios franceses".[20]

Sin embargo, 1810 sentó un precedente todavía más importante y paralelo. "La revolución de Hidalgo fue la revolución por excelencia", afirmó Guillermo Prieto en 1855. "La revolución de Álvarez es la misma revolución de Hidalgo, es la misma lucha del pueblo contra sus tiranos".[21] Ignacio Ramírez (1818-1879), Ignacio Manuel Altamirano (1834-1893) e Ignacio L. Vallarta (1830-1893) percibieron de manera similar la Insurgencia de 1810 al considerarla el renacimiento de México y el comienzo de una tradición revolucionaria mexicana gloriosa que se prolongaba a sus tiempos. En la conmemoración del cincuentenario de la Insurgencia de 1810 en Veracruz, Ignacio Mariscal ubicó la Reforma al lado de la Insurgencia y de las revoluciones francesa y estadunidense. Los mexicanos comenzaron a marcar diferencias entre revoluciones y a investir el concepto con nuevos significados y trascendencia.[22]

Durante el Porfiriato, el concepto y los precedentes de la revolución ganaron respetabilidad entre los intelectuales mexicanos. Esto se debió, en parte, a la creación de la conservadora Tercera República en Francia y su invención de una versión bastante insípida y artificialmente homogénea de la tradición revolucionaria del país.[23] En 1881, un año después de que el 14 de julio se convirtiera en el festival oficial de la República Francesa, la fecha era celebrada como día festivo por primera vez en la ciudad de México. A partir de entonces, el día era conmemorado regularmente en la ciudad de México y en Puebla y con frecuencia celebrado como si fuera una fiesta patriótica.[24] "Somos directamente hijos de aquella revolución de 1789", exclamó Altamirano en su brindis en honor del embajador francés recién llegado, "y nuestras ideas son las que se proclamaron en la Asamblea Constituyente".[25] Guy Thompson ha detectado que en 1881, en el pueblo de Tetela de Ocampo, en Puebla —distante de ser un centro cosmopolita—, los discursos luctuosos reflejaban "una reverencia por los principios de la Revolución Francesa".[26]

Altamirano fue uno de los últimos oradores de la generación de la Reforma y su radicalismo no fue adoptado por el nuevo orden intelectual liberal que llegó a aceptar y defender el orden y progreso del México de Porfirio Díaz. Los miembros de la nueva generación criticaron el jacobinismo de los "liberales de la vieja escuela" y no demostraron entusiasmo alguno por las revoluciones pasadas o presentes. Justo Sierra, el estudioso mexicano más serio de la Revolución Francesa, reconoció la nobleza de sus preceptos pero también condenó sus excesos y que haya degenerado en una dictadura. De cualquier modo, Sierra consideró a la Revolución Francesa como un gran avance en la historia moderna, "el comienzo de una [nueva] época para los pueblos civilizados". Definió a la revolución como una aceleración violenta en la evolución de un país e hizo notar, al comienzo del nuevo siglo, que sólo había habido dos revoluciones en el pasado del México independiente: la Insurgencia y la Reforma. "En el fondo de la historia", escribió Sierra, "ambas revoluciones no son sino dos manifestaciones de un mismo trabajo social: emanciparse de España fue lo primero, fue lo segundo emanciparse del régimen colonial".[27] El intelectual más importante del Porfiriato ratificaba la noción, ideada durante la Reforma, de los orígenes y de la continuidad de la tradición revolucionaria de México. Los porfiristas, como los radical-socialistas de la Tercera República ("rojos por fuera, blancos por dentro"), se anexaron a la tradición liberal y concentraron sus energías en su institucionalización simbólica mediante festivales y monumentos conmemorativos.[28]

Emilio Rabasa, en su novela *La bola,* de 1887, condenó la revuelta e idealizó la Revolución. Queda claro que Rabasa tenía en mente la diferencia entre las grandes revoluciones de la historia universal y los abundantes pronunciamientos menores ("la bola") plagaron al México decimonónico.[29] Para Rabasa, "La revolución se desenvuelve sobre la idea, conmueve las naciones, modifica una institución y necesita ciudadanos; *la bola* no exige principios ni los tiene jamás, *nace y muere en corto espacio material y moral, y necesita ignorantes*". "En una palabra", continúa Rabasa, "la revolución es hija del progreso del mundo, y ley ineludible de la humanidad". Por otra parte, "*la bola* es hija de la ignorancia y castigo inevitable de los pueblos atrasados".[30]

Hacia finales del periodo porfirista, el término "revolución" se había complejizado y enriquecido, y era portador de un significado más variopinto y de una resonancia más histórica. Sin embargo, no era un neologismo total; muchos mexicanos aún lo usaban en su sentido primitivo, limitado y plural. Durante la lucha armada, los maderistas con frecuencia usaban indistintamente los términos "revolución" e "insurrección" (y "movimiento revolucionario" y "movimiento insurreccional"). El mismo Madero más tarde tuvo problemas para hacer patente que la Revolución de 1910 era distinta a "la mayor parte de las revoluciones de México, en que únicamente se enarbolaban principios para engañar al pueblo y al triunfar se repartían a la nación como botín de guerra".[31] De hecho, durante algunos años más, periodistas y políticos harían alusión a revueltas específicas como "revoluciones".

Sin embargo, incluso en 1910 y 1911 el uso del término para referirse a la rebelión en contra de Porfirio Díaz había comenzado a adoptar las características del estímulo pavloviano. José María Pino Suárez, quien pronto sería el vicepresidente de Madero, citó a Marx ante el pueblo de Yucatán en abril de 1911 sin dejar nada a la imaginación: "La revolución significa progreso".[32] Después de la renuncia de Díaz en mayo de 1911, su régimen y su época fueron inmediatamente identificados con el epíteto "el viejo régimen", en referencia obvia a 1789. En el verano de 1911, Luis Cabrera proclamó "la Revolución es la Revolución", queriendo decir: una genuina revolución social y no un mero cambio de gobierno.[33] Todo nombre es una metáfora, arguye Max Müller, según leemos en Cassirer,[34] de manera creciente, dentro del ámbito letrado en México, el término "revolución" conjuraba los años heroicos de 1789, 1810 y 1855, más que los incontables movimientos políticos fársico-trágicos (a los ojos de un autor de 1915) que habían fustigado a la República".[35]

Entre 1911 y 1913, sin embargo, en tanto que los maderistas y otros revolucionarios eran partícipes de un discurso
de la memoria que los auxiliaba en sus intentos por dar forma a los sucesos del momento, hubieron dos modificaciones trascendentes que enriquecieron el término "revolución"
y que afectarían su uso a partir de 1910. La primera se refiere a la historización de *la Revolución*: el suceso fue representado como el tercer estadio de una tradición revolucionaria
continua que inició con la Insurgencia de 1810 y prosiguió
con la Reforma de la segunda mitad del siglo XIX. Se ubicó a
la Revolución de 1910 en las certezas de un entorno nacionalista y patriótico. De este modo, los maderistas tuvieron la
capacidad de evocar la figura de los héroes nacionales ya
venerados para justificar su liderazgo y sus políticas; en efecto, presentaron a la causa maderista como sinónimo de la
causa de México. La segunda modificación se refiere a la cosificación de *la Revolución;* ésta fue presentada como una
fuerza autónoma de la naturaleza o de la historia destinada
a transformar a México, incluso a pesar de los errores y el
conservadurismo de Madero y de las maquinaciones que los
"reaccionarios" urdieran en contra de ella. De tal modo, los
revolucionarios desencantados de o contrarios a Madero
justificaron sus acciones y enardecieron a sus seguidores.
Ambas modificaciones transformaron un concepto evocador y multivalente en un mito.

El discurso maderista de la memoria buscaba justificar
la rebelión y la autoridad del nuevo gobierno principalmente por medio de la representación histórica. Sus esfuerzos
requerían de la caracterización de Díaz y su régimen como
ajeno y contrario a la tradición revolucionaria liberal, y de
la identificación de la rebelión maderista con esa misma tradición y, en consecuencia, con la patria. Al respecto, los
maderistas estaban siguiendo un sendero bastante bien conocido: "el pasado ha sido siempre sirviente de la autoridad", como lo expresó J.H. Plumb.[36]

"Enjuiciar las prácticas del antiguo régimen", explica
Paul Connerton, "es el acto que constituye al nuevo orden".[37]
Los maderistas realizaron esta estrategia con claridad. To-

mando como referente obvio a la Revolución Francesa, el gobierno de Díaz fue reconstruido como el *Antiguo Régimen* o, con más frecuencia, como *la Dictadura*, nombre que en sí mismo portaba el descrédito. El *Antiguo Régimen* fue la antítesis de *la Revolución*: las elites feudales fueron derrocadas por un movimiento popular masivo de liberación política y económica, una dictadura déspota fue reemplazada por un gobierno genuinamente democrático, los intereses de unos cuantos se reemplazaron por el bienestar común. El *Antiguo Régimen* también fue comparado desfavorablemente con su predecesor. Luis Cabrera acusó a Díaz de haber traicionado "los principios de libertad y de igualdad conquistados en 1857".[38]

Los maderistas confinaron al régimen de Díaz a una especie de purgatorio histórico nacional, al tiempo que colocaban a la Revolución de 1910 al lado de compañías distinguidas. Casi unánimemente compararon y parearon a *la Revolución* con las dos grandes revoluciones de México del siglo anterior, la de Independencia (1810-1821) y la de Reforma (1855-1860). En una de las primeras y más populares historias de sucesos de los años 1910-1911, sus autores recalcaron que "por tercera vez en la historia de México, la causa de los más obtiene ruidoso y completo triunfo sobre la causa de los menos".[39] En otra versión, los autores hacían notar que "la historia de México había registrado tres revoluciones: la Independencia, la Reforma y la que emancipó al país de Díaz".[40] El profesor Braulio Hernández comparó favorablemente a Madero con Hidalgo, el apóstol de la primera revolución mexicana, en tanto que Rogelio Fernández Güell consideraba a Madero el Juárez moderno.[41]

Para otorgarle un sitio en la historia a la Revolución de 1910, el mismo Francisco I. Madero dedicó buena parte de su discurso a la conmemoración del segundo aniversario del "sacrificio" de Aquiles Serdán, el primer mártir de *la Revolución* (véase el "Panteón de los héroes de la patria" al inicio de este libro). Comenzaba haciendo notar que los sucesos de 1910 no habían sido cabalmente entendidos. Algunos creían, al parecer, que la observación de Madero se refería a

Pascual Orozco —un maderista que se había vuelto contra Madero— y que esta revolución, como la mayoría de las revoluciones en México, tenía como verdadero objetivo la repartición del botín. Fue, y el tiempo habría de reconocerla como la tercera revolución de principios que ha habido en la República, como el complemento de las otras dos, porque la primera iniciada por Hidalgo fue para sacudir el yugo español; pero por una maniobra hábil las mismas clases privilegiadas que dominaron al pueblo durante la dominación española, volvieron a adueñarse del poder.

La segunda revolución, "la gloriosa Revolución de Ayutla", que dio inicio a la Reforma, proseguía Madero, devolvió a la gente sus derechos y concedió un lugar a los "derechos del hombre" en la Constitución de 1857. Ese triunfo, sin embargo, fue arrebatado por un dictador y de nueva cuenta el pueblo cayó víctima de las mismas clases gobernantes privilegiadas.

Madero declaró:

> Ahora ha venido la tercera revolución que ha proclamado como principios [...] el Sufragio Efectivo y la No Reelección; porque con esos principios que se lleguen a arraigar firmemente en la conciencia nacional, bastará para dejar consolidados para siempre en nuestro país los gloriosos derechos consignados en la Constitución de 1857. Esta revolución será pues la que haya devuelto para siempre los derechos al pueblo; por eso el pueblo, [...] él, sí está satisfecho de la Revolución de 1910; él sí se siente feliz, porque se da cuenta de las inmensas ventajas que ha conquistado; porque sabe apreciar la hermosa libertad que ahora es su patrimonio.[42]

Para Madero, la Revolución de 1910 fue genuina y radical, pero no entendió o no aceptó el concepto de una revolución social. En un discurso pronunciado en Veracruz en septiembre de 1911, Madero hizo hincapié en que al progreso económico y social "no es posible promoverlo mediante una revolución, mediante leyes y decretos".[43] El llamado "atractivo socialista" por abolir la propiedad privada no estaba contemplado dentro del proyecto maderista.[44] Al igual que sus maestros porfiristas, Madero creía que el progreso es producto del trabajo de todas las clases sociales y, consecuentemente, se basa en una evolución lenta y pacífica.

Después de mayo de 1911, Madero habló de "la revolución" como un suceso del pasado, algo cerrado y concluido.[45] Algunos maderistas, pero especialmente los revolucionarios críticos del conservadurismo de Madero, desarrollaron una concepción más amplia y más trascendente de *la Revolución*. *México Nuevo*, el periódico de los maderistas más radicales, consideraba a la insurrección como apenas una etapa de *la Revolución*. De acuerdo con Roque Estrada, su editor, *la Revolución* estaba formada por cuatro etapas: elaboración, concentración, destrucción y reconstrucción. El estadio final, la reconstrucción, "caracterizada por "la labor gubernativa, tendente á realizar las lógicas promesas insurreccionales", estaba en proceso y, por lo tanto, *la Revolución* estaba también en proceso.[46] Por otra parte, Luis Cabrera, otro prominente crítico revolucionario del maderismo, consideraba que "la revolución propiamente dicha, es decir, el periodo destructivo, aún no ha concluido". Cuando el antiguo régimen sea demolido por completo, observaba Cabrera, *la Revolución* entonces puede comenzar la tarea de reconstrucción.[47] Para F. T. Serrano, tales distinciones carecían de importancia: *la Revolución* proseguía su marcha, lenta pero segura, devastadora e imponente.[48]

Declaraciones como éstas implican más que la idea de una revolución trascendente o continua. Algunos revolucionarios en estos momentos iniciales comenzaron a reificar *la Revolución*. De acuerdo con Peter L. Berger y Thomas Luckmann, "la reificación es la aprehensión de fenómenos humanos como si fueran cosas, vale decir, en términos no humanos, o posiblemente supra-humanos".[49] La revolución reificada era una entidad concreta, independiente y autónoma, algo externo, superior y casi más allá de toda intervención humana (más que un simple concepto, un modo particular de analizar los sucesos). En la palabra impresa la revolución adquirió una solidez que nunca tuvo en la reali-

dad. Los actores también fueron reificados: los revolucionarios no hicieron *la Revolución*, sino que *la Revolución* actuó
mediante los revolucionarios. La reificación de los actores
produce un mundo "en el que las acciones humanas no ex-
presan significados humanos, sino que representan, sacer-
dotalmente, a las diversas abstracciones suprahumanas que
supuestamente encarnan".[50]

El solo acto de nombrar a ciertos sucesos como *la Revolución* conlleva una cosificación, la invención de un objeto
experimentado que, por sí mismo, le otorga una cierta autonomía e independencia.[51] Uno de los primeros ejemplos
—y más adecuados— de la reificación maderista de *la Revolución* y de los papeles que desempeñaron los revolucionarios se encuentra en las páginas de *México Nuevo*, donde se
negaba que hubieran sido individuos armados quienes estaban haciendo *la Revolución*: por el contrario, era *la Revolución* la que estaba haciendo individuos armados. *La Revolución*,
incluso, no era un hombre ni un grupo de hombres, sino el
espíritu nacional en acción, la inexorable dinámica social.[52]
Para el periodista Rafael Martínez, "Rip-Rip", testigo en 1911,
la Revolución era mártir en Aquiles y Máximo Serdán; capaz
y justa en González, Moya y Guillermo Baca; y apostólica,
noble y liberadora en su caudillo.[53]

Los revolucionarios no sólo reificaron a *la Revolución*
sino también a su enemiga histórica: *la Reacción*. En el discurso revolucionario, *la Reacción* sobrevivió a la caída de la
dictadura en mayo de 1911 y lanzó una contrarrevolución.
Como lo describió Cabrera: "a mediados de julio de 1911, la
pugna entre *la Reacción* y la Revolución, había llegado ya al
estado de lucha abierta".[54] Los revolucionarios reificaron los
papeles de los contrarrevolucionarios y de revolucionarios
por igual. Los individuos no llevaron a cabo la contrarrevolución, sino que la contrarrevolución actuó mediante los
individuos. El proceso quedó claramente expresado por
Ramón Puente en 1912: "¡la reacción buscó un maderista!",
y encontró uno en Pascual Orozco. *La Reacción* entonces
procedió a "hacer grande a Orozco y luego enfrentárselo a
Madero, este era el busilis".[55]

La reificación de *la Revolución* sirvió a varios propósitos. El primero, y más significativo, es que ayudó a la gente a darle sentido a los sucesos complejos que estaba viviendo. "Si es que la vida social ha de 'tener sentido' para sus participantes", escribe Burke Thomason, "tal vez deba aceptarse que dichos sentidos inevitablemente asumirán un tipo de realidad cosificada, no construida, sino tan sólo 'descubierta'".[56] En segundo lugar, la revolución reificada justificó y legitimó las acciones de los revolucionarios y al nuevo régimen. Si *la Revolución* se erigió en una fuerza superior, inevitable, inexorable y más allá de la producción humana, fue porque estaba destinada a serlo. Los revolucionarios, por ende, estaban "del lado de la historia", el triunfo les estaba garantizado y la oposición no tenía siquiera razón de ser.

Aquellos revolucionarios que estaban inconformes con el liderazgo de Madero o se le oponían por completo, eran particularmente susceptibles a la reificación. Ellos depositaban su esperanza en algo más grande y más radical que Madero: *la Revolución* misma. Para Roque Estrada, los mal orientados y desfavorables Tratados de Ciudad Juárez, firmados en mayo de 1911, marcaron el fin de la insurrección, "pero no de *la Revolución*". Unos cuantos meses después, Cabrera se lamentaba de que algunos elementos del antiguo régimen subsistieran dentro del gobierno interino del presidente Francisco León de la Barra (de mayo a noviembre de 1911). Sin embargo, no todo estaba perdido, porque "*la Revolución* continuaría siendo una fuerza viva". De acuerdo con un crítico diputado revolucionario, en octubre de 1912, aunque el régimen había intentado sofocarla, "*la Revolución* [seguía] en pie". En enero de 1913, el Bloque Liberal Renovador (conformado por los "Renovadores", maderistas radicales en el Congreso) hizo saber a Madero que "la revolución va hacia su ruina, arrastrando consigo al gobierno emanado de ella, simplemente porque no está dirigido por los revolucionarios".[57] Su propuesta de solución: "Es necesario, señor presidente, que *la Revolución* gobierne con revolucionarios".[58]

En una de sus interesantes digresiones, Alan Knight critica la idea de la Revolución como "un concepto claramente definido, una entidad consistente, una especie de club con miembros aprobados en su interior y sinvergüenzas expulsados en el exterior". Por supuesto, Knight está interpelando a los lectores de su tiempo y a sus colegas historiadores, en un intento por hacernos entender, de una vez por todas, que lo sucedido en México entre 1910 y 1920 fue "una experiencia colectiva compleja". La advertencia de Knight, hecha en 1986, demuestra que el inamovible poder de la reificación de *la Revolución* comenzó en el periodo de 1911 a 1913.[59]

El discurso maderista constituía sólo una parte del alud de retóricas que inundaron al país entre mayo de 1911 y febrero de 1913.[60] Los maderistas no eran los únicos revolucionarios que contribuían al discurso de la memoria. Para el Partido Liberal Mexicano (PLM), de corte anarquista, fundado por Ricardo Flores Magón, no había habido revolución alguna. El PLM disputaba "la victoria a las huestes de la burguesía, o sean: maderistas, reyistas, vazquistas, científicos y tantas otras cuyo único propósito es encumbrar a un hombre a la primera magistratura del país".[61] En el Plan de Tacubaya, en octubre de 1911, el ex maderista inconforme Emilio Vázquez Gómez y sus seguidores plasmaron su rebeldía, celebraron a la gloriosa Revolución de 1910 y condenaron a Madero por traicionarla: "No combatimos contra la revolución, sino por ella, y continuamos la revolución que él hace fracasar".[62] De manera parecida, los seguidores de Emiliano Zapata en Morelos declararon su lealtad a la Revolución de 1910 y condenaron a Madero "por no haber permitido a la revolución seguir su curso hasta el triunfo completo de sus principios".[63] *La Revolución* era mucho más grande que Madero y no estaba sujeta a su control. "La revolución se inició, ha seguido su curso, y existe aún, en virtud de la 'Voluntad unificada' de considerabilísima masa popular".[64]

Un cuento es una herramienta, indica Clifford Geertz; la gente otorga sentido a su mundo al contar historias sobre él.[65] Esta temprana narratividad revolucionaria o discurso de la memoria, nombró, historizó y reificó a *la Revolución*. Llegó a formar parte de una trinidad histórica, fijada en la memoria de modo no menos significativo que las revoluciones de Independencia y Reforma, e igualmente liberadora. Es en este discurso donde se construyó la revolución trascendental. La revolución inventada por los maderistas, sin embargo, constituyó uno de los muchos discursos de la memoria del periodo, una memoria oficial incipiente que distaba mucho de ser la dominante entre los discursos que se disputaban tal sitio. Su valor no radica en la influencia que tuvo entre sus contemporáneos (y que fue, sin duda, escasa) sino en el poder que tuvo sobre un número relativamente pequeño de revolucionarios devotos que más adelante, en distintas circunstancias, elaboraron, renovaron y difundieron sus recuerdos, conceptuaciones y representaciones de *la Revolución*.

Los revolucionarios que criticaron a Madero por haberse comprometido con los sectores poderosos del antiguo régimen muy pronto demostraron que tenían la razón. Madero había desarmado a la mayoría de las fuerzas revolucionarias y le tuvo consideraciones al Ejército Federal. Las instituciones porfiristas de todos los niveles sobrevivieron a la transición y criticaron y debilitaron inmisericordemente al nuevo régimen. Dos de las figuras más notables del Porfiriato se rebelaron contra madero: el general Bernardo Reyes, anterior gobernador de Nuevo León, lo hizo en diciembre de 1911, y Félix Díaz, el sobrino del dictador Díaz, en octubre de 1912, pero los dos personajes fueron prontamente encarcelados en la ciudad de México. A principios de febrero de 1913, un general del Ejército Federal junto con un grupo de simpatizantes armados liberaron a Reyes y a Díaz. Reyes fue muerto en su intento por tomar el Palacio Nacional. El resto de los conspiradores se reagruparon en la Ciudadela, principal arsenal de la ciudad. El presidente Madero confió en el militar equivocado. Nombró al general Victoriano Huerta comandante de la ciudad, y lo encargó de la defensa del gobierno. Durante los diez días siguientes, la Decena Trágica, como los mexicanos llaman al periodo, las dos fuerzas intercambiaron disparos, muchos de ellos fallidos. En secreto, el general Huerta pactó un acuerdo con los conspiradores para crear el caos suficiente para garantizar la caída de Madero. Huerta apresó a Madero y a su vicepresidente el 18 de febrero, los obligó a renunciar y, tres días después, en las primeras horas del 22 de febrero, los mandó asesinar. *La Revolución*, muerta en apariencia, estaba de hecho naciendo de nuevo.

2
1913-1920

Gobiernos rivales, pasados en pugna.[1]

A raíz de la caída de Madero, surgieron muchos movimientos revolucionarios únicos y singulares en México. Estos grupos pelearon contra Victoriano Huerta, el enemigo común, al tiempo que combatían entre sí. Los años siguientes fueron testigos de una retahíla anárquica de "istas": maderistas, magonistas, zapatistas, constitucionalistas, convencionistas, villistas y carrancistas, por sólo nombrar a los más prominentes. En poco tiempo llegó a haber una serie de tradiciones revolucionarias que competían entre sí, cada una sustentada por memorias colectivas disonantes. En el momento en que una facción lograba predominar política y militarmente se convertía en el gobierno de toda la nación mexicana, y construía y difundía una memoria oficial de *la Revolución*. Si bien la memoria colectiva de los constitucionalistas-carrancistas se convirtió en la memoria oficial, no alcanzó a ser la memoria nacional dominante. Se lo impedían las contra-memorias de los villistas, zapatistas y magonistas, y a su vez fue reducida a una contra-memoria por la revuelta de Agua Prieta en 1920.

El golpe de Estado de febrero de 1913 que provocó el derrocamiento del gobierno de Madero y llevó al general Huerta al poder, impulsó la formación del movimiento constitucionalista. La casi nula asociación entre los ejércitos regionales y los reductos maderistas, propiciada y apenas coordinada por el gobernador del estado norteño de Coahuila, Venustiano Carranza (su "Primer Jefe"), intentó destruir al "militarismo huertista y al clericalismo reaccionario", así como restaurar el gobierno constitucional. Hacia el verano de 1914, el movimiento constitucionalista había derrocado a Huerta y al ejército federal, y poco después se fracturó en facciones hostiles que, de nueva cuenta, envolvieron a México en una guerra civil. A mediados de 1915, la victoria de Carranza y de los generales que le eran leales dio a esta facción el control de la ciudad de México, del gobierno nacional y, de hecho, de la mayor parte del país. Los caudillos militares y políticos carrancistas redactaron una nueva constitución "revolucionaria" que fue promulgada el 5 de febrero de 1917. Unos cuantos meses más tarde, Carranza fue electo constitucionalmente para un periodo presidencial de cuatro años.

El asesinato de Madero, y del vicepresidente Pino Suárez, de inmediato dio pie a una poderosa y popular leyenda que se convirtió en un elemento crucial de *la Revolución*. "Madero mártir pesa más en el alma del pueblo que Madero apóstol".[2] Se rumoraba que en la morgue se vio un halo sobre la cabeza del presidente muerto.[3] Sin plan o instigación alguna, la gente montó un humilde altar en el sitio de los asesinatos. El "apóstol" se convirtió en "mártir", "el caudillo inmaculado", "el Jesús mexicano".[4] Para Isidro Fabela, "Madero no había nacido para ser presidente, sino para ser símbolo".[5] Muchos revolucionarios dejaron de lado sus diferencias. Gonzalo de la Parra comentó: "Me arrepiento de mis intemperancias para Madero". Después del asesinato, continúa de la Parra, "Madero engrandeció a mis ojos y tuve un deslumbramiento. Vi la luz que circundaba su cabeza y creí en el fanatismo que saben engendrar los mártires".[6] Como a todos los apóstoles, escribió Luis Seoane en 1920, "le odiaron hasta la muerte y lo glorificaron hasta la inmortalidad".[7]

Después de que los ejércitos constitucionalistas derrocaron a Huerta y se apoderaron del control de la ciudad de México, Carranza, Obregón y otros constitucionalistas peregrinaron hasta la tumba de Madero en el Panteón Francés. Las ceremonias vespertinas siempre eran seguidas de visitas de personajes importantes. Los trabajadores, organizados según sus fábricas, depositaban coronas de flores en "procesiones interminables". Ante la tumba, reseña un periódico,

Jesús Urueta recordó al mártir con frases llenas de ardor y vehemencia, al hombre —decía *El Demócrata*— que sacrificó su vida para liberar al pueblo oprimido.[8] Cuando Pancho Villa rindió sus respetos unos cuantos meses después, la cámara capturó su rostro bañado en lágrimas. Villa enterró nuevamente a Madero mediante una ceremonia impresionante en el Panteón Español y cambió el nombre a la calle de San Francisco por el de avenida Francisco I. Madero.[9] Los voceros villistas condenaron la presencia de los enemigos de Madero entre los consejeros y los partidarios de Carranza, del mismo modo en que los voceros carrancistas antes habían denunciado la misma anomalía con Villa.[10]

Los corridos —"indicadores invaluables del pensamiento popular", según ha hecho notar Ernest Gruening[11]— raramente mostraban una gran devoción personal hacia Madero antes de la muerte del líder. "Pero a raíz de su dramático asesinato", señala Merle Simmons, "el profundo afecto que la gente sentía por don Pancho se hizo patente".[12] En la primera parte del corrido "La muerte de Madero", Madero y Pino Suárez son recordados de esta manera:

> Los muertos se sienten mucho
> cuando son como éste, buenos,
> nos enseñó Democracia
> y jamás le olvidaremos.

Desde un principio, los constitucionalistas veían (o al menos retrataban) a su movimiento como la continuación de la Revolución de 1910, y al régimen de Huerta como el resurgimiento del antiguo régimen y obra de la reacción. Los rebeldes sonorenses declararon en marzo de 1913, por ejemplo, que "[venían], en fin, a luchar sin tregua y con tesón, contra el mal y continuar la revolución de 1910".[13] Para el teniente coronel David G. Berlanga, Huerta representaba el despotismo y la restauración del Porfiriato, y Carranza, la democracia y la restauración del régimen maderista.[14] El carácter de *la Revolución*, sin embargo, estaba cambiando. La continuidad no impidió que se realizaran algunas modificaciones. Sam Navarro señaló que "este movimiento, que no es sino la continuación del de 1910, reconoce como fundamento, más que problemas políticos, problemas económicos irresolutos, hecho que todos admiten sin discusión en la República".[15] Para el general Lucio Blanco, de modo similar, "la Revolución comienza a orientarse en la manera de resolver uno de los grandes problemas que constituirá, sin duda alguna, el eje principal de la prosperidad de nuestra Patria: la repartición equitativa de la tierra".[16]

Para Carranza y muchos de sus seguidores la cuestión de la continuidad histórica resultaba un tanto problemática. Su alabanza a Madero (en particular al maderismo como movimiento y como gobierno) casi siempre estuvo impregnada de críticas directas o implícitas. La Revolución de 1910 no fue más que una revolución política que estuvo fatalmente comprometida, desde sus inicios, por los Tratados de Ciudad Juárez: "la Revolución de 1910 fracasó en los tratados de paz de Ciudad Juárez".[17] En una entrevista en 1914, Carranza indicó que la revolución que él conducía era "una *Revolución Social*. La de Madero fue meramente política: él luchó por el Sufragio Efectivo y la No Reelección. Las necesidades del pueblo, créame usted, son mucho más hondas".[18]

Los carrancistas en general eran ambivalentes con respecto al pasado maderista. Madero, "el apóstol" y "el mártir", era sacrosanto; Madero y los maderistas, en tanto revolucionarios prácticos y políticos, sin embargo, eran culpados por sus errores políticos. Es por esta razón que Arnaldo Córdova llama al carrancismo "la autocrítica del maderismo".[19] Según un editorial de *El Renovador* de 1914, "debe haber confianza en aquellos que son los líderes de la Revolución, puesto que son ellos quienes están convencidos de que el pecado original del Apóstol de *la Revolución* fue pactar con los elementos pútridos del porfirismo".[20] Esta actitud fue azuzada también por la hostilidad carrancista hacia la familia de Madero. En opinión de Francisco Padilla González, los hermanos del mártir conspiraron contra los ideales nobilísimos de Madero cuando se opusieron a Carranza y se aliaron a Villa, el más vil de los instrumentos —en su

opinión— para conspirar contra lo que consideraban las in-
genuas aspiraciones de los mexicanos.[21]

Si bien los carrancistas con frecuencia distinguían entre "la Revolución constitucionalista" y "la Revolución de
1910", de cualquier manera consideraban a las dos como
una revolución trascendente: "*la Revolución* iniciada en 1910
por el Apóstol Madero, y continuada por el Honorable Gobernador constitucional de Coahuila don Venustiano Carranza".[22] El discurso carrancista de la memoria adoptó a la
revolución inventada por los maderistas y modificó algunos
de sus aspectos. *La Revolución* siguió siendo popular y liberadora. Era considerada como el tercer estadio de una lucha
popular continua y todavía en desarrollo, cuyos orígenes se
remontaban a 1810, que había sido renovada en 1855 y rei-
niciada en 1910 y 1913. En tanto que los maderistas consideraban a la Revolución de 1910 como la revolución genuina,
los carrancistas defendieron obstinadamente la idea de que
la lucha renovada a partir de 1913 representaba una "revolución social auténtica". Un simpatizante la aclamó como
"la revolución social más grande de nuestro tiempo".[23] Aunque no significara lo mismo para todos los carrancistas, la
frase "revolución social", generalmente, conllevaba la idea
de una reforma social, económica, nacionalista y moral.

Los carrancistas recordaron y reinventaron constantemente a *la Revolución* durante un periodo de notoria inestabilidad política, que marcó su tipo de discurso. El movimiento
constitucionalista se mantuvo unificado durante la lucha
contra Huerta, pero con la derrota del Ejército Federal en
la primavera y el verano de 1914, la coalición se fracturó en
facciones. La desconfianza y el desacuerdo provocaron la
separación de Carranza y el general Francisco Villa, caudillo de la División del Norte, originario de Chihuahua; una
ruptura que no pudo enmendar la convención revolucionaria que se reunió en Aguascalientes durante el otoño. Los
zapatistas, que habían peleado contra la dictadura de Huerta pero no se unieron a la coalición constitucionalista, formaron una frágil alianza con Villa en contra de Carranza
durante la Convención. La nueva "guerra de los ganadores"

estuvo acompañada por una guerra de palabras, de retórica sobre el pasado y sobre los posibles futuros.

Para los villistas, *la Revolución* incluía la insurrección de Madero contra Díaz y la batalla constitucionalista contra Huerta. A diferencia de los carrancistas, los villistas se consideraban a sí mismos, ante todo, fieles a los maderistas: "el Plan de San Luis tiene continuadores y representantes",[24] aseveraban. Esta actitud reflejaba y motivaba, simultáneamente, la afiliación de un sector de los "viejos" maderistas y de algunos miembros de la familia Madero a las filas del villismo entre 1913 y 1914.[25] Los villistas determinaban quiénes eran sus enemigos y quiénes sus amigos a través del lente del maderismo. T.F. Serrano, por ejemplo, señalaba que "al lado de Carranza se encuentran enemigos del maderismo, esto todo el mundo lo sabe". El zapatismo, por el contrario, indicaba Serrano, "es solo un afluente del maderismo".[26] Los villistas lanzaron la acusación de que siendo Obregón presidente municipal de Huatabambo, Sonora, el general actuó en contra del triunfo del maderismo en 1911 y obstaculizó las carreras de varios generales revolucionarios "simplemente porque eran maderistas, y Obregón nunca lo fue. [Ésa era] la misma obsesión de don Venustiano [Carranza]".[27]

La oposición de Villa a Carranza, de 1914 en adelante, se originaba principalmente en dos supuestas infidencias: Carranza traicionó los ideales revolucionarios de un gobierno democrático y las reformas socioeconómicas necesarias para asegurar el mejoramiento de las clases desheredadas. Villa exigió al pueblo mexicano un nuevo sacrificio "para que la Revolución pueda definitivamente realizar sus caros ideales".[28] Y, a decir de la maquinaria propagandista de Villa, él era el hombre destinado a alcanzarlos, puesto que era "el libertador de las masas y el campeón de la democracia verdadera".[29]

Para los zapatistas, *la Revolución* no estaba conformada por el maderismo ni tampoco por el constitucionalismo. En franco contraste con sus aliados villistas, los zapatistas retrataban al maderismo de la manera más ríspida: "el gobierno maderista era simplemente una parodia y una falsificación ridícula" de la revolución.[30] *La Revolución* era el "movimiento popular" que había iniciado en 1910 en contra de *la dictadura*, que había continuado contra Madero, el autor de la "amarga traición" de los Tratados de Ciudad Juárez, que había sido reorientada en favor de los ideales del "campesino" en el Plan de Ayala suscrito por Zapata en 1911, y que continuaba contra Huerta y contra Carranza. Dentro de *la Revolución* se ubicaba "la revolución agraria": "el gran movimiento en el Sur, apoyado por toda la población campesina de la República".[31] Aun más, *la Revolución* "ratifica todos y cada uno de los principios indicados por el Plan de Ayala".[32]

La acusación de Zapata contra Carranza era similar a la que hacía Villa: Carranza traicionó a *la Revolución*. Zapata declaró en 1916 que

> Carranza en *la Revolución* representa el timo, la perfidia, el engaño, la burla ruin y escandalosa. Finge ser el representante genuino de la gran masa del pueblo, y lo hemos visto, no sólo conciliar uno a uno todos los principios revolucionarios, sino lesionar con igual despotismo, los más preciosos de los derechos y las más respetables de las libertades del hombre y de la sociedad.[33]

Un episodio protagonizado por un zapatista en la Convención de Aguascalientes de 1914 puso de manifiesto la incuestionable sacralidad que el gran relato de México tenía a los ojos de los revolucionarios. Antonio Díaz Soto y Gama, representante de la comisión zapatista, se negó a secundar a sus colegas delegados en cuanto a firmar sobre la bandera nacional mexicana. Él creía que *la Revolución* debería abolir completamente a la historia anterior de México, a guisa de la Revolución Francesa. Díaz Soto y Gama aseguró "desdeñosamente" que:

> [Ese] trapo no era sino el símbolo del triunfo de la reacción clerical "encabezada por Iturbide". [...] Yo, señores, jamás firmaré sobre esta bandera. Estamos haciendo una gran Revolución, que va expresamente contra la mentira histórica que está en esta bandera; a lo que se llama nuestra independencia del indígena, fue la independencia de

la raza criolla y de los herederos de la conquista, para seguir infamemente burlando...[34]

Mientras el orador estaba haciendo uso de la palabra, algunos presentes irritados lo abuchearon. Un observador indicó que "los delegados se gritaban unos a otros, mientras que con la mano izquierda se golpeaban el pecho y la derecha asía la culata de sus pistolas, pues todos estaban furiosos".[35] Ésta no era la Revolución Francesa: los revolucionarios mexicanos no buscaban abolir la historia y comenzar una nación a partir de cero. Se veían a sí mismos como parte de una tradición revolucionaria simbolizada por la bandera tricolor: verde, blanca y roja.

En vista de que la convención revolucionaria cayó bajo el control de Villa en el otoño de 1914, los convencionistas —un híbrido temporal de afiliación incierta— intentaron sintetizar las memorias y los programas de maderistas, constitucionalistas, villistas y zapatistas. Los convencionistas depositaron su confianza no en los jefes militares, sino en *la Revolución*. Y en vez de gritar "vivas" a los caudillos que aún vivían y a quienes todavía no juzgaba la historia, el convencionista Villarreal proponía gritar: "¡Viva la Revolución!"[36] A mediados de 1915, una convención paralela cayó bajo el control de los zapatistas y, de allí en adelante, hasta su disolución en mayo de 1916, difundió propaganda zapatista.[37]

Después de 1912, los magonistas representaban menos una facción revolucionaria que una "voz" revolucionaria (o anarquista), una voz que se levantó en Aguascalientes en la persona de Soto y Gama, de la facción zapatista.[38] En este estudio, los magonistas son tomados en cuenta porque, en alguna medida, sus ideas sí influyeron en los revolucionarios de otras facciones; por ejemplo, Obregón era un lector ávido de *Regeneración*, el influyente periódico magonista.[39] Durante la primera década del siglo XX, muchos de los magonistas fundadores migraron hacia otras facciones revolucionarias. El magonismo también fue adoptado, simbólica y retroactivamente, por elementos del movimiento obrero y por el Partido Comunista Mexicano, en el siguiente decenio.[40]

Para los magonistas, *la Revolución* era la gente de México "en abierta rebelión contra sus opresores".[41] En 1916, Ricardo Flores Magón la denominó "la Revolución Social y Económica", a la que definía como la revolución de las masas desposeídas en contra de sus opresores y explotadores, que principalmente quería la propiedad común de la tierra y, por lo tanto, deseaba liberar al pueblo mexicano.[42] Madero no era un revolucionario, su revolución no era ninguna revolución, porque Madero no peleó por la clase trabajadora, sino por la capitalista. La misma verdad era aplicable a Carranza y su rebelión, dado que era un burgués, un señor feudal y un hacendado. Villa, que había peleado contra los magonistas por órdenes de Madero, era de la misma calaña: un bandido, pues cuidaba los intereses de la burguesía. Sólo Zapata era un revolucionario honorable y sincero, porque arrebataba la riqueza de las manos de la burguesía y la entregaba a sus verdaderos dueños: los pobres.[43]

Estas tradiciones revolucionarias incipientes, estos discursos de la memoria y de la protesta, constituyeron la contramemoria de la memoria oficial y dominante de *la Revolución* que construyó e impuso el carrancismo. A partir de 1915, la resistencia de la contramemoria de *la Revolución* perdió fuerza y se volvió cada vez más marginal propiedad de cada vez menos, y su difusión se limitó a manifiestos intermitentes, unos cuantos volantes, algunos libros y periódicos. Por ejemplo, el gobierno convencionista publicó sin gran aspaviento, en el invierno y la primavera de 1915, *La Convención*. Los villistas sólo publicaron dos periódicos, ambos en Chihuahua. De éstos, *Vida Nueva: Diario Político y de Información*, era el órgano oficial del villismo y se autodenominaba la voz de la Revolución.[44] Los zapatistas no tenían periódico alguno y hacían su propaganda únicamente mediante manifiestos.[45] Cabe mencionar que, en febrero de 1916, Zapata estableció el Centro Consultivo de Propaganda y Unificación Revolucionarias con el propósito de contrarrestar la propaganda antizapatista y de convencer a la gente común de que la Revolución favorecía al pueblo y cuidaba sus derechos.[46] La contramemoria sobrevivió, e incluso tal vez se revitalizó, en la canción popular y en la leyenda, fenómeno que John Rutherford define como las series de historias sobre las hazañas y las habilidades de un líder revolucionario en particular, que lo elevan al lugar de héroe ante los ojos de sus seguidores.[47] Sólo algunas de aquellas historias que circularon antes de 1920 están a la disposición de los historiadores.

Los corridos representan a Villa y a Zapata como caudillos populares, es decir, como líderes identificados con las aspiraciones del pueblo en su lucha contra los ricos y los poderosos. En los corridos más antiguos, Villa es representado, predominantemente, como una fuerza ciclónica, violenta, que inspiraba temor y terror sus enemigos. Sin embargo, también es visto como un instrumento de la voluntad popular durante la lucha contra Huerta, cual lo indica el corrido "Las Mañanitas de Francisco Villa", citado por John Reed: "La justicia vencerá / se arruinará la ambición, / a castigar a toditos, / Pancho Villa entró a Torreón".[48] La pugna entre Carranza y Villa es presentada de manera similar. Al Primer Jefe, le advierte un corrido: "Te creíste veterano porque eras Jefe Primero; / nos engañaste, villano, por ambición al dinero… / Hora sí hemos de acabar con toditos los traidores / y debemos de confiar en Villa y sus defensores".[49] La leyenda de Villa se agrandó aun más a raíz de su ataque contra Columbus, Nuevo México, en marzo de 1916. Estados unidos envió al general John J. Pershing al mando de una fuerza expedicionaria al norte de México para capturar y castigar a Villa, pero el caudillo evadió a los gringos y se convirtió en símbolo de resistencia nacional.[50]

Más que Villa, fue Zapata quien quedó representado, en los corridos de su tiempo, como la personificación y el redentor de los ideales revolucionarios de tierra, libertad, paz y justicia. Él abrió campo para la inspiración de muchos corridos[51] tales como el que dice "con Zapata tendrá el pueblo / tierra, libertad y escuelas".[52]

Un corrido cuenta que el Plan de Ayala defendía a la religión y daba tierra a todos los que la pedían.[53] El asesinato de Zapata ensalzó la leyenda que se había creado a su alrededor y garantizó su rememoración: el pueblo del sur nunca olvidará que fue su gran defensor, dice el corrido.[54]

Mientras que planes, volantes y principalmente corridos salvaguardaban la contramemoria revolucionaria de los villistas y los zapatistas, los carrancistas, dueños del gobierno federal, procedían a imponer su representación de *la Revolución* como la memoria oficial en toda la nación. Los carrancistas lograron su propósito mediante varias tácticas. A lo largo y ancho del país, los generales carrancistas establecieron oficinas locales de propaganda e información y designaron agentes encargados de esta labor.[55] El director de la oficina de propaganda en Puebla informó a Carranza que su objetivo era hacer públicos los ideales de los constitucionalistas, las libertades que les eran otorgadas y las reformas que estaban siendo llevadas a cabo mediante los decretos del Primer Jefe.[56] El general Salvador Alvarado informó a sus agentes de propaganda que "[es] necesario, para los peones en el campo y para los trabajadores en general que entendiesen que la Revolución Constitucionalista [está], eminentemente, de su parte".[57]

Una avalancha de artículos, volantes y libros brotó de la pluma y la prensa carrancistas de 1913 a 1920.[58] Tal productividad fue posible porque, como indica Friedrich Katz, "la mayoría de los intelectuales que participaron en la revolución estaba vinculada de un modo u otro a la facción de Carranza".[59] En todo el interior del país, y fuera de él, los carrancistas defendieron la causa, sus héroes y sus mártires, sus principios y sus ideales, con gran fervor y compromiso. Los carrancistas habían aprendido de la experiencia maderista. Parte de la campaña de propaganda fue orquestada por los líderes y publicada por prensas oficiales y semioficiales. El régimen carrancista sostuvo, mediante subsidios, periódicos partidistas tales como: *El Constitucionalista* (1913-1916), *El Pueblo* (1914-1916), *El Demócrata* (1914-1926), *El Mexicano* (1915), *La Opinión* (surgido de la redacción de *El País*, antes diario del huertismo) y, en la provincia, *El Paso del Norte*, en Ciudad Juárez; *El Progreso*, en Laredo; *La Revolución*, en Monterrey; *Tierra*, en Matamoros; y *El Pueblo*, en Veracruz; entre muchos otros. El régimen también reprimió a los diarios disidentes y de oposición, arrestó a editorialistas y periodistas y censuró libros y obras de teatro. Al periódico conservador *Mexican Herald*, por ejemplo, publicado en Veracruz durante la ocupación estadounidense de 1914, le fue negado el permiso para seguir apareciendo en cualquier ciudad del territorio mexicano.[60]

En 1913, el artista plástico Gerardo Murillo, que se cambió de nombre a Doctor Atl, apoyó la causa constitucionalista desde París con el diario *La Revolution au Mexique*, cuyos editoriales supuestamente ayudaron a evitar un préstamo francés al gobierno de Huerta.[61] El Doctor Atl regresó a México a finales de 1913. En el otoño de ese año, en Orizaba, Veracruz, reunió un grupo de escritores y artistas, conocidos informalmente como el Grupo de la Jungla, para apoyar al movimiento carrancista y atraer más apoyo. El Doctor Atl logró el favor de la Casa del Obrero Mundial, de afiliación anarcosindicalista y, con su ayuda, mandó por ferrocarril, desde la ciudad de México, las prensas y las máquinas de linotipo de *El Imparcial*, antes el diario oficial del porfirismo. El grupo, que reunía a José Guadalupe Zuno, Ramón Alva de la Canal, David Alfaro Siqueiros y José Clemente Orozco —y a los tipógrafos de la Casa— publicó *La Vanguardia*, un periódico revolucionario, e "instauró prensas e imprimió resmas y resmas de propaganda escrita y gráfica".[62] En sus memorias, Orozco apuntó que el Doctor Atl "predicaba desde el púlpito y los ideales de la revolución constitucionalista".[63]

Cuando Carranza se replegó hacia Veracruz a finales de 1914, la "Prensa del Gobierno Constitucionalista" comenzó a editar volantes y libros atacando a villistas y zapatistas y alabando las acciones de Carranza. En Veracruz, y más tarde en la ciudad de México, algunas dependencias del gobierno publicaron panfletos y libros para contar, recontar y defender a *la Revolución*, y Carranza y algunos de sus subalternos dieron interpretaciones oficiales del suceso.[64]

También a finales de 1914, Obregón y algunos de sus allegados, notoriamente el Doctor Atl y Jesús S. Soto, formaron la Confederación Revolucionaria para influir en las directrices ideológicas del movimiento constitucionalista y promover sus ideas e ideales mediante programas musicales y literarios así como con discursos y propaganda. La Confederación Revolucionaria fundó algunos diarios en las ciudades de provincia e incluso uno a bordo de un tren militar.[65] Según informaba a Carranza en enero de 1915, el Doctor Atl confiaba poder unir a la causa a los trabajadores, los estudiantes y la clase media. "[El Doctor Atl] organizó mítines populares, dedicó escuelas, habló a grupos tanto grandes como pequeños, arregló la agenda de discursos para Obregón y otras 'figuras' revolucionarias, y se involucró en una amplia variedad de actividades, todas en nombre de Carranza".[66] Cuando los carrancistas regresaron a la ciudad de México a principios de 1915, el grupo fue capaz de convencer a la Casa del Obrero Mundial de apoyar a *la Revolución* (y a la facción carrancista) mediante los aguerridos Batallones Rojos.[67]

"Muchos maestros de ideas revolucionarias" fueron trasladados a Veracruz durante la crisis, de acuerdo con Félix Palavicini, secretario de Instrucción Pública y Bellas Artes del gabinete de Carranza. En un principio, sin saber con exactitud cómo proceder, el gobierno constitucionalista comenzó a considerar a los educadores como misioneros políticos y los distribuyó por toda la República en febrero de 1915. Estos maestros fueron enviados, según palabras de Palavicini, "como propagandistas revolucionarios y como educadores liberales".[68]

También resultaba vital para los carrancistas que el resto del mundo, particularmente Estados Unidos, interpretasen a la Revolución Mexicana como ellos lo hacían. Se abrió la Oficina Mexicana de Información en Estados Unidos para lograr específicamente ese propósito. Ninguna otra facción revolucionaria "igualó la capacidad de los carrancistas para iniciar una serie de campañas sistemáticas y coordinadas —en inglés y en español— nacional e internacionalmente".[69] Artículos como "The Great Mexican Revolution" (*The Forum*, 1915), de Carlo de Fornaro, dejaron en claro la consigna carrancista: ningún compromiso con los enemigos de la Revolución ni con su rendición incondicional, eran las directrices de Carranza".[70] En 1916, Luis Cabrera dictó una conferencia ante la Academia Americana de Ciencia Política y Social en Filadelfia, en la que interpretó científica y objetivamente a *la Revolución*, desde un punto de vista que coincidía con la interpretación carrancista.[71] La conferencia fue una de muchas otras ocasiones de viajes propagandísticos. Luis Bossero recorrió cuarenta y dos universidades estadounidenses en nombre de Carranza. La *Gales Magazine*, una publicación carrancista dirigida por el marxista revolucionario Linn Gale, apoyó la causa en Estados Unidos, como también lo hizo la Asociación Latinoamericana de Noticias y la Columbus Publishing Company.[72]

Los carrancistas también organizaron y sancionaron las conmemoraciones de los sucesos revolucionarios significativos, sobre todo los asesinatos de los mártires Serdán, Madero y Pino Suárez y la promulgación del Plan de Guadalupe de 1913, para afianzar en la memoria una interpretación particular de la revolución. Entre 1915 y 1920, los carrancistas menoscabaron evidentemente la trascendencia del maderismo, primer estadio de *la Revolución*, y enaltecieron el constitucionalismo o estadio del "Gran Movimiento de Redención". Al mismo tiempo que se reverenciaba a Madero como el "apóstol iluminado y el mártir sublime de la recién nacida democracia mexicana", los maderistas con frecuencia eran criticados severamente. Después del asesinato de Madero, señaló *El Demócrata* en noviembre de 1915, la "familia oficial" del apóstol había huido cobardemente.[73] Con el tiempo, el 26 de marzo —fecha del Plan de Guadalupe— eclipsó al 20 de noviembre como el día para conmemorar *la Revolución* en el calendario carrancista, como "la fecha más gloriosa en los anales de la Revolución".[74] Los carrancistas no perdían oportunidad alguna, por supuesto, para denigrar y condenar a los "villistas desleales" y a las "hordas zapatistas" y para recordar a los mexicanos que muchos parecían ser revolucionarios, pero no lo eran en realidad".[75]

Numerosos carrancistas participaron en la construcción de la memoria oficial de la revolución, y es curioso notar que sus remembranzas individuales eran bastante coincidentes. Como se dijo anteriormente, los carrancistas adoptaron y modificaron la memoria colectiva maderista de *la Revolución*. Díaz y *la Dictadura* fueron vilipendiados, Madero y los otros mártires iniciales fueron santificados, y los errores políticos del maderismo fueron señalados.[76] Sin embargo, las faltas y debilidades de Madero fueron presentadas como virtudes: él prefirió el martirio antes que comprometer sus principios democráticos. "El señor Madero, tan ingenua como bondadosamente creyó que todos eran de corazón sano como el de él, que todos eran nobles como él y que todos eran incapaces de hacer males como él era incapaz de hacerlos al darse cuenta de sus actos".[77]

La Revolución fue reificada, capitalizada e investida de enorme significado: "ha alcanzado, como ninguna otra revolución, una importancia inusual y una inmensa gloria, porque nos ha hecho percibir su creatividad inmensa".[78] En un grado aún más alto que en el discurso maderista, *la Revolución* para los carrancistas era el primer móvil y el gran significante. A decir del general Silvino García, "*la Revolución* restaura la dignidad al hombre común y al campesino, impele la agricultura y eleva el espíritu del trabajador".[79]

De acuerdo con los carrancistas, *la Revolución* era tan importante como la Revolución Francesa y constituía la continuación de las grandes revoluciones decimonónicas de México. "Ahora imitamos a nuestra hermana mayor —Francia", declararon los editores del *Anuario Constitucionalista* en 1916—.[80] Antonio Manero señaló que "es una revolución social y económica, tan bien fundada como la Revolución francesa".[81] "Esta revolución comenzó con la independencia nacional",[82] señaló un carrancista anónimo. Para otro, "la Revolución Constitucionalista es, pues, la continuación de la Revolución de Reforma, interrumpida por una reacción plutocrática prolongada".[83] A decir del general García, se trataba nada menos que de "la Revolución Mexicana de 1810 al presente".[84]

La usurpación del poder por Huerta representó la contrarrevolución de la Reacción. Al igual que los maderistas, los carrancistas definieron este monstruo como una suma de científicos, plutócratas y militaristas. Además, algunos carrancistas agregaron al clero y a los extranjeros privilegiados (en particular los españoles y los estadounidenses) a la lista. En una entrevista de 1915, Obregón situó al clero dentro de una perspectiva histórica:

> Los que excomulgaron a Hidalgo y a Morelos y celebraron sus asesinatos —señalaba el caudillo—, los que maldecían la memoria de Juárez, los que se aliaron a Porfirio Díaz para burlarse de las leyes de Reforma, los que aplaudieron a Huerta e hicieron las paces con él, los que entonces aclamaban a Villa, jamás —según Obregón— serían capaces de hacer el bien. No harían nada por la afligida nación quien, a su vez, los condenaba para siempre.[85]

Huerta era el villano supremo para los carrancistas: el Judas, el "nuevo Santa Anna", el chacal, "el Calígula zapoteco" y el "hijo legítimo de Caín".[86] Ramón Puente, un constitucionalista que más tarde sería uno de los intelectuales cercanos a Villa, lo consideraba feo, pero de una fealdad rara y cruel.[87] Huerta era, para un carrancista anónimo, el punto de convergencia de todos los intereses reaccionarios.[88] ¿Era ésta la traición de un solo soldado? No, respondía Alfonso Aragón: era la traición de todos los jefes militares, de todos los oficiales e incluso de todos los soldados federales.[89] Al traicionar a Madero, Huerta desató el torrente revolucionario comandado por Carranza.

La lucha constitucionalista contra Huerta no era más que el pueblo en armas contra la Reacción. "El Ejército de *la Revolución* es el voto en armas".[90] Con Carranza "estaba el alma popular, la masa anónima de los de abajo, de los expoliados, de los esclavizados".[91] El Plan de Guadalupe, "un estatuto austero y discreto", otorgó al movimiento su carácter legal y prudentemente buscó sólo la restauración del orden constitucional, la salvaguarda de los derechos humanos y el castigo por los crímenes de 1913: era sólo un conjunto de "ideas sencillas, gritos de combate, estímulos a la caballerosidad".[92] La Revolución de 1913, sin embargo, era más radical de lo que había sido la Revolución de 1910, debido a que "el ideal de la 'cooperación de las clases' de Madero se fue con él a la tumba. Con Carranza vino la "lucha de clases'".[93] La derrota de Huerta en el verano de 1914 no implicó la derrota de la Reacción ni el triunfo absoluto de *la Revolución*.

"El militarismo y la clerecía no podían conformarse con la derrota, y entonces apareció la Reacción con nuevos bríos, y comenzó por introducir la división en las filas mismas de la Revolución triunfante".[94] Los carrancistas casi nunca tildaban a Villa y a Zapata de reaccionarios; estos dos caudillos eran generalmente representados como instrumentos ("inconciente[s] quizá"[95]) de la reacción. Villa "era el tipo más adecuado para servir a las maquinaciones de los conservadores laborantes. Por ello les obedeció dócilmente".[96] En 1914, Luis Cabrera previno a la Convención de Aguascalientes de que los elementos civiles que rodeaban a Villa —y que lo motivaron a emitir su manifiesto— buscaban el reestablecimiento del orden, no una reforma trascendente y, por lo tanto Villa y sus simpatizantes interpretaban la Revolución de una manera totalmente contraria a como los militares y civiles allí reunidos la entendían.[97] Para Manuel Aguirre Berlanga, Villa "solamente figuraba como cabeza visible, el cerebro director radicaba en otras personas".[98] Pascual Ortiz Rubio ubicó los orígenes de la traición de Villa a *la Revolución* en su breve pero reveladora infidencia a Madero en la primavera de 1911.[99] A pesar de todo ello, un carrancista pudo vincular el maderismo con el villismo sin difamar a Madero. Antonio Manero acusó a Villa de haber sido "infidente con Madero y a Carranza; punto de convergencia de los intereses reaccionarios que rodearon la administración del Presidente Mártir". Por lo tanto: "Villa es la reacción maderista".[100]

De manera similar, el zapatismo no estaba más que "al servicio de los intereses conservadores, ocultando su traición con la careta de un revolucionismo aparente".[101] A algunos carrancistas se les dificultaba presentar a Zapata y al zapatismo como reaccionarios. Para el Doctor Atl, el zapatismo había sido genuinamente revolucionario hasta que se opuso a Carranza, momento a partir del cual "se ha convertido rápidamente en un peligroso elemento de reacción, por la ayuda directa que presta a la División del Norte y porque los elementos de intenso fanatismo religioso que lleva en sí pueden desarrollarse rápidamente".[102] Para Alfredo Aragón, el zapatismo durante 1910 y 1911 había sido el partido de la "redención social". No obstante, después de julio de 1914, "degeneró en el bandidaje".[103] Manuel Gamio diferenciaba tres tendencias dentro del zapatismo: la "bandería de crimen y pillaje", el zapatismo reaccionario, poseedor de "caducos elementos supervivientes de regímenes pasados" y "el zapatismo legítimo, que mejor podría titularse indianismo".[104] No obstante, en la mayoría de los relatos carrancistas el zapatismo no era más que "hordas de bandidos"[105] y la historia del zapatismo nada más que "una larga farsa espantosamente criminal".[106] El "comunismo radical" del zapatismo, argumentaba González-Blanco, con una lógica discutible, representaba "el ideal reaccionario más absurdo".[107] Zapata y Villa pertenecían a la compañía de otros contrarrevolucionarios reaccionarios como Pascual Orozco, Félix Díaz, Felipe Ángeles e incluso Victoriano Huerta.

Los carrancistas no sólo ponían en entredicho las credenciales revolucionarias de sus enemigos, sino que defendían con igual apasionamiento el carácter revolucionario del "viejo" y de la causa. Carranza "era el apóstol inmaculado, el hombre humilde y talentoso; el que no tiene ambiciones personales".[108] Con frecuencia se le identificaba su situación con la de Juárez en 1862, dado que ambos lucharon por restaurar el gobierno constitucional en México.[109] Si Madero había sido "el Juárez doctrinario y apostólico, Carranza era el Juárez fulmíneo".[110] Los carrancistas mostraban a un Carranza estricto, resuelto, austero e incorruptible, poseedor de "esa entereza de su carácter, entereza que hasta sus enemigos han reconocido".[111] Sus seguidores hallaban gran atractivo en la fortaleza de su carácter, pero no pudieron transformarlo en un héroe popular. Los corridos de su tiempo dejan entrever que no le fue posible "capturar la imaginación del pueblo".[112] Álvaro Obregón, el más popular y exitoso de los generales carrancistas, no tenía ese problema.[113]

Durante la lucha contra Villa, en diciembre de 1914 Carranza emitió las Adiciones al Plan de Guadalupe que, junto con otros decretos adicionales y las acciones de los caudillos constitucionalistas, invistieron a *la Revolución* de un contenido social y económico. Para el profesor Lucio Tapia, la maniobra mostraba nada menos que a Carranza como "Moisés del pueblo mexicano" de regreso "del Sinaí Revolucionario" con "las novísimas Tablas de la Ley".[114] Según Félix Palavicini, Carranza formuló el programa revolucionario que la Convención [de Aguascalientes] nunca pudo definir." La médula de *la Revolución* se condensaba "en el decreto del 12 de diciembre, denominado 'Adiciones al Plan de Guadalupe'".[115] "El método [revolucionario] seguido por el señor Carranza era obvio: primero, la guerra contra los criminales entronizados; luego, la reforma de nuestro estado social".[116] Finalmente, unos dos años después, algunos constitucionalistas leales redactaron una nueva constitución para el país. Carranza señaló que "se consignaron en la Constitución de 1917 los ideales económicos, políticos y sociales por los cuales habíamos venido luchando".[117]

Los discursos del Congreso Constituyente llevado a cabo en la ciudad de Querétaro a finales de 1916 y comienzos de 1917, convocado por Carranza, pusieron de manifiesto las consistencias y las fisuras dentro de la memoria carrancista. El pasado resurgió al comienzo de las sesiones cuando los constituyentes juzgaron los méritos revolucionarios de cada uno de ellos. No era el significado o la importancia de *la Revolución* lo que estaba siendo cuestionado, sino la lealtad con la que los individuos la seguían, la reflejaban y se adherían a ella. Asimismo, había en ese momento una cuestión más que discutir: si los consejeros más cercanos a Carranza deberían guiar el proceso de la revisión constitucional. Una controversia tuvo que ver con los Renovadores, diputados maderistas que aceptaron la renuncia de Madero en febrero de 1913 y se mantuvieron en la Cámara aun después del golpe de Estado. ¿Sus intenciones fueron salvar a Madero y oponerse a Huerta o justo lo contrario? Algunos constituyentes fueron acusados de ser profiristas, felicistas (seguidores de Félix Díaz), villistas e incluso zapatistas. "Usted es un traidor, un convencionista, que no es amigo de la revolución porque no es amigo del Jefe [Carranza]",[118] así acusó Manuel Amaya al coronel Aguirre Escobar.

En 1915 Alfredo Aragón resumió la perspectiva carrancista sobre la historia y la política recientes en su "cuadro sinóptico":

PARTIDOS POLÍTICOS*

DE LA DICTADURA A LA EMANCIPACIÓN CONSTITUCIONALISTA

GRAL. PORFIRIO DÍAZ
El gran dictador. Reelegido bajo la amenaza de las bayonetas (30 de noviembre de 1876-mayo de 1911).

PARTIDOS DE SUMISIÓN INCONDICIONAL
Porfirista, nacido del Plan de Tuxtepec.
Científico, formado por la plutocracia, el clero y los favoritos del tirano.
Corralista, iniciado para hacer llegar a la Vicepresidencia de la República a un hombre que prolongase el régimen porfirista una vez que desapareciera el dictador.

PARTIDOS PRERREVOLUCIONARIOS.
Demócrata, compuesto por jóvenes de todos los partidos con miras a preparar una institución política para el futuro.
[Liberal] Antirreeleccionista, formado por elementos contrarios a la administración y por tuxtepecanos desilusionados del general Díaz.
Nacionalista Democrático, compuesto por trabajadores bajo el liderazgo de algunos intelectuales. Este partido fue el primero en acercarse al problema social dentro del contexto de la política.

PARTIDOS CON TENDENCIAS REVOLUCIONARIAS
Reyista, encabezado por los francmasones y revolucionarios moderados de buena fe, quienes lanzaron al general Bernardo Reyes para la Vicepresidencia, confiados en la muerte próxima del general Díaz.
Maderista, fusión de los partidos Nacionalista Democrático y [Liberal] Antirreeleccionista, abiertamente revolucionario y reformista.

PARTIDO OROZQUISTA
Inició una revolución de ambición personal.

PARTIDO REYISTA
Su revuelta abortó debido al prestigio de su caudillo.

PARTIDO FELICISTA
El que, en unión con elementos dispersos del reyismo y del porfirismo, y apoyado por la milicia y todo tipo de reaccionarios, asesinó cobardemente a los líderes de la nación, don Francisco I. Madero y don José María Pino Suárez, e impuso a Victoriano Huerta en el poder.

GRAL. VICTORIANO HUERTA
El usurpador (22 de febrero de 1911-julio de 1914).

PARTIDO FELICISTA:
Terminó ridículamente al huir su jefe del país.

PARTIDO HUERTISTA
Compuesto por los elementos más corruptos del país.

PARTIDO CONSTITUCIONALISTA
Encabezado por don Venustiano Carranza, quien emprendió la lucha armada en defensa de nuestras instituciones derrocadas, nuestros derechos reprimidos y nuestras libertades lastimadas, y formado por la falange revolucionaria del Norte y algunos buenos elementos del maderismo.

* Tomado de Aragón 1916.

LIC. FRANCISCO L. DE LA BARRA	VENUSTIANO CARRANZA
El presidente blanco. Elegido para la presidencia interina por la voluntad de la Revolución maderista a raíz de la firma de los Tratados de Ciudad Juárez (junio-noviembre de 1911).	El reformador. Primer Jefe del Ejército Constitucionalista, investido del Poder Ejecutivo.
PARTIDOS MADERISTAS *Revolucionarios:* Maderista-pinista, propuesto por el Partido Constitucional Progresista. Maderista-vazquista, propuesto por antiguos elementos del Partido [Liberal] Antirreeleccionista. Maderista-iglesista, propuesto por el Partido Liberal.	**PARTIDO CONVENCIONALISTA** Villista, compuesto por científicos, reaccionarios, reservas del Ejército Federal y unos cuantos revolucionarios. Zapatista, que degeneró en el bandidaje.
Reaccionarios: Maderista-barrista, propuesto por el Partido Católico Nacional. Partido zapatista: por una reforma social. Partido reyista: Presidente, gral. Bernardo Reyes, vicepresidente, licenciado José Peón del Valle, formado por elementos prominentes de la francmasonería, el ejército y los restos de la elite científica.	**PARTIDO CONSERVADOR** Formado en Estados Unidos bajo el patronazgo del antes arzobispo de México, José María Mora y Río. **PARTIDO INTERVENCIONISTA** Integrado por pseudoaristócratas y plutócratas, en alianza con el Partido Conservador.
FRANCISCO I. MADERO El gran demócrata. Presidente electo por la voluntad unánime del pueblo (6 de noviembre de 1911-22 de febrero de 1913).	**PARTIDO CONSTITUCIONALISTA** Vencedor en la lucha armada contra la usurpación, partido que día con día avanza en la aplicación de las reformas que costaron tanta sangre.

Los debates sobre la legitimidad revolucionaria sacaron a relucir muchas historias. Las confusas y caprichosas alianzas políticas y los cambios de lealtades, particularmente en los niveles local y regional, forzaron a muchos revolucionarios a dar explicaciones convincentes de sus asociaciones incidentales. Sólo aquellos individuos "perfectamente identificados con la revolución constitucionalista" eran susceptibles de ser aceptados, lo cual quería decir que delegados con impecables vínculos maderistas no estaban exentos de sospecha y tenían que demostrar su lealtad al "Primer Jefe". Las incontables disputas sobre el pasado delataban los primeros síntomas de una nueva fractura dentro del constitucionalismo, una división entre los obregonistas en alza y los carrancistas de línea dura.[119]

A pesar de las disputas sobre la autenticidad de sus linajes, por lo general los constituyentes estaban de acuerdo en que la convención de Querétaro representaba la culminación de *la Revolución*. "El espíritu revolucionario nos puede inspirar lo que la revolución demanda para dejar constituido en principios lo que la Carta Magna consigne para el porvenir, lo que el pueblo mexicano anhela y merece", peroraba Gerzayn Ugarte. Al principio del Congreso Constituyente, Francisco Múgica declaró que la asamblea constituía "el verdadero triunfo de la revolución, porque en estos momentos depende del criterio de los legítimos representantes del pueblo mexicano la consumación de todos los ideales de esta augusta revolución y la consecución de todas las conquistas que hemos soñado y por ellas muchas veces nos hemos batido en el campo de batalla, y por las cuales hemos renunciado a la suprema aspiración de vivir".[120]

Cuando en 1917 se promulgó la constitución, se programaron las elecciones y, en mayo, Carranza fue electo presidente constitucional para el periodo 1917-1920. Durante su presidencia constitucional, la reputación revolucionaria de Carranza prácticamente se esfumó. Como había sucedido con Madero anteriormente, para Carranza, la revolución había terminado, aun cuando consideraba a su "Gobierno [como] emanado de la revolución".[121] Reprimió a los trabajadores, sus antiguos aliados, cuando se atrevieron a irse a la huelga y casi ni movió un dedo para redistribuir la tierra a los campesinos, pero sí devolvió a sus antiguos propietarios las haciendas confiscadas. El cauteloso Carranza buscó el orden y el progreso y se negó a aplicar los artículos constitucionales relativos a la Iglesia católica y a las compañías petroleras extranjeras. Bajo su dirección, o bajo sus órdenes, Emiliano Zapata y Felipe Ángeles fueron asesinados o ejecutados.

Durante su presidencia constitucional, Carranza comenzó a crear una nueva historia oficial en la que se ignoraba al maderismo casi por completo. En esta versión, *la Revolución* fue dividida en tres etapas: la lucha armada contra Huerta, la lucha contra la reacción villista y zapatista cuando el gobierno se asentó en Veracruz y el reestablecimiento del orden constitucional y la reconstrucción de México. "El triunfo constitucionalista le daba [a Carranza] el derecho de construir una 'historia' propia, historia de vencedor".[122]

En 1920, parecía que Carranza impondría a un civil virtualmente desconocido: Ignacio Bonillas, el embajador de México ante Estados Unidos, como su sucesor en las elecciones presidenciales en contra del candidato de oposición Álvaro Obregón. Obregón y su camarilla conocían bastante bien al "Maistro Bonillas" (su mote popular) por ser un paisano sonorense y haber sido maderista durante los años 1910 y 1911. Desesperadamente, Carranza pretendía entregar el poder a un civil pero, sin lugar a dudas, a uno en el que pudiese ejercer su influencia o control. Para casi todo México, sin embargo, Obregón era el heredero visible. La ceguera política de Carranza y su terquedad legendaria, y un conflicto con Sonora, provocaron una revuelta en ese estado y la defección de gran parte del nuevo ejército revolucionario. Como en 1914, Carranza intentó nuevamente un repliegue táctico hacia Veracruz, pero fue muerto cerca de Tlaxcalantongo, en el estado de Puebla.

Al menos un carrancista dogmático interpretó los sucesos como la venganza del maderismo. "En 1920, los maderistas, llenos de rencor y de envidia por la labor que no fueron capaces de hacer y siempre inclinados al militarismo, lanzaron sus bayonetas contra el Jefe de *la Revolución* y arengaron a las tropas sobre la urgente necesidad de matarlo", opinaba Antonio Islas Bravo. Una vez que lograron su propósito, "bailaron en Tlaxcalantongo sobre el cadáver del héroe".[123]

El carrancismo había sido derrotado y, en buena medida, desacreditado. "Don Venustiano resultaba demasiado poco atractivo para la imaginación popular para que nadie se preocupara por embellecer la escena de su deceso", escribió Todd Downing en 1940. "Jamás he escuchado un corrido en el que lleve el papel del héroe".[124] El suceso cambió no sólo el panorama político nacional sino también el ámbito de lo simbólico: era plausible revisar a *la Revolución*. La revisión resucitó la tradición maderista y colocó a las tres tradiciones revolucionarias predominantes que habían surgido de la batalla antihuertista (zapatismo, villismo y carrancismo) en un plano más equitativo en la lucha por la conformación de la memoria. Las tres estaban ahora bajo la supervisión oficial, por supuesto, de una tradición naciente: el obregonismo. El divisionismo revolucionario permeó la escena política, y las rencillas herían profundamente, en buena medida porque arrastraban una historia. México entró a la recién proclamada etapa de reconstrucción dividido por la memoria.

3

1920-1928

La dominación política implica una definición histórica.

Durante la década de 1920, los sucesivos gobiernos buscaron su legitimidad en *la Revolución*. *La Revolución*, tal como la recibieron, era indispensable, pero estaba incompleta. Los "voceros de *la Revolución*" engrosaban cada vez más las filas de la burocracia gubernamental, pero todavía trabajaban en la interpretación y en la definición del gran suceso de su tiempo. Los sonorenses y sus "voceros" aportaron dos innovaciones al siempre cambiante discurso de la memoria. En primer lugar, *la Revolución* "fue hecha gobierno" y, por ende, percibida como permanente y en proceso. En segundo, *la Revolución* fue unificada por una "familia revolucionaria" en la que las discordias serían olvidadas, si no perdonadas por completo. Los sonorenses se esforzaron por unificar a las facciones revolucionarias opuestas, presentes y pasadas, y comenzaron a sanar las heridas de la memoria. Hacia 1928, *la Revolución*, en construcción desde 1911, estaba casi completa, a excepción de unas cuantas pinceladas y de unos cuantos retoques.

La rebelión de Agua Prieta en 1920 condujo al poder nacional a los sonorenses, una rama regional del movimiento constitucionalista-carrancista encabezada por Obregón, Adolfo de la Huerta y Plutarco Elías Calles. La fama de anticarrancistas, recién obtenida por los sonorenses —aunada a la reputación de Obregón de ser un político todavía más radical que Carranza— facilitó la pacificación del país. Los grupos rebeldes que tanto se habían enfrentado a Carranza, tales como los zapatistas, secundaron la rebelión. El presidente interino De la Huerta llegó a un arreglo con Francisco Villa por el cual el caudillo rebelde reconocía la legitimidad del nuevo gobierno y, a cambio, recibía una hacienda, el permiso para tener una guardia armada y una pensión. Antiguos maderistas y algunos convencionistas que no toleraban a Carranza, incluyendo a José Vasconcelos y a Francisco Lagos Cházaro, se identificaron con el movimiento. Vasconcelos escribió en 1920:

> La muerte de Carranza ha sido como un óleo de paz; ha bastado que Carranza desapareciera para que los enemigos de ayer se busquen reconciliados; para que los mexicanos de todos los matices de opinión vuelvan a sentirse hermanos.[2]

Además, el futuro secretario de Educación pidió a "todos los intelectuales de México que abandonen sus torres de marfil para firmar un pacto de alianza con la Revolución".[3]
La conciliación en el presente también era aplicable al pasado. Los sonorenses comenzaron a forjar una memoria oficial de la "Familia Revolucionaria", término acuñado (o más bien popularizado) por Obregón. La postura ambivalente de los carrancistas hacia Madero y los maderistas se desvaneció con la llegada de los sonorenses. Una vez más, Madero se convirtió en el héroe revolucionario sin par y Obregón fue considerado su legítimo heredero político. Vasconcelos destacó que "ser obregonista hoy es lo mismo que haber sido maderista ayer".[4] La rebelión de Agua Prieta representaba la "continuación del movimiento popular iniciado por Madero".[5] En 1920, el Congreso hizo del 20 de noviembre un "día de celebración nacional", y los miembros del gobierno visitaban las tumbas de Madero y Pino Suárez cada 22 de febrero para conmemorar sus asesinatos. El Plan de San Luis, signado por Madero, fue conmemorado de nueva cuenta y el Plan de Guadalupe, signado por Carranza, fue oficialmente olvidado.[6]
En la nueva revisión de la memoria oficial, Carranza y el carrancismo se vieron reducidos a una desviación poco afortunada en la que se veía al periodo como un "trágico in-

terinato […] durante el cual los valores de *la Revolución* re-sultaron transmutados y cancelados".[7] Obregón creía que la Reacción había sofocado a Carranza y mermado su calidad de revolucionario. Al analizar la historia reciente en 1924, Calles notó que Carranza había tratado de "darle la espalda a las metas de *la Revolución* y, por ello, resultó derrocado".[8] Con frecuencia, Carranza era presentado como un instru-mento de la *Reacción* y un traidor a *la Revolución*, incluso lle-gó a situársele al lado de Díaz y de Huerta en el panteón nacional de los tiranos. En esta revisión, fue Obregón quien "consumó la victoria de la Revolución en 1914". Como re-mate, ni siquiera los logros de la Constitución de 1917 fue-ron atribuidos a Carranza: se dijo que sus reformas agrarias y laborales habían sido logros de revolucionarios de buena fe "a pesar de los aullidos y la necia manipulación del ca-rrancismo".[9] Un síntoma del reordenamiento fue el cambio de nombre de la calle Jesús Carranza en la ciudad de Méxi-co en 1921, indicador de que incluso el apellido, en este caso perteneciente al hermano de don Venustiano, había sido anatematizado.[10]

En 1923, Luis Olivares Sierra informó a Juan Barragán que "en los últimos tiempos no ha visto con buenos ojos a los 'carrancistas'"* porque, continuaba Sierra, "una mayoría de los antiguos amigos se encuentran con de la Huerta".[11] Adolfo de la Huerta, quien se había rebelado en contra de la inminente imposición de Calles por parte de Obregón para que lo sucediera en 1923; también le informó a Barra-gán que la mayoría de los carrancistas, como los "generales [Manuel] Diéguez y [Cándido] Aguilar están con nosotros".[12] La derrota de De la Huerta incrementó aún más el poder de Obregón y de Calles y, en proporción directa, ensombreció la reputación de los carrancistas. Sin embargo, al concluir su mandato, en un gesto conciliador, Obregón otorgó una pensión a los hijos de Carranza en vista de que "Venustiano Carranza prestó eminentes servicios a la Revolución y a la na-

* Se refiere concretamente al líder cooperativista Jorge Prieto Laucens. (N. del ed.)

ción". Julia Carranza y sus hermanos rechazaron la pensión por medio de una carta a Obregón que rubricaron: "Sus leales enemigos, Julia, Emilio, Venustiano y Jesús Carranza".[13]

En la década de 1920, por fin, se le otorgó al zapatismo la categoría de revolucionario dentro de la memoria oficial. Altos oficiales del gobierno asistieron a las conmemoraciones luctuosas del asesinato de Zapata realizadas en Cuautla y en Cuernavaca cada abril, para alabar al "Apóstol del Agrarismo". La reivindicación histórica fue tal que Francisco Bulnes, el iconoclasta del porfirismo, en 1923, remarcó la existencia de "un culto a Zapata entre los revolucionarios".[14] En marzo de 1923, el presidente Obregón proclamó en Cuernavaca que "los hombres de Morelos son, sin duda, los mejores representantes de uno de los ideales surgidos del corazón de *la Revolución* y ése es el ideal agrario".[15] Los zapatistas devolvieron el favor. En el primer Congreso Nacional Agrarista, en junio de 1923, el antiguo zapatista Soto y Gama elogió a Obregón por ser "el ejecutor de las ideas de Emiliano Zapata". Ante la tumba de Zapata, en abril de 1924, el candidato presidencial Calles declaró que "ese programa revolucionario de Zapata, ese programa agrarista, es mío".[16] En la misma ceremonia, el antiguo zapatista Manuel Carpio cerró el trueque: "Hoy tenemos aquí a un hombre que seguirá el sendero abierto por el mártir Zapata: el general Calles".[17]

De manera parecida, los magonistas fueron incorporados retroactivamente a la Revolución como actores oficiales. En 1922, el Congreso rindió un homenaje a Ricardo Flores Magón (quien había fallecido en una prisión de Estados Unidos el 21 de noviembre de 1922) y acordó que retornaran sus restos y que se izara la bandera nacional a media asta. En el Congreso, el diputado Antonio Díaz Soto y Gama declaró que Flores Magón "es, para todos nosotros, el maestro, el verdadero fundador, el autor intelectual de *la Revolución* mexicana".[18] Por su parte, María Flores Magón rehusó el permiso al gobierno mexicano para transportar los restos de su marido desde Los Ángeles; en cambio, aceptó el ofrecimiento de la Confederación de Sociedades Ferrocarrileras para transportarlos.[19] El gobierno nacional rindió honores a Flores Magón cuando su cuerpo regresó a la ciudad de México con la esperanza de atraer "al gobierno el cariño del pueblo", explicó su hermano Enrique Flores Magón.[20]

"La noble figura de Felipe Ángeles", amigo de Madero y general de Villa, también fue redimida por la memoria oficial a principios de los años veinte, puesto que él, al igual que Emiliano Zapata, había sido una víctima del carrancismo. Cabe hacer notar que fue Ángeles el maderista, y no Ángeles el villista, el que fue recordado y honrado.[21] La memoria oficial de Villa y el villismo bajo el cuidado de los sonorenses durante los años veinte difirió poco de la de los carrancistas. Villa, el instrumento de la reacción —"ese terrible Gengis Kan"— se convirtió en Villa el terrateniente —"un burgués comodín"—.[22] El asesinato de Villa en julio de 1923 no fue suficiente para suavizar el recuerdo que tenían de él Obregón y sus seguidores.[23] En un discurso pronunciado en 1927, Obregón dijo que la reacción en 1914 "provocó una nueva infidencia en las mismas fuerzas revolucionarias, y fue entonces cuando, capitaneadas por Francisco Villa, volvieron las huestes de esa revolución a pretender arrebatar al pueblo sus libertades y sus derechos".[24]

Villa era una leyenda aun antes de su muerte, y los corridos que siguieron a su asesinato tendieron a idealizar la imagen del caudillo heroico. Villa fue representado como un luchador por la justicia sin ambiciones personales. En *La muerte de Francisco Villa,* el caudillo incluso es descrito como benevolente: "Villa el soldado siempre leal, / siempre bueno y franco, / vino a vengar la traición / que cayó sobre Madero".[25] En la leyenda popular y en las reminiscencias de los villistas que todavía le eran leales, o admiradores tales como Ramón Puente, Elías L. Torres, Rafael Muñoz y Teodoro Torres hijo, la contramemoria villista perseveró e incluso se acrecentó.

Los antiguos carrancistas defendieron a su líder ausente y su posición en la historia en contra del descrédito de los sonorenses. El general neoleonés Marciano González enfatizó ante la convención del Partido Cooperativo en 1923 que, en efecto, "[él] era, [es], y seguiría siempre siendo orgullosamente carrancista, y [estaba] convencido de que la mancha de la imposición de Bonillas no ennegrecería la gran obra de Carranza".[26] Pero los carrancistas no dejaban de oponer resistencia al culto a Madero. Para Ygnacio Urquijo, por ejemplo, Carranza representaba "el personaje más noble de nuestra historia. Superior a Madero en carácter y en habilidades administrativas".[27] Antonio Islas Bravo consideraba que "no fue el antirreeleccionismo el que derrocó al general Díaz, sino la Revolución".[28] Fue así como la contramemoria carrancista, una memoria carente de leyendas populares, surgió en los años veinte para mantener vigente la categoría de revolucionario del "Primer Jefe".

Durante su mandato, Obregón casi no modificó el discurso que enmarcó la nueva memoria oficial de *la Revolución* a principios de los años veinte. Al igual que Madero y Carranza cuando llegaron al poder, Obregón generalmente se refería a la Revolución en tiempo pretérito, como la lucha armada que había concluido y triunfado. Sin embargo, aunque *la Revolución* había ya derrotado a la Reacción, ésta seguía existiendo en tiempo presente, aún se enfrentaba a los revolucionarios, a los principios revolucionarios y al gobierno revolucionario. Para Obregón, la revolución era esencialmente destructiva, en tanto que su gobierno marcaba el comienzo de la reconstrucción del país. Como ya lo había hecho Carranza, Obregón en verdad veía una relación causal entre *la Revolución* y su gobierno, puesto que su gobierno había emanado de *la Revolución*. Indudablemente, "el Programa de la Revolución", si no es que la revolución misma, seguía vivo y en perfectas condiciones en el presente.[29]

El esfuerzo más importante durante el periodo de Obregón para conformar la memoria nacional se realizó durante la conmemoración del centenario de la consumación de la Independencia, en 1921. El gobierno invirtió tiempo y recursos considerables para tal fin, en el que se hacía hincapié en los orígenes revolucionarios de México, sus raíces indígenas y su carácter mestizo. La conmemoración también suscitó disputas en relación con el papel heroico o reaccionario de Agustín de Iturbide, el oficial realista que logró la independencia de México en respuesta a la revolución liberal de España. A pesar de estas diferencias, el régimen buscó fomentar un espíritu de nacionalismo revolucionario entre los mexicanos, haciendo énfasis en los temas tradicionales de la síntesis liberal mexicana, realizando espectáculos para los trabajadores y para "el pueblo" en general, así como desestimando el papel y la importancia de la religión en la conmemoración de la historia patria.[30]

Durante la presidencia de Obregón, el gobierno prestó poca atención a la remembranza de los mártires y los aniversarios revolucionarios. Fueron asociaciones civiles las preocupadas por organizar los rituales conmemorativos a principios de los años veinte. La Agrupación Pro-Madero, por ejemplo, conmemoró el 20 de noviembre y el 22 de febrero.[31] Los representantes gubernamentales asistieron, intervinieron y depositaron arreglos florales, pero dejaron en manos ajenas la organización de las ceremonias. Como lo señaló *El Demócrata* en noviembre de 1922, "no hubo ceremonia oficial ninguna".[32] Partidos políticos y sindicatos asistieron al acto: el Partido Constitucionalista Liberal conmemoró las muertes de Benjamín Hill y de Felipe Ángeles; el Partido Nacional Agrarista, junto con el gobierno del estado de Morelos, rememoró el asesinato de Zapata, y la Federación de Sindicatos de Trabajadores, junto con el Partido Mexicano del Trabajo, conmemoró la muerte del socialista yucateco Felipe Carrillo Puerto.

Obregón, hombre práctico poco dado a las ideas y los símbolos, no necesitó darle mucha importancia ni hacer énfasis en el establecimiento de una memoria oficial legitimadora de *la Revolución*. Como explica Linda Hall, él era "el principal héroe revolucionario, la encarnación de la Revolución". Obregón representaba la unidad de la historia y la biografía: por ende, la legitimidad de su autoridad y de su gobierno era de sobra evidente.[33]

Por otra parte, Plutarco Elías Calles, el sucesor de Obregón, carecía de esa ventaja. Aunque sus credenciales de revolucionario eran excelentes, él no era el "Caudillo de la

Revolución" y, peor aún, se creía que "carecía totalmente de carisma".[34] En grado mucho mayor que Obregón, Calles necesitó justificar su autoridad, y buscó dicha justificación en *la Revolución*. Como resultado, Calles hizo contribuciones perdurables a la memoria oficial de *la Revolución*. En primer lugar reactivó la revolución trascendental y reificada para construir la revolución permanente, que vive en el pasado, en el presente y en el futuro. "La Revolución [...] ponía en mis manos [...] la bandera sagrada de un programa de reformas sociales", proclamó Calles durante su campaña presidencial en 1924.[35] En segundo lugar, el gobierno de la nación no era una simple continuación o una emanación de *la Revolución*, sino que *la Revolución* se convirtió en el gobierno y el gobierno era *la Revolución*: era "la Revolución hecha gobierno".[36]

Resulta interesante hacer notar hasta qué punto alrededor de 1927, Obregón estaba siguiendo los pasos de Calles en la percepción de *la Revolución* como una tarea en proceso. "La revolución espiritual, la revolución constante, no puede finalizar en tanto existan el bien y el mal", proclamaba en San Luis Potosí en 1927. Un año después, durante su campaña presidencial, el "Caudillo de la Revolución" declaraba: "Jamás debemos pensar que el esfuerzo revolucionario ha alcanzado la victoria final, porque nuestra lucha contra la reacción existirá mientras el hombre exista sobre la tierra".[37]

Fue durante el mandato de Calles cuando el gobierno comenzó a asumir una mayor responsabilidad para conmemorar *la Revolución*. La Secretaría de Gobernación, junto con la Agrupación Pro-Madero, por ejemplo, organizó las ceremonias conmemorativas de los asesinatos de Madero y Pino Suárez en febrero de 1925.[38] A principios de 1926, las celebraciones fueron organizadas por el Comité Oficial de Conmemoraciones Patrias (que después se denominaría Comisión Organizadora de Ceremonias Cívicas), el cual había sido instaurado por el gobierno municipal de la ciudad de México.[39] Las conmemoraciones durante la presidencia de Calles se fueron haciendo relativamente menos sectarias: el gobierno participaba lo mismo en ceremonias para honrar a

Madero que en las de Carranza, Zapata, Flores Magón o Carrillo Puerto. El propio Calles, a diferencia de Obregón, casi
nunca criticó o menospreció a ninguno de los caudillos más
importantes de la revolución, incluyendo a Villa.

Desde los comienzos de la administración de Calles, los
callistas impulsaron la unificación de todos los revolucionarios, "los de ahora y los de ayer". Miguel Yépez Solórzano,
miembro del gobierno de la ciudad de México, se lamentó
de "las profundas divisiones en el seno" de la Revolución e
hizo un llamado a la "solidaridad y cohesión de la clase social que dirige a la Revolución en México".[40] En sus mensajes de Año Nuevo de 1926 y de 1927 al pueblo de México, el
presidente Calles exhortaba a los ciudadanos al "olvido de
rencores".[41] Los obregonistas habían iniciado el proceso de la
reconciliación histórica y los callistas trataron de continuar
y completar el proceso.[42]

Las declaraciones sobre la historia más impresionantes
hechas durante el mandato de Calles fueron, sin lugar a
dudas, "los sermones al fresco".[43] Lo que llegaría a conocerse como el gran movimiento muralista, el núcleo de un renacimiento cultural mexicano, comenzó en 1921 durante el
periodo obregonista bajo la dirección de José Vasconcelos,
secretario de Educación Pública. Varios artistas fueron co-
misionados para pintar murales que reflejaran el idealismo
filosófico de Vasconcelos. David Alfaro Siqueiros plasmó una
"declaración social, política y estética" en 1922 para el Sindicato de Trabajadores Técnicos, Pintores y Escultores a fin
de guiar a los fresquistas. Proclamaba su repudio al arte del
caballete, y en general a todo el arte surgido de los círculos
intelectuales, con objeto de destruir el individualismo burgués; en cambio, abrazaba las expresiones monumentales
del arte porque éstas —según Siqueiros— son propiedad
pública. También proclamaba que, al ser ése un momento
de transición entre un orden decrépito y uno nuevo, los artistas debían dedicar sus mayores esfuerzos a la creación de
un arte para el pueblo. El objetivo de los artistas adheridos
al sindicato, expresaba Siqueiros, era crear una belleza para
todos, que ilustrase e impulsara a la lucha.[44]

Hacia 1923 o 1924, el "más grande arte público revolucionario de este siglo" había terminado de desarrollar su estética ideológica (el nacionalismo revolucionario inclinado hacia el marxismo).[45] En esta primera época se consideraba que los murales "ocupaban el sitio de honor en la vida artística e intelectual mexicana".[46] Sorprendentemente, el movimiento muralista no estuvo guiado por la Secretaría de Educación Pública ni por ningún otro sector del gobierno. Aún más, el manifiesto del sindicato, más que revolucionario, era simplemente vanguardista y poco instructivo en cuanto a temas y mensajes. Los muralistas habían sido influidos por los "voceros de *la Revolución*" y, a través de su arte, se unieron a sus filas. Este arte público —al que Octavio Paz consideró "la apología pintada de la dictadura ideológica de una burocracia armada"—[47] se convirtió en un elemento significativo de la tradición revolucionaria.

Aunque un buen número de artistas participaron en el movimiento, el intenso David Alfaro Siqueiros, el manco y melancólico José Clemente Orozco y Diego Rivera —el pintor de la corte del gobierno mexicano, según Paz— produjeron los murales históricos más conocidos y más explícitos, didácticamente hablando. Los primeros murales de contenido revolucionario fueron *El entierro del trabajador* y el *Llamado a la libertad*, de Siqueiros, en la Escuela Nacional Preparatoria en la ciudad de México, la escuela de nivel medio más importante del país. La obra de Rivera, en particular, investía a *la Revolución* de gloria y romanticismo al presentarla como una revolución de campesinos y trabajadores y, con frecuencia, retrataba a Zapata y al zapatismo de manera singularmente positiva. Bertram D. Wolfe, biógrafo de Rivera, opina que el maestro "pintaba lo que debería ser y lo que debería llegar a ser la Revolución".[48] Orozco pintaba en un estilo monumental que se adecuaba especialmente a la revolución reificada:

Lo que este estilo logra en verdad es transformar a la historia y a los sucesos reales —como pudiera ser unirse a una revolución— en un suceso natural (es decir, perteneciente al orden de la naturaleza), inevitable y atemporal, o en algo que no es del todo un suceso, sino una condición que los seres humanos no pueden cambiar debido a que dicha condición ha sido hecha por ellos y viceversa, al extremo de que resulta imposible discernir la causa del efecto, de la motivación o de la posibilidad de la intervención humana. Tenemos entonces que la historia sucede "porque sí", porque no es distinta a la naturaleza, y la naturaleza tampoco se diferencia de la gente. Ésta es una manera sutil, pero poderosa, de fundar mitos.[49]

Los frescos de Rivera en el recinto de la nueva Secretaría de Educación Pública (SEP) en la ciudad de México y en la Escuela Nacional de Agricultura de Chapingo, realizados entre 1923 y 1928, constituyen un retrato épico de *la Revolución*, del México nuevo, tierra de campesinos y trabajadores pletóricos de gallardía y dignidad. *La liberación del peón* muestra un sacrificio heroico durante la lucha revolucionaria, en tanto que *La maestra rural* pone de manifiesto uno de los objetivos que tuvieron la lucha y el sacrificio. Otros ideales, tales como la justicia revolucionaria en *La muerte del capitalista* y *El festival de la distribución de la tierra*, y el progreso en *La mecanización del país*, también son representados vívidamente. *La tierra fecunda*, una de las manifestaciones de carácter mítico más impresionantes, puede ser admirada en la capilla de Chapingo. El panel representa a Zapata y al ideólogo Otilio Montaño, dos héroes convertidos en mártires, envueltos en sudarios rojos y enterrados bajo un fértil maizal.[50]

Los frescos de Orozco en la Escuela Nacional Preparatoria en la ciudad de México y en la Escuela Industrial en Orizaba, Veracruz, terminados entre 1923 y 1926, constituyen escenas monumentales que cuentan la tragedia de la lucha revolucionaria. *El rico banquete* muestra a unos plutócratas disolutos divirtiéndose, en tanto que los trabajadores se pelean entre sí. El crítico Salvador Novo ha dicho que las pinturas de Orozco intentaban despertar en el espectador "una furia anarquista en el caso de que fuera un desposeído o, si era adinerado, hacer que las rodillas le temblaran de miedo".[51] El fresco más optimista de los que pintó Orozco en

Orizaba es *La revolución social*, una escena situada a la entrada de una casa que muestra a unos campesinos y a unos trabajadores con sus rifles al hombro construyendo el nuevo México. Sin embargo, incluso aquí, la tragedia acecha. En los paneles laterales, debajo de los constructores, se hallan, llorando y llenas de miedo, unas mujeres apretujadas, una de las cuales enjuga el rostro de un soldado exhausto.[52] *La trinchera*, la imagen más famosa de Orozco, muestra un par de hombres caídos y uno arrodillado, una trinidad revolucionaria contra un fondo rojizo. Leonard Folgarait, historiador de arte, interpreta el cuadro como una secuencia de caídas de un solo hombre:

> "un soldado armado muere en el frente, lo que lo conduce a un estado de pureza e inmortalidad espirituales y, finalmente, le es dada una nueva vida, en la que comienza a armarse de nuevo (la canana reaparece), comienza a erguirse, y empieza a salir del sudario que lo envuelve. La Revolución vive".[53]

La Revolución, tal como fue definida por los callistas, estaba conformada por tres grandes episodios: la lucha maderista de 1910, la promulgación de la Constitución o "Carta Magna" en 1917 y la aplicación del programa revolucionario a partir de 1920, que abarcaba al régimen en el poder. Hubo retrocesos, en 1913 y en 1923, debidos a "hombres corruptos y ambiciosos".[54] En los escritos y en los discursos de Calles, el gran enemigo de *la Revolución*, peligroso y traicionero todavía a mediados y finales de los años veinte, era la Reacción. En 1924, Yépez Solórzano hizo un llamado a la lucha para eliminar a los "piratas de la opinión pública".[55] Calles casi se sintió obligado a participar. Al año siguiente, envió a Nemesio García Naranjo al exilio cuando el antiguo huertista denigró a *la Revolución* en una serie de artículos periodísticos. Otro crítico, el profesor de la Facultad de Derecho Eduardo Pallares, fue destituido de su puesto en la Universidad Nacional, en parte porque para él "la palabra *revolucionario* [...] es el término que divide".[56]

Calles veía a la historia de México como cien años de guerra civil contra un opresor proteico, que a ratos era español, y a veces era el clero.[57] A decir de Calles, la Reacción, "agazapada tras la máscara de la religión", una vez más había arrojado al país a un estallido civil cuando la Iglesia repudió la Constitución revolucionaria de 1917 y el gobierno exigió el cumplimiento de las leyes fundamentales. De hecho, la rebelión cristera de finales de los años veinte devino en un levantamiento campesino de grandes proporciones equiparable al movimiento zapatista en intensidad y alcance. Huelga decir que el discurso conmemorativo oficial nunca hizo tal comparación y entonces, y también más adelante, prácticamente ignoró el episodio.[58]

Durante el mandato de Calles, Obregón y su camarilla realizaron los preparativos políticos necesarios y la modificación constitucional pertinente para permitir el regreso del caudillo a la presidencia en 1928. Los obregonistas hicieron la advertencia de que los mexicanos enfrentaban la desafortunada elección de "Obregón o el caos". La campaña por la reelección, sin embargo, polarizó las posturas políticas y abrió de nuevo las heridas de la memoria que Calles había tratado de sanar. En el aniversario del asesinato de Madero de 1926, Federico Cervantes, un antiguo villista, alabó al Apóstol Madero y a Obregón, su legítimo sucesor, y condenó la "aplicación de la 'línea dura' dictatorial" de Carranza.[59] Por otra parte, el intento de Carranza de instituir un régimen civil en 1920 parecía, a los ojos de la oposición, un esfuerzo legítimo para combatir el militarismo. En noviembre de 1926, el sector antirreeleccionista predijo que Carranza "ganaría su última batalla a pesar de la muerte".[60] Antonio Islas Bravo, uno de estos opositores y diputado al Congreso, se sintió particularmente turbado ante el apoyo maderista (concretamente, de los "miembros de la Vela Perpetua de Madero") a tiranos como Villa en 1914, Obregón en 1920 y —lo peor de todo— Obregón en 1928. "Después de 1910 [los maderistas] abrazaron rabiosamente al militarismo. Sin duda, los maderistas de hoy no están detrás de *la Revolución* como lo estuvieron en 1910".[61] La convención nacional del nuevo

Partido Antirreeleccionista, en junio de 1927, fue tan procarrancista como antiobregonista: "el nombre de Carranza recibió aplausos, vivas y vítores cuando fue anunciado".[62]

Este nuevo enconamiento de las heridas de la memoria reflejaba una incertidumbre y un desorden políticos crecientes. "El orden interno pareció a punto de romperse nuevamente a mediados de 1927".[63] El gobierno se encontraba combatiendo uno de los levantamientos populares más grandes en la historia de México —la rebelión cristera—, una lucha que finalmente reclamó noventa mil vidas. En octubre de 1927, dos de los compañeros de armas más cercanos a Obregón iniciaron una rebelión contra Obregón y contra Calles, en un intento por evitar la reelección y, a su modo de ver, el establecimiento de una nueva dictadura. La rebelión trastabilló desde el primer día, al que sucedió una purga de los enemigos del régimen mediante el asesinato. "Después de la purga sangrienta de octubre de 1927, ya no hubo candidato con la más mínima oportunidad contra Obregón [...] En estas circunstancias, la indisputada elección de Obregón el 1 de julio de 1928 no fue ninguna sorpresa".[64]

Un par de semanas después, José de León Toral, un fanático católico, disparó y mató al presidente electo. El sistema político del país fue sacudido. "¿Y ahora qué?, parecieron preguntarse todos".[65]

CRONOLOGÍA
1928-1968

1928   En septiembre, en su último informe a la nación, el presidente Calles hace un llamado a terminar con el liderazgo personalista.

León Toral, el asesino de Obregón, hace un grabado que muestra al México revolucionario enlutado por el "Caudillo de la Revolución".

1929   Calles funda el Partido Nacional Revolucionario (PNR) y Pascual Ortiz Rubio es nombrado su candidato para las elecciones con las que se habría de completar el sexenio de Obregón.

El 20 de noviembre, día de la Revolución, el primer desfile deportivo anual se lleva a cabo en la ciudad de México. En la misma ocasión, el nombre de Obregón es inscrito en los muros del Congreso de la Unión.

1929   Ortiz Rubio gana las elecciones contra José Vasconcelos, candidato del Partido Antirreeleccionista. El día de la toma de posesión, un supuesto asesino dispara y hiere al presidente.

Entre 1929 y 1935, Diego Rivera pinta un panorama de la historia de México en tres muros del Palacio Nacional.

1928-1934   Durante el Maximato, Calles, en su calidad de Jefe Máximo de la Revolución, ejerce una influencia política mayor que las de los presidentes Pascual Ortiz Rubio (1929-1932) y Abelardo L. Rodríguez (1932-1934).

1930   El socialista yucateco Felipe Carrillo Puerto se convierte en el tercer héroe de *la Revolución* cuyo nombre es inscrito en los muros del Congreso. Un año después, se agregan los nombres de Carranza y de Zapata.

1934-1940   Lázaro Cárdenas es electo presidente en 1934 y, en dos años, pone fin al maximato.

En 1935, se inaugura oficialmente el Monumento a Obregón, en San Ángel.

1936   El ex presidente Calles es exiliado a Estados Unidos.

El primer monumento a Carranza, diseñado por el Doctor Atl, se erige en el lugar de su asesinato.

1938   La rebelión regional del general Saturnino Cedillo en San Luis Potosí es sofocada. Se reestructura al PNR y se le denomina Partido de la Revolución Mexicana (PRM).

El Monumento a la Revolución es acabado, pero no inaugurado oficialmente.

1940-1946   Administración del presidente Manuel Ávila Camacho.

1942   Los restos de Carranza son depositados en una cripta dentro del Monumento a la Revolución. Comienza sus transmisiones el programa radiofónico dominical *La hora nacional*, en horario nocturno.

1946   Se reestructura el PRM y la nueva organización es denominada Partido Revolucionario Institucional (PRI).

            Los restos de Ricardo Flores Magón son trasladados al panteón nacional de los héroes en la ciudad de México.

1947   Por primera vez en la historia, un presidente de Estados Unidos visita México.

            En el centenario de la ocupación estadounidense de la ciudad de México, el presidente Harry S. Truman rinde honores ante el monumento a los Niños Héroes, caídos en esa guerra.

1946-1952   Periodo presidencial de Miguel Alemán Valdés.

1949   El PRI organiza un concurso para premiar a la mejor historia de la Revolución.

1950-1951   La nueva Ciudad Universitaria, el *campus* moderno de la Universidad Nacional Autónoma de México (UNAM), es inaugurada. El acto representa el logro más prominente y duradero del sexenio de Alemán Valdés.

1950   Octavio Paz publica *El laberinto de la soledad,* el libro sobre México más importante del siglo XX.

1952-1958   Sexenio del presidente Adolfo Ruiz Cortines.

            En 1953, el gobierno funda el Instituto Nacional de Estudios Históricos de la Revolución Mexicana (INEHRM).

1957   Comienza una oleada de huelgas y de agitación en el ámbito laboral.

Un temblor en la ciudad de México daña la Columna de la Independencia.

1958-1964   Sexenio del presidente Adolfo López Mateos.

1958   Carlos Fuentes publica su novela *La región más transparente.*

1959   Como consecuencia de la Revolución Cubana, el dictador Fulgencio Batista se exilia y las fuerzas rebeldes de Fidel Castro toman el control de la isla.

La muerte de Artemio Cruz, segunda novela de Fuentes, retrata la corrupción de la Revolución.

1959   Tropas federales reprimen una huelga ferrocarrilera y encarcelan a diez mil huelguistas. Dos líderes sindicales son sentenciados a diez años de prisión.

Se crea la Comisión Nacional de los Libros de Texto Gratuitos, dirigida por Martín Luis Guzmán, con el fin de sancionar los libros de educación primaria para todo el país.

1960   El presidente cubano Oswaldo Dorticós visita México oficialmente y el presidente López Mateos compara favorablemente las revoluciones mexicana y cubana.

1960   La nación festeja el cincuentenario del inicio de la Revolución Mexicana.

1962	El líder campesino disidente Rubén Jaramillo, originario de Morelos, es asesinado junto con su esposa e hijos.
	El presidente John F. Kennedy visita la ciudad de México y ora en la Basílica de Guadalupe.
1964-1970	Sexenio del presidente Gustavo Díaz Ordaz.
1964	Se inaugura en Chapultepec el Museo Nacional de Antropología, triunfo arquitectónico y cultural.
1965	Emulando a Fidel Castro, militantes comunistas atacan cuarteles militares en Chihuahua.
	Pablo González Casanova publica *La democracia en México*, donde critica severamente al sistema.
	El presidente Díaz Ordaz recurre al Ejército para reprimir una huelga de médicos.
1966-1968	La ocupación militar del Colegio de San Nicolás, en Morelia, Michoacán, enciende la mecha del movimiento estudiantil de protesta.
1968	En agosto, cien mil estudiantes marchan al Zócalo, la plaza central de la ciudad de México, para protestar por la ocupación militar de la UNAM y de las escuelas preparatorias.
	En mayo, estallan las protestas estudiantiles en París. En agosto, los tanques y las tropas soviéticas invaden Checoslovaquia y aplastan la Primavera de Praga.
	En septiembre, el Ejército Federal ocupa las instalaciones de la UNAM.

La Iglesia católica de México emite una declaración en favor de la Revolución Mexicana.

En la noche del 2 de octubre, soldados y policías rodean a los manifestantes reunidos en la Plaza de las Tres Culturas, en Tlatelolco, y abren fuego contra la multitud. Cerca de diez mil estudiantes son arrestados y cientos son asesinados.

El 10 de octubre se inauguran oficialmente, en la ciudad de México, los Juegos Olímpicos. El 11 de octubre, Daniel Cosío Villegas escribe que "el gobierno caerá en un desprestigio que nada ni nadie jamás podrá restituir".

Foto 1. Altar dedicado a Francisco I. Madero y a los hermanos Serdán, en Puebla, 1914. Archivo Fotográfico del Instituto Nacional de Estudios Históricos de la Revolución Mexicana, caja 8, núm. 365, Archivo General de la Nación, ciudad de México.

Foto 2. Gran manifestación en honor del mártir Aquiles [Serdán], Puebla, 1914. Archivo Fotográfico del Instituto Nacional de Estudios Históricos de la Revolución Mexicana, caja 8, núm. 347, Archivo General de la Nación, ciudad de México.

Foto 3. Monumento a Zapata, por el escultor Oliverio Martínez. Cuautla, Morelos, 10 de abril de 1932. Tarjeta postal de la época, adquirida en La Lagunilla,* ciudad de México.

---

* Bazar popular de objetos usados o antiguos. (N. del ed.)

Foto 4. Monumento al general Álvaro Obregón, diseñado por el arquitecto Enrique Aragón; los dos grupos escultóricos exteriores, por Ignacio Asúnsola. Inaugurado en 1935. Tarjeta postal de la época, adquirida en La Lagunilla, ciudad de México.

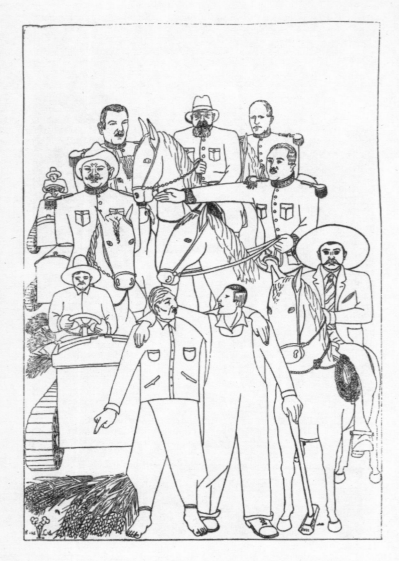

Foto 5. "Día de la Revolución" (1935). Dibujo de la Familia Revolucionaria idealizada, en el que se incluye a Carranza, Zapata, Ángeles, Obregón, Calles y Cárdenas. *Calendario nacionalista y enciclopedia popular*, México, D.F., Partido Nacional Revolucionario, 1934. Colección personal del autor.

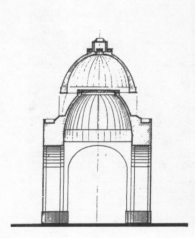

Foto 6. El Monumento a la Revolución. Diseño de la cúpula doble, 1933. *Catálogo de monumentos escultóricos y conmemorativos del Distrito Federal,* México, D.F., Oficina de Conservación de Edificios Públicos y Monumentos, 1976. Colección personal del autor.

Foto 7. El Monumento a la Revolución, Plaza de la República, ciudad de México, por el arquitecto Carlos Obregón Santacilia. Inaugurado en 1938. Tarjeta postal de la época, adquirida en La Lagunilla, ciudad de México. Colección personal del autor.

Foto 8. El Monumento a la Revolución. Grupo escultórico que representa la independencia nacional, ubicado en el ángulo sureste del monumento, por el escultor Oliverio Martínez. Fotografía de Sharon Lee House, 1995.

Foto 9. Los restos de Venustiano Carranza son trasladados del zócalo al Monumento a la Revolución, en 1942. Archivo Fotográfico del Instituto Nacional de Estudios Históricos de la Revolución Mexicana, caja 8, núm. 81, Archivo General de la Nación, ciudad de México.

Foto 10. Mitin de la Asociación Venustiano Carranza en el Monumento a la Revolución en ocasión del 27 aniversario del asesinato del presidente en 1947. Archivo Fotográfico del Instituto Nacional de Estudios Históricos de la Revolución Mexicana, caja 8, núm. 75, Archivo General de la Nación, ciudad de México.

Foto 11. Cartel de propaganda: "De Madero a Cárdenas. Por sufragio efectivo. 20 de Noviembre en San Luis Potosí". Durante su campaña presidencial, en 1994, Cuauhtémoc Cárdenas se sentó en la celda que alojó a Madero en 1910 como gesto simbólico de su solidaridad con la lucha democrática de Madero y con la Revolución Mexicana. Fotografía de Thomas Benjamin, 1994.

Segunda parte
La representación

En el verano de 1928 fue asesinado el "Caudillo de la Revolución". De modo parecido al Porfirio Díaz de décadas atrás, Obregón no sólo era el hombre del poder. También conocía el juego de la política: cómo equilibrar intereses y rivalidades, cómo conciliar e intimidar a los individuos y a los grupos que escapaban a su dominio. Su abrupta desaparición de la escena se tornó en la amenaza de un nuevo cisma de proporciones históricas. El presidente Calles trató de impedir el desastre mediante la unificación de todos los revolucionarios en un frente político común, en un partido revolucionario nacional. "Unidad" se convirtió en la consigna de la época: a partir de 1928, "unidad" significó la unidad de todos los revolucionarios y de la nación, políticamente hablando. La unidad también tenía una dimensión histórica: el cierre de las heridas de la memoria infligidas en 1911, 1914 y 1920. Tal era el fin primero y último de la tradición revolucionaria: la transformación de *la Revolución* en remembranzas, ritos, celebraciones, monumentos e historias, entre otros. La Revolución hecha tradición.

La preocupación más inmediata fue la sucesión presidencial. En su último informe presidencial al Congreso, en septiembre de 1928, Calles declaró que el gobierno personalista en México quedaba cancelado y anunció la creación de una "nación de instituciones y leyes". La "familia revolucionaria", según él, tenía que unirse para salvarse a sí misma y al país.[1] Se retiró de la escena política al concluir su mandato en diciembre y cedió la Presidencia a un político aceptado por obregonistas y callistas por igual, Emilio Portes Gil.

Al año siguiente, ambas facciones acordaron formar un partido donde convergieran todos los revolucionarios, el Partido Nacional Revolucionario (PNR), y designaron a Pascual Ortiz Rubio para la candidatura en la contienda por la Presidencia que habría de completar el sexenio del fallecido Obregón. Ortiz Rubio ganó —su oponente era José Vasconcelos, un maderista convencido— y llegó a la Presidencia, pero Calles, ahora convertido en "Jefe Máximo" de la Revolución, seguía teniendo el mayor poder y autoridad.

Durante el periodo 1928 a 1934, conocido como el Maximato, el país tuvo tres presidentes. Al pasar frente a la residencia presidencial, el Castillo de Chapultepec, los habitantes de la ciudad de México no podían evitar el sarcasmo y comentar: "el presidente aquí vive, pero el que da las órdenes vive pasando la calle". Mediante negociaciones, Portes Gil puso fin a la guerra cristera y reprimió la última rebelión militar grave contra el gobierno nacional. Ortiz Rubio comenzó su mandato con el pie izquierdo: resultó herido en la cabeza cuando intentaron asesinarlo el día de su toma de posesión. Además, le era difícil aceptar las directrices políticas del "Jefe Máximo" y renunció en 1932. Su sucesor, Abelardo L. Rodríguez, sí sabía acatar órdenes y, en consecuencia, se mantuvo en la presidencia por los dos años que restaban para completar el sexenio de Obregón.

En 1934, el PNR postuló como candidato a la Presidencia a Lázaro Cárdenas, un joven general que había peleado en la Revolución. El candidato oficial hizo proselitismo a lo largo y ancho del país con una intensidad sólo vista durante la campaña de Madero en 1910. Una vez en la Presidencia, Cárdenas puso fin al Maximato y envió a Calles al exilio en Estados Unidos, redistribuyó más tierra que todos los gobiernos anteriores juntos, creó una organización nacional campesina y una confederación nacional de trabajadores y nacionalizó las compañías petroleras. Reformó al partido oficial, transformándolo de una asamblea de generales en un partido de trabajadores, campesinos, burócratas y soldados organizados corporativamente: el recién bautizado Partido de la Revolución Mexicana (PRM). La administración cardenista reafirmó los ideales de *la Revolución* más que ningún gobierno previo o subsiguiente. Al final de su periodo, se retiró del poder y no intentó instaurar un nuevo Maximato. Él fue quien estableció el procedimiento para transmitir el cargo y el poder presidenciales que sigue aún vigente.*

Desde su formación, el partido oficial y el gobierno buscaron las maneras de influir en otras áreas además de la política. Tal ambición no constituía una novedad, sino más bien un esfuerzo más organizado hacia la hegemonía cultural. Durante la década de los años veinte, los revolucionarios intentaron revolucionar a la cultura mexicana, como lo pone de manifiesto el conflicto del gobierno con la Iglesia y los católicos militantes. La Secretaría de Educación, dirigida por Vasconcelos, envió misiones culturales al campo mexicano para construir escuelas, preparar maestros, organizar programas de recreación e instruir sobre técnicas agrícolas e higiene personal.[3] Como opinó un crítico en 1927, *la Revolución* había intentado aplicar un "irritante monopolio" sobre todo: arte, ciencia, política y economía.[4]

El programa cultural del PNR fue sintetizado por Emilio Portes Gil, el tercer presidente del partido, en 1930. Portes Gil propuso una "hora cultural", cada domingo, para que todo revolucionario en cada pueblo, en cada ejido y en cada sindicato se reuniera para disfrutar y aprender, en cada programa cultural, música, agricultura y lecciones abreviadas sobre higiene, cuidado de los niños y otros tópicos de interés para la comunidad. Pareciera que el PNR no estaba dispuesto a permitir que la iglesia siguiera dominando, ni siquiera en domingo, y sin mucho esfuerzo, la cultura del país. Estos programas dominicales, así como otros de entre semana, serían transmitidos por radio para todo el país por medio de las estaciones recién adquiridas por el PNR. Un año más tarde, el presidente Ortiz Rubio informó que la Oficina Central de Transmisiones había llevado al pueblo 6,758 con-

---

* En México, en el año 2000, con la victoria de un candidato de la oposición, las cosas cambiaron y este mecanismo de sucesión dejó de ser vigente. (N. del ed.)

ferencias y programas culturales.[5] El PNR también planeó llevar la cultura revolucionaria al pueblo mediante la apertura de centros culturales para los trabajadores y por medio de las misiones sociales para los campesinos (escuelas donde se enseñaba a leer y escribir, música, deportes, oficios industriales y agrícolas, y se proporcionaba clínicas y otros servicios de gran utilidad). Sin embargo, en su esencia, el objetivo de los centros y de las misiones era la formación de "una ideología avanzada en consonancia con los postulados de *la Revolución*".[6]

Durante el corto lapso en el que fungió como presidente del partido (de noviembre de 1930 a agosto de 1931), Lázaro Cárdenas creó la Confederación Deportiva Nacional, con miras a organizar a la juventud, aumentar la asistencia a las escuelas y modernizar las costumbres. Mary Kay Vaughan ha señalado que, "en la década de los treinta, los gobernantes de la ciudad de Puebla rápidamente se percataron del papel que los eventos de atletismo podrían jugar para la inserción de los poderes locales dentro de la maquinaria política que estaban construyendo".[7] En su calidad de presidente de la nación, Cárdenas donó un receptor de ondas de radio a cada comunidad de agricultores y de trabajadores en el país, de manera que pudieran sintonizar a las tres estaciones radiofónicas estatales, una de ellas perteneciente a la Secretaría de Educación y las otras dos controladas por el partido oficial.

En su famosa "Proclamación de Guadalajara" de 1934, Calles, el "Jefe Máximo", declaró que *la Revolución* no estaba concluida:

> Debemos ingresar a una nueva fase, una que yo llamaría el periodo de revolución psicológica: debemos ingresar y conquistar las mentes de los niños, las mentes de los jóvenes, porque ellos pertenecen y deben pertenecer a la Revolución.[8]

En la década de los treinta, apunta Adrian Bantjes, "la elite revolucionaria mexicana inició una verdadera revolución cultural".[9] El Plan Sexenal del PNR de 1934 asentaba que la educación primaria y secundaria debería basarse "en las orientaciones y los postulados de la doctrina socialista que la Revolución Mexicana apoya". Bajo el régimen de Cárdenas, la "educación socialista" buscó crear para México "la posibilidad de unirse, cultural y económicamente, de manera revolucionaria".[10]

El Comité de Propaganda y Acción Cultural del partido oficial estableció un nuevo calendario revolucionario, un sustituto para el viejo calendario cristiano cuyo fin era organizar el año en una serie de "días festivos" que rememoraban, celebraban y enaltecían los grandes sucesos de la nación y de *la Revolución*. Los días santos fueron reemplazados por aniversarios y fiestas nacionalistas y revolucionarios, desde el día de la Independencia y el día de la Revolución, al día de los precursores de la Revolución (11 de junio).[11]

Partido y Estado buscaron dar forma a una cultura política al recurrir a la tradición revolucionaria. Los capítulos siguientes tratan de los esfuerzos para trasladar el pasado —*la Revolución*— al presente mediante la realización de festivales, monumentos e historia.[12] Cada una de estas estrategias constituye una herramienta política que emplea un lenguaje en acción, adaptable a destinatarios distintos entre sí. Como lo señala Murray Edelman, "la política es, en cierto sentido, una representación actuada, simultáneamente, por y ante incontables tipos de público y en escenarios sociales disímiles".[13]

No cabe duda que una festividad política, particularmente un desfile en el caso que nos ocupa, es la herramienta más emocionante de las tres que componen la tradición, aunque con frecuencia resulte la menos conmemorativa. Por estar investido de mensajes y simbolismo político, el desfile constituía, en la etapa anterior a la era de las comunicaciones masivas, una forma importante de entretenimiento público. Como tal, el desfile se caracteriza por atraer a un mayor número de personas, si contamos tanto a los espectadores como a los participantes. Un monumento constituye otra forma de representación dramática, no menos teatral que el desfile. La grandeza de un monumento busca, por sí misma, sobrecoger a todos los que la admiren. Un monumento también comunica mediante símbolos, pero sus mensajes son, generalmente, más serios y conmemorativos. A diferencia del festival, el monumento es símbolo y lugar de reverencia: el templo de la religión civil de una nación. La historia oficial es la menos dramática de estas tres herramientas, aunque es también la más intelectual y, por lo tanto, la que va dirigida hacia un público más reducido, pero influyente. La historia es, o fue, la base sobre la que se autorizaron los mensajes, los símbolos y las representaciones históricas que, de manera simplificada, conllevaban los festejos y los monumentos. Ciertamente, la dependencia oficial del gobierno encargada de la historia revolucionaria, el Instituto Nacional de los Estudios Históricos de la Revolución Mexicana, ha sobrepasado el limitado papel que originalmente se le asignó como casa editora de la historia oficial. A partir de 1960, ha participado en y conducido las conmemoraciones oficiales de cada año, las que celebran *la Revolución*, pero también la Independencia y la Reforma. En el proceso, el Instituto se ha convertido, tal vez, en el promotor gubernamental más importante de la tradición revolucionaria.

Como generalmente sucede con las acciones y los discursos políticos, las tres herramientas evocan y refuerzan la confianza, la solidaridad social y la estabilidad entre los ciudadanía. Asimismo, las herramientas también fueron dirigidas a la clase gobernante, debido a que estaba dividida por la memoria y por intereses distintos. Como representación, *la Revolución* intentó subsanar las heridas de la memoria y, por un buen tiempo, lo logró.

4

EL FESTIVAL:

SURGIMIENTO DE UN MÉXICO PUJANTE

El día de la Revolución es uno de los festivales patrióticos más importantes de México. En este día, los mexicanos recuerdan y festejan a *la Revolución*. Esta fecha conmemora, específicamente, el 20 de noviembre de 1910, día elegido por Francisco I. Madero para efectuar el levantamiento popular contra el dictador Porfirio Díaz. En tanto que festival conmemorativo, el 20 de noviembre ha devenido un instrumento de educación cívica: "esta experiencia constituye uno de los lazos más fuertes de nuestra nacionalidad", consigna el calendario cívico de la ciudad de México. En este festejo anual, el pueblo mexicano ha estado comprometido "en la tarea de construir un país valioso y soberano".[1] En los rituales y en los discursos dedicados a esta fecha, *la Revolución* fue, y todavía es, parte integral de la religión de la patria.

Los días y las celebraciones cívicos tienen más de una función. Fundamentalmente, están previstos para actualizar el pasado en el presente. En estas fechas, discursos, símbolos y rituales transmiten los mitos dominantes de una sociedad, reafirmando y haciendo recordar a sus miembros su identidad histórica, valores e idiosincrasia.[2] En alguna ocasión, Mirabeau habló de su fuerza: el mejor medio "para ejercer el poder sobre los hombres, sobre las masas, lo son los festivales públicos".[3] Estas demostraciones también coadyuvan a adaptar el pasado (es decir, las maneras en que es representado) para satisfacer las necesidades del presente. Asimismo, la memoria colectiva resulta transfigurada y transmitida de manera que el pasado pueda sancionar mejor los equilibrios propios del presente (y más comúnmente, los políticamente dominantes).[4] Rara vez, la memoria oficial opera con justicia en la recordación del pasado. Por el contrario, "los actos conmemorativos acallan las interpretaciones contradictorias sobre el pasado".[5] Es así como los días patrios son utilizados para reforzar el patriotismo y la solidaridad social, ensalzar la legitimidad del Estado y reforzar la popularidad de un líder, un partido o un gobierno.

Al igual que los días santos, los días cívicos sobresalen de entre la cotidianidad y del tiempo común y corriente. Este acto de segregación temporal y el rito de establecer límites dividen lo sagrado de lo profano. Los sucesos históricos, los héroes y los lugares son investidos de un cúmulo de significados que el antropólogo Victor Turner denomina liminalidad, la escena y el momento "para que los valores más arraigados de una sociedad emerjan y adopten las formas de dramas litúrgicos y reliquias".[6] La recurrencia sistemática del día especial, la comunicación simbólica de los ritos que le son peculiares y las celebraciones montadas en los centros sacros afectan a la memoria popular, la imaginación y las emociones, a la vez que constituyen una poderosa arma de manipulación política. Entonces, no es de sorprender que, como indica evitar Zerubavel, "el control del calendario haya sido siempre vital para la posesión del control social en general".[7]

A partir del siglo XX, los Estados de ciertos países han transformado los festivales conmemorativos en espectáculos masivos de índole política:[8] magnas representaciones que con frecuencia comprenden rituales, desfiles, festivales y juegos deportivos.[9] Los rituales se enmarcan en espectáculos mayores con el fin de invocar los orígenes "sacros" de las comunidades que se imaginan a sí mismas como naciones. Los festivales promueven la participación y la celebración populares, en tanto que los desfiles promueven una comunicación visual y sensorial mediante el colorido de banderas y estandartes, la formación de los soldados y la interpretación de marchas vibrantes por parte de las bandas de guerra. Los encuentros deportivos hacen alarde del vigor de una sociedad en el presente y simbolizan una promesa para el futuro.[10] Las conmemoraciones son actos multiestratificados y complejos de persuasión política.[11]

Con el paso del tiempo, todos estos elementos llegaron a convertirse en partes esenciales del espectáculo organizados por el Estado mexicano para conmemorar los aniversarios del comienzo de la Revolución Mexicana. Sin embargo, el 20 de noviembre como fecha cívica surgió como un día consagrado a la remembranza. Durante casi dos décadas, el día de la Revolución fue fomentado por asociaciones voluntarias y virtualmente ignorado, o al menos relegado, por el gobierno. Durante la llamada institucionalización de la Revolución, a finales de los años veinte y comienzos de los treinta, el Estado mexicano tomó las riendas para transformar la conmemoración de *la Revolución*. En el curso de unos cuantos años, las tradiciones paralelas de peregrinar a las tumbas de los mártires y organizar veladas literario-musicales fueron suplantadas por lo que, en 1937, *La Prensa* denominó "un gran espectáculo".[12] Por más de sesenta años el Estado mexicano ha empleado el lenguaje de los símbolos mediante espectáculos impresionantes con objeto de presentar el cuadro de una nación creada por su historia revolucionaria y unificada en la realización de sus valores revolucionarios. La imagen dominante en esta historia de los espectáculos es la de un México vigoroso emergiendo de una revolución heroica.

Las nuevas fiestas nacionales

La joven República Mexicana tuvo grandes dificultades para determinar lo que debía recordar y celebrar. A pesar de ello, sus dirigentes reconocieron con claridad la necesidad de llevar a cabo esas tareas, dado que sólo unos cuantos habitantes del país entendían el concepto de México como nación. Lo que la mayoría de los "mexicanos" recordaban y celebraban, de hecho, eran las fiestas del santoral. A finales del siglo XVII, alguien que visitó la ciudad de México contó noventa festivales religiosos. Cada ciudad, pueblo y villorrio celebraba a su santo patrono con música, fuegos artificiales y una procesión. El día festivo más importante para muchos era el de la Virgen de Guadalupe, madre de todos los mexicanos, el 12 de diciembre. La idea de México como una nación era novedosa y desconocida por la generalidad; México como un sitio de cristiandad, por el contrario, era una idea profundamente arraigada y universal.[13]

Los guías de la nueva república no se pusieron nunca de acuerdo con respecto a la fecha del día de la Independencia. Los liberales conmemoraban y celebraban el 16 de septiembre, el día que en 1810 el padre Miguel Hidalgo llamó a la insurrección. Los conservadores, por su parte, eran partidarios del 27 de septiembre, día en el que, en 1821, el ejército del general Agustín de Iturbide entró triunfante a la ciudad de México y consumó la Independencia. Según fuera quien detentase el poder, las celebraciones tenían lugar el 16 o el 27 de septiembre, y ocasionalmente se conmemoraba en otras fechas la abolición de la esclavitud, la firma del Acta de Independencia o algún otro suceso notable. Curiosamente, fue el emperador Maximiliano, apoyado por los conservadores, quien en 1864 decretó oficialmente el 16 de septiembre como día de la Independencia.[14] El derrocamiento del Imperio, y con él la caída de la causa conservadora, aunados al triunfo de la República liberal en 1867, fijó de manera definitiva el día de Hidalgo en la memoria oficial de México y engendró muchos nuevos días patrióticos.

Fue durante el Porfiriato cuando la conmemoración patriótica de la Independencia se estableció como tradición. Por esos mismos años, Francia, considerada por muchos mexicanos como la "hermana mayor" del país, comenzó en 1880 a celebrar su propio aniversario de la Revolución, el día de la toma de la Bastilla. En un tiempo en el que en México pocos iban a la escuela y casi no había medios de comunicación masivos, los festivales cívicos enseñaban a la ciudadanía los valores políticos apropiados mediante el culto al héroe. Como buen liberal, Díaz veía a la Insurgencia y a la Reforma como dos estadios de una revolución en progreso. Como político inteligente, quiso mostrar a su gobierno como la culminación de los movimientos, y a sí mismo como agente para completar la trinidad patriótica al lado de Hidalgo y de Juárez. En una maniobra clave, Díaz conjuntó su historia personal con la historia de la nación al celebrar su cumpleaños, el 15 de septiembre, como parte de la fiesta de la Independencia que, hasta ahora, ocupa dos días.

El régimen porfirista también celebraba otros días significativos para la nación: el 5 de febrero, aniversario de la promulgación de la Constitución liberal de 1857; el 5 de mayo, cuando en 1862 los republicanos vencieron al invasor ejército francés en Puebla; el 21 de marzo, natalicio, en 1806, del gran salvador nacional Benito Juárez; 8 de mayo, el natalicio, en 1753, del "Padre de la Patria", Miguel Hidalgo; 2 de abril, día de la República y de la victoria final del general Díaz sobre Maximiliano, nuevamente en Puebla, en 1867; y el 18 de julio, fecha de la muerte de Juárez en 1872. Justo Sierra inventó un nuevo día cívico en el 1880: el 5 de noviembre, para honrar a los héroes del México independiente. La nación contaba ahora con sus santos seculares y los días santos para unificar a todos los mexicanos.[15]

El régimen porfirista solía montar espectáculos conmemorativos de cuando en cuando. La primera gran ocasión se presentó en 1887, en ocasión del decimoquinto aniversario de la muerte de Juárez. Debido a que éste tuvo lugar precisamente cuando Díaz se encontraba arreglando una reforma constitucional que le permitiera reelegirse, y a que muchos términos de ésta eran de factura juarista, la coincidencia no fue mera casualidad. El régimen también se apropió de la campana parroquial doblada por Hidalgo, ahora conocida como la Campana de la Libertad de México, y en 1896 fue instalada en una torre especial en Palacio Nacional. La conmemoración de septiembre de ese año fue particularmente grandiosa y se le añadió una nueva tradición: que el presidente tañera la campana como lo hizo Hidalgo.[16] En 1906, el régimen celebró el centenario del natalicio de Juárez. La planeación del suceso duró tres años y requirió que se reintegrara una comisión nacional. Durante la planeación, y especialmente en 1906, varias ciudades y pueblos rebautizaron sus calles y plazas y erigieron monumentos. Se publicaron libros, abundaron las alocuciones patrióticas y, el 22 de marzo de 1906, se llevaron a cabo festividades a todo lo largo de la nación. En la ciudad de México se comenzó la construcción del gran Hemiciclo a Juárez en la Alameda, sobre la avenida Juárez.[17]

Las conmemoraciones más fastuosas del Porfiriato fueron también las últimas que celebró: la combinación de las fiestas del Centenario de la Independencia y el octogésimo cumpleaños del presidente en 1910. Durante todo septiembre, la ciudad de México recibió visitantes del resto del mundo. El monumento que con el correr de los años sería considerado el más sagrado, la Columna de la Independencia (hoy llamada "el Ángel" debido a la estatua dorada que la remata), fue inaugurado en el Paseo de la Reforma, hermoso bulevar central de la capital. Dos días después, le tocó su turno al blanquísimo y neoclásico Hemiciclo a Juárez. Se inauguraron edificios públicos y servicios modernos, se ofrecieron banquetes y fiestas, se vieron desfiles y, en la mañana del 15 de septiembre, el encuentro histórico entre Moctezuma y Cortés fue representado con gala. Esa tarde, en el Zócalo, el presidente Díaz dio el tradicional "grito de Independencia" —que recuerda al primeramente lanzado por Hidalgo— e hizo repicar la Campana de la Libertad: "¡Vivan los héroes de la nación!", ¡Viva la República!, ¡Viva México! Justo Sierra, el intelectual más destacado del régimen, escribió por aquel entonces: "[el] país [...] no ha perdido un átomo del apego religioso a su historia".[18]

Para 1910, México había institucionalizado todo un calendario patriótico de fiestas cívicas. Los regímenes revolucionarios lo honrarían y crearían nuevas conmemoraciones, y todas serían aunadas en una "tradición revolucionaria". Un mes después de las fiestas del Centenario, el exiliado más famoso de México lanzó un nuevo grito, que con el tiempo añadiría una nueva fecha al calendario cívico.

A las seis en punto de un domingo, el 20 de noviembre

En octubre de 1910, después de haber evitado su detención, Francisco I. Madero lanzó un llamado a la rebelión contra el dictador Díaz. El Plan de San Luis —supuestamente redactado en prisión en San Luis Potosí, pero en verdad escrito durante su exilio en San Antonio, Texas— proclamó a Madero como presidente provisional en vista de la reciente reelección fraudulenta de Díaz. "He designado el domingo 20 del entrante noviembre, para que de las seis de la tarde en adelante, todas las poblaciones de República se levanten en armas", proclamó Madero en el Plan.[19] A pesar de la cuidadosa organización por parte de Madero, la revolución no se sucedió como se deseaba.

Una conspiración rebelde en la región de Puebla y Tlaxcala fue descubierta por el gobierno a mediados de noviembre y sus miembros fueron arrestados. A raíz de los sucesos, el rebelde Aquiles Serdán se levantó dos días antes de lo previsto. Un contingente policiaco rodeó la casa Serdán en Puebla el 18 de noviembre y convirtió a Aquiles Serdán en uno de los primeros mártires de la Revolución. Más arrestos se sucedieron en otras ciudades del centro del país, con lo que se extinguieron las primeras chispas de la revuelta antes de que pudieran avivarse y extenderse. Madero abandonó San Antonio el 18 de noviembre y en la noche del 19 regresó a México, donde no halló ni armamento ni seguidores. "Sin disparar un tiro, Madero volvió a territorio norteamericano. Se sentía profundamente desalentado y deprimido",[20] indica el historiador Charles C. Cumberland.

Paul Vanderwood apunta que "la Revolución Mexicana no hizo erupción, sino que apenas expelió fumarolas en sus comienzos".[21] Pero la rebelión en efecto se desató aquí y allá en zonas rurales aisladas, en Chihuahua y Morelos, en Tlaxcala y San Luis Potosí, y en más sitios durante las semanas y meses por venir. Madero regresó a México en febrero de 1911 y sus fuerzas rebeldes tomaron la fronteriza Ciudad Juárez en mayo. Ante la embestida en docenas de regiones y ciudades, Díaz renunció a finales de mayo, después de que sus consejeros pactaran con Madero el establecimiento de un conservador gobierno interino y nuevas elecciones presidenciales. Madero fue electo presidente libre y mayoritariamente y tomó posesión en noviembre de 1911.

Cualquiera sería perdonado por hacer notar que casi nada glorioso tuvo lugar el 20 de noviembre de 1910, y que la transición política de 1911, aunque dramática, distó mucho de ser radical. A pesar de ello, los maderistas inmediatamente se abocaron a la tarea de convencer a los mexicanos de que la "Gloriosa Revolución de 1910" significaba una ruptura profunda e histórica, tan significativa como las dos grandes revoluciones mexicanas del siglo XIX, la de Independencia y la de Reforma. *La Revolución* había sido hecha por "el pueblo" y había logrado nada menos que la conquista de la libertad y el comienzo de las prácticas democráticas. El Plan de San Luis y su referencia al 20 de noviembre se convirtieron en símbolos de la resistencia heroica de Madero ante Díaz y del renacer glorioso de México.

Con frecuencia, una revolución reordena el sistema simbólico de un Estado, con lo que lleva a cabo "la remoción de símbolos propios del viejo orden y la introducción de los representativos de la nueva ideología y del nuevo grupo en el poder".[22] Los maderistas y sus sucesores revolucionarios pusieron gran empeño en la inserción de nuevos símbolos, pero no descuidaron los símbolos históricos abanderados por el viejo régimen. No había necesidad de ello. Los maderistas reverenciaban a los mismos héroes y conmemoraban los mismos sucesos, tal como lo habían hecho los porfiristas antes que ellos. Viejo y nuevo regímenes exigían continuidad con una misma tradición liberal decimonónica. Los revolucionarios, sin embargo, sostenían que el régimen de Díaz había infamado dicha tradición y que la Revolución de 1910 puso fin a una generación de desviación reaccionaria. Por lo tanto, los maderistas heredaban un calendario entero de días patrios cargados con un alto simbolismo. Hasta ese momento, no había necesidad alguna de inventar nuevas tradiciones conmemorativas.[23]

Los primeros dos aniversarios del comienzo de *la Revolución*, los que llegaron durante la breve gestión de Madero, atrajeron poca atención y protocolo. Algunas oficinas gubernamentales cerraron el 20 de noviembre de 1911 y, a decir de *El Tiempo*, "el pueblo vitoreó a Madero en las calles".[24]

Nueva Era publicó las remembranzas del general Pascual Orozco sobre su actuar en Chihuahua el 20 de noviembre de 1910. El entrevistador concluyó: "Aquí está, brevemente, el comienzo de una gran obra que (¡quién lo hubiera pensado!) llegaría a conmocionar, incluso a derrocar, a un sistema que parecía indestructible, así como a abrir una nueva era de libertad y justicia en nuestra historia".[25] En Puebla, admiradores de Aquiles Serdán iniciaron una campaña para erigir un monumento que honrara "la inmortalidad del distinguido mártir de la reconquista de nuestra libertad política".[26]

El 20 de noviembre del año siguiente, el presidente Madero ofreció un banquete a los miembros del Congreso. En nombre de la Cámara de Diputados, Luis Cabrera reflexionó sobre el significado de los aniversarios. Dijo que el 14 de julio de 1789 era una fecha gloriosa en vista de que significaba la lucha por la libertad y la Reforma. "El movimiento revolucionario iniciado el 20 de noviembre de 1910, podrá ser, cuando lo veamos a distancia de medio siglo, un día de gloria nacional, si sabemos conducir a nuestro país hacia la libertad; un día de infamia y de vergüenza para nosotros si lo tomamos simplemente como ejemplo de lucha de hermanos contra hermanos".[27] Cuatro días más tarde, Cabrera habló durante la colocación de la primera piedra de la estatua de Aquiles Serdán en la Plaza de Villamil. "La estatua", proclamó Cabrera, "es el héroe mismo, levantándose sobre su pedestal para contarnos desde allí, a nosotros y a nuestros hijos, cuál fue su época y cuál fue su hazaña, y para dictar desde allí sus mandatos a las generaciones venideras".[28]

Los maderistas recurrieron a los primeros dos aniversarios para rememorar e inspirarse, para justificar *la Revolución*, así como para honrar a sus héroes y a sus mártires y contrastar la tiranía del Antiguo Régimen con la libertad presente en el nuevo México. Una tradición de remembranza alrededor del 20 de noviembre había comenzado, pero aún era una tradición débil. Hacia el ocaso de la década, en contraste, mientras más revueltas forjaron héroes revolucionarios, y muchos de estos héroes se convirtieron en mártires, el 20 de noviembre se convirtió en la inauguración de algo cada vez más significativo, más glorioso pero trágico, y más necesitado de justificaciones.

"El aniversario de la epifanía democrática"

Para muchos mexicanos, el golpe de Estado que derrocó al gobierno maderista en febrero de 1913 y los subsiguientes asesinatos del presidente y del vicepresidente transformaron todo lo relacionado con el presidente martirizado en historia sacra. Las connotaciones religiosas y la imaginería de la retórica revolucionaria permanecieron consistentemente de 1910 a 1920 y después, como una manera de comunicar la naturaleza profunda de la transformación nacional a un pueblo inmerso en historias bíblicas y en el simbolismo cristiano. Madero se convirtió en el "Apóstol de la Democracia"; Huerta, quien dirigió el golpe de Estado, se convirtió en la figura de Judas frente al Cristo-Madero; *la Revolución* resultó caracterizada como "la santa Revolución", y el 20 de noviembre fue descrito como el "aniversario de la Epifanía Democrática".[29]

El derrocamiento de Huerta por el movimiento constitucionalista, dirigido por Carranza, alrededor del verano de 1914, permitió la conmemoración espontánea de Madero por los generales revolucionarios y las facciones políticas. La tumba de Madero en el Panteón Francés de la ciudad de México se convirtió, de julio a octubre, en un sitio de peregrinaje obligado, donde férreos revolucionarios derramaron lágrimas y colocaron coronas con absoluta reverencia sobre la tumba.[30] Para los antiguos maderistas, estas ceremonias representaban esfuerzos nítidos por honrar a Madero y por enarbolar sus ideales, mientras que muchos revolucionarios, individualmente, no dudaban en declarar (y hacer pública) su adhesión a Madero y sus ideales a fin de exaltar sus credenciales revolucionarias.

El 20 de noviembre no fue celebrado en 1914 de manera organizada en la capital debido a la escisión entre las facciones revolucionarias que en poco tiempo conduciría a la guerra civil. En el otoño de 1914 el movimiento constitucionalista se fragmentó en facciones y ejércitos hostiles debido, en buena medida, a la desconfianza mutua entre Carranza y Francisco Villa. Las milicias y el gobierno de Carranza comenzaron la evacuación en la ciudad de México a principios de noviembre y, para el 20, se estacionaron en Córdoba, Veracruz. Las fuerzas villistas, junto con las del revolucionario agrarista Emiliano Zapata, entraron a la ciudad de México a finales del mes.

Durante 1915, la facción carrancista logró los triunfos militares necesarios para integrar un gobierno nacional en la ciudad de México. Entre 1915 y 1919, el 20 de noviembre fue conmemorado y celebrado por grupos de maderistas leales (y obregonistas), pero prácticamente ignorado por el gobierno de Carranza y sus seguidores. Fuera de la ciudad de México, algunos gobiernos estatales y municipales llevaron a cabo celebraciones, de las cuales la más grandiosa era, tal vez, la que cada año se hacía en Puebla para recordar la muerte de Serdán. En la ciudad de México, las tumbas de Madero y su vicepresidente eran adornadas con coronas de flores ("símbolo de la pureza de los sentimientos patrióticos del verdadero pueblo regenerado por la revolución")[31] durante el día y, en la noche, funcionarios locales, directores de escuelas y partidos políticos coordinaban veladas. Las veladas eran programas organizados de alocuciones patrióticas y conmemorativas, lecturas de poesía y conciertos musicales. Las peregrinaciones a las tumbas sagradas y las ceremonias solemnes constituyeron las tradiciones que marcaron el 20 de noviembre desde mediados de la década de 1910 hasta la de los años treinta.

Durante esos años, el gobierno carrancista organizó o bien participó en los actos conmemorativos del natalicio de Benito Juárez (21 de marzo), la invasión de Veracruz por Estados Unidos (21 de abril), la derrota en 1862 de las tropas francesas en Puebla (5 de mayo), y la Independencia nacional (16 de septiembre). El 20 de noviembre, sin embargo, no fue objeto de atenciones especiales. De hecho, en 1917, el presidente Carranza ordenó que todas las oficinas gubernamentales permanecieran abiertas ese día.[32] Los carrancistas insistieron en la significación de la firma del Plan de Guadalupe de Carranza (el 26 de marzo) —"la fecha más gloriosa en los anales de nuestra gran Revolución"— por encima del "grito" de Madero en el Plan de San Luis.[33]

Álvaro Obregón, el general más importante para Carranza durante las batallas contra Villa en 1915 y candidato presidencial en 1920, afirmó junto con sus seguidores sus credenciales revolucionarias (y un descontento creciente hacia Carranza) al enfatizar su continuidad con Madero y sus ideales políticos. Al comienzo de 1917, el Partido Liberal Constitucionalista, por ejemplo, tomó paulatinamente para sí la responsabilidad de organizar las veladas en honor de Madero, Pino Suárez y Serdán.[34] Tras la rebelión que derrocó al gobierno de Carranza en 1920 y que causó la muerte del presidente, los obregonistas (ya en el poder) hicieron ver el "interregno de Carranza" como una trágica interrupción de la Revolución, que había sido iniciada por Madero y continuada y concluida por Obregón, su legítimo heredero.[35] El Congreso, de mayoría obregonista, declaró en 1920, por primera vez, que el 20 de noviembre sería, oficialmente, un día de fiesta nacional, y los miembros del gabinete asistieron y participaron en la velada de ese año. En febrero de 1921, en el aniversario del martirio de Madero, el presidente Obregón encabezó la procesión desde Palacio Nacional hasta el Panteón Francés para depositar una ofrenda floral en su tumba.[36]

A pesar de ello, durante la década de los años veinte y salvo un par de excepciones, el gobierno nacional no dirigió ni organizó todavía los festejos conmemorativos del 20 de noviembre. Año tras año, el Congreso reiteró la declaración de la fecha como día de festejo nacional, en el que las oficinas gubernamentales y las escuelas oficiales cerrarían y los funcionarios de alto rango depositarían coronas y pronunciarían discursos fúnebres. Los cadetes del Colegio Militar montarían guardias de honor ante las tumbas de los héroes. La responsabilidad de organizar las ceremonias en el Panteón Francés y los programas de las veladas a partir de 1920 fue asumida por la Agrupación Pro-Madero, una asociación civil de activistas y veteranos.[37] El programa de "la velada que se efectuó ayer a las diecinueve y treinta horas en el Teatro Hidalgo", en 1924 es representativo de la época.[38]

LA VELADA EN LA HIDALGO
19:30 hrs., 20 de noviembre de 1924
Teatro Hidalgo

Primera parte

1. *Cuarteto número 4* de Beethoven, interpretado
por el Cuarteto Clásico Nacional.

2. Lectura al Plan de San Luis, por "el señor licenciado
don Calixto Maldona R."

3. Aria "Vissi d'arte", de la ópera *Tosca*, de Puccini,
"fue interpretado por la señorita Matilde L. Guevara."

4. Discurso por Ramón Coy.

5. Vals de Tolentino y *Golondrina mensajera*, de Esperanza Oteo,
interpretados por "la orquesta típica formada por trescientos obreros
de los centros [de] orfeón de la Dirección de Cultura Estética,
dirigida por el profesor Joaquín M. Beristáin."

6. *La cloché*, de Saint-Saëns, interpretada por "la notable soprano,
señora María Luisa Escobar de Rocabruna."

Segunda parte

1. *El rosal enfermo* y *La chinita*, de Palmerín y Talavera,
respectivamente, a cargo del "centro de orfeón Agustín Caballero".

2. "Scherzo" del *Cuarteto*, de César Franck,
por el Cuarteto Clásico Nacional.

3. *Paso doble*, de Ordaz, por la orquesta típica.

4. Discurso por el señor licenciado don Manuel Gómez Morín.

5. "Reconto de Santuzza", de la ópera *Cabalería rústica*,
de Pietro Mascagni, por la señora Escobar de Rocabruna.

6. *El carro del sol*, de Serrano, y *El clavelito*, de Alverde,
por el orfeón Agustín Caballero.

El programa de la velada de 1924 estaba obviamente dirigido a un público elitista y culto. A pesar de que las veladas de la década de los años veinte incluyeron cierto grado de simbolismo revolucionario y unas cuantas referencias a la Revolución de 1910, aún se hallaban distantes de las más populares —y populistas— fiestas mexicanas compuestas por desfiles y fuegos artificiales, que se disfrutaban en muchos barrios de la ciudad de México, pueblos y capitales de los estados.[39] Con el fin de rendir los "debidos" honores al inicio de la Revolución, el nuevo liderazgo revolucionario instaló una tradición de ceremonias de tono solemne y elitista que, por su propia naturaleza, excluían a la mayoría de los mexicanos.

A partir de la administración de Calles, el sucesor de Obregón, el gobierno nacional comenzó a asumir parte de la responsabilidad de la conmemoración y la celebración de sucesos de importancia revolucionaria. En febrero de 1925, por ejemplo, el secretario de Gobernación cooperó con la Agrupación Pro-Madero en la formulación del programa para conmemorar los asesinatos de Madero y de Pino Suárez.[40] Hacia noviembre de ese año, el gobierno ya había establecido el Comité Oficial para las Conmemoraciones Patrióticas, que cooperaría de nueva cuenta con la Agrupación Pro-Madero para organizar las actividades del gran día. Además de la ceremonia ante la tumba de los héroes y de la velada, ya tradicionales ese día, Adalberto Tejeda, secretario de Gobernación, dedicó un busto al revolucionario y mártir yucateco Felipe Carrillo Puerto en el Jardín del Primero de Mayo "de la vecina villa de Tacuba de Morelos".[41] Hacia 1926, el comité oficial incluía representantes de la Agrupación Pro-Madero, así como también del secretario de Gobernación, del Distrito Federal y del alcalde de la ciudad de México. El comité oficial organizó las ceremonias conmemorativas del 22 de febrero y del 20 de noviembre.[42] A pesar de todo, al término del periodo callista, la responsabilidad absoluta de realizar las conmemoraciones había recaído de nuevo en la Agrupación Pro-Madero. La injerencia del gobierno de la República en la rememoración de *la Revolución* había resultado fugaz y provisional, pero anticipatoria. En breve tiempo, el gobierno dominaría por completo y determinaría las formas en que los mexicanos (principalmente los capitalinos) recordarían y celebrarían el comienzo de *la Revolución Mexicana*.[43]

"Un México vigoroso se levanta"

A medida que el Estado posrevolucionario se institucionalizaba a finales de los años veinte y a principios de los treinta, se fueron ideando nuevas tradiciones para conmemorar y celebrar el 20 de noviembre. El gobierno asumió casi por completo la responsabilidad de organizar las actividades del día y otorgó a la festividad cívica una significación nunca antes vista. En 1936, el Congreso decretó que, en adelante, el 20 de noviembre sería un día de fiesta nacional. A comienzos de los cuarenta, la parte de las actividades del día dedicada a las ceremonias conmemorativas tuvo lugar en el recién inaugurado Monumento a la Revolución (véase capítulo 5). No obstante, el festejo principal de cada día de la Revolución, desde 1930, ha sido el desfile deportivo. El deporte se convirtió en metáfora, no de la Revolución de 1910 como hecho histórico, sino de los beneficios de *la Revolución* en el presente y su promesa para el futuro, materializados en los cuerpos sanos, fuertes y disciplinados de los jóvenes.

Durante el periodo de entreguerra, la importancia del deporte se fue incrementando en México y en las sociedades occidentales en general. Como lo señala Eric Hobsbawm, en Europa el deporte se convirtió en "una expresión de lucha nacional, y los deportistas en representantes de su nación o Estado, expresiones primarias de sus comunidades imaginarias".[44] De manera similar, el deporte alcanzó mayor importancia y visibilidad dentro de la sociedad mexicana: se enviaron equipos a participar en las Olimpiadas de París (1924) y de Amsterdam (1928); los primeros Juegos Centroamericanos y del Caribe se llevaron a cabo en México en 1926, y el país se afilió a la comunidad mundial de futbol *soccer* en 1929. Al comenzar 1928, el Distrito Federal comenzó a organizar miles de competencias atléticas cada año.[45] El apoyo al deporte y al atletismo en México reflejaba el espíritu de los tiempos, pero también favorecía a dos objetivos "revolucionarios" y nacionalistas por igual: el respaldo al mejoramiento físico de los mexicanos y la formación de atletas capaces de representar exitosamente a México en competencias internacionales.[46]

Desde los comienzos de la década de los años treinta, los deportes en equipo se fueron asociando con la mayor parte de los días cívicos en los pueblos mexicanos. Los maestros de escuela vieron en el deporte un instrumento para transformar las costumbres y los valores campesinos, amén de promover el patriotismo y el conocimiento de la historia. Los políticos consideraron a los equipos locales y regionales como otra forma de establecer relaciones políticas. De este modo, escribe Mary Kay Vaughan, "los aspirantes al poder local, regional y nacional encontraron en la competencia deportiva un catalizador para la legitimación y un mecanismo para la formación del Estado".[47]

El 20 de noviembre de 1929, el presidente Portes Gil inauguró las nuevas instalaciones militares de Balbuena y presenció el primer desfile deportivo, que consistió en carros alegóricos y tablas gimnásticas representativas de los deportes cultivados por las diferentes áreas de la milicia.[48] En las inmediaciones, el jefe del Departamento Central, José Manuel Puig Casauranc, inauguró oficialmente el Centro Social y Deportivo para los Trabajadores Venustiano Carranza. Este impresionante complejo deportivo incluía un gimnasio, una pista olímpica, una alberca y varios campos de juego, así como una biblioteca, una sala cinematográfica, una clínica y una guardería.[49] Desde entonces, y en buena medida, cada 20 de noviembre sería identificado con el deporte.

Al año siguiente, el director general de Educación Física del Departamento Central, en coordinación con el nuevo partido oficial, el PNR, organizó el primer desfile deportivo a todo lo largo del centro simbólico de la ciudad de México (en 1932, treinta mil atletas portaron banderas mexicanas en las que estaban inscritas las las iniciales del PNR).[50] Las diferentes dependencias del gobierno nacional, los estados de la Federación y las distintas armas de la milicia proveyeron contingentes de atletas coloridamente uniformados, cada uno de los cuales representaba un deporte en particular o una actividad atlética: beisbol, basquetbol, boxeo, voleibol, tenis, ciclismo, polo y futbol, entre otros. En el primer año del desfile, y en los subsiguientes, las "mesnadas de charros", ataviadas a la usanza de su región de origen, arrancaban los vítores. Muy probablemente alrededor de treinta mil "atletas" (muchos de los participantes, como se supo años después, eran burócratas que portaban uniformes deportivos) desfilaron frente al presidente Ortiz Rubio, quien los saludó desde el balcón del Palacio Nacional, en el Zócalo. El desfile, observó *Excélsior*, "ha sido un augurio para el porvenir de nuestra patria, de que contará en lo futuro con una generación sana de cuerpo y alma".[51]

Desde ese día, hasta el día de la Revolución más reciente, la ciudad de México, todas las capitales de los estados y muchos poblados pequeños han presenciado, año con año, el desfile deportivo. Durante los años treinta y cuarenta, los organizadores trataron de que cada festejo superase al precedente. El desfile se adjetivaba como "magno", "gigantesco" y "majestuoso", en vista del aumento progresivo del número de atletas participantes y de las horas de entretenimiento. Un espectáculo había nacido. En 1935, se informó que el desfile duró más de cinco horas y, en 1939, se estimaba que cincuenta mil "deportistas y mujeres" habían participado en un desfile de seis horas.[52] Después de la Segunda Guerra Mundial, los desfiles disminuyeron de tamaño, pero los participantes, admitían los organizadores, eran ahora "auténticos deportistas", a diferencia de "años atrás", cuando veían "desfilar a burócratas, campesinos y obreros uniformados de deportistas".[53]

Por su parte, la competencia atlética fue una tradición inventada erráticamente, que fue surgiendo con el desfile deportivo; pese a ser menos teatral, no por eso deja de ser un elemento estructural común a todos los festivales del mundo.[54] En 1930, el organizador del desfile también realizó los Juegos Nacionales de la Revolución. Ante el presidente, más de ocho mil atletas juraron competir con honestidad y dando lo mejor de sí mismos.[55] Sin embargo, no fue sino hasta 1941 cuando los juegos aparecieron de nuevo como parte integral de las festividades. Instaurados en 1930, los Juegos Nacionales de la Revolución involucraron a atletas *amateurs*, varones y mujeres, en cerca de veinticinco disciplinas deportivas. "Además de rendir honor a la Revolución y a sus propósitos de desarrollo nacional y de prestigio internacional", escribe Joseph Arbena,

> los juegos fueron ideados para impulsar las habilidades de entrenamiento y de desempeño; para suscitar el interés de la nación en el deporte; para construir la solidaridad nacional; para fortalecer los vínculos de lealtad entre los ciudadanos y todas las entidades federales, y para inculcar en las masas la práctica de la organización y la disciplina que las prepararía para el servicio militar obligatorio [...]. Después del acto, el profesor Graciano Sánchez declaró que la vida, el disfrute, la agilidad y los logros asociados con las festividades contrastaban radicalmente con la muerte y la desolación asociadas al recuerdo de la Revolución.[56]

Los juegos revolucionarios tuvieron lugar nuevamente en 1949. En 1951 y en 1952, sin embargo, los Juegos Estudiantiles fueron llevados a cabo en noviembre para conmemorar a *la Revolución* y, en 1952, para inaugurar el estadio de la recién construida Ciudad Universitaria de la UNAM.[57] Casi dos décadas después, durante los primeros años de la década del setenta, una serie de "juegos deportivos para la juventud campesina" fue organizada para los atletas de los ejidos de México.[58] Los Juegos de la Revolución fueron revividos a finales de los años setenta y a principios de los ochenta.[59]

La razón por la que los organizadores de las festividades del 20 de noviembre adoptaron los deportes y el atletismo como el símbolo y el modo principal de celebrar a *la Revolución,* es algo que sólo puede ser conjeturado. Sin embargo, con el transcurso de los años, un conjunto bastante coherente de explicaciones ha sido apoyado por políticos y periodistas. La juventud sana, disciplinada y competitiva que desfilaba ante el Palacio Nacional y ante la nación cada año, a decir de los que escribían sobre ella, demostraba que los sacrificios de quienes pelearon en el conflicto, así como los esfuerzos de los regímenes de *la Revolución*, no habían sido vanos.[60] En 1931, el presidente Ortiz Rubio dijo a los participantes del desfile que representaban el "vigor y el futuro de la vida nacional de México". El antiguo presidente Calles agregó que "ésta es la culminación del trabajo de la Revolución".[61] En este día, en la ciudad de México y en todas las capitales de los estados, había grandes desfiles de deportistas y atletas, organizados por el gran Partido Nacional Revolucionario, "que involucra toda la gran familia revolucionaria que ha logrado cristalizar todos los anhelos de mejoramiento social", escribió Rafael E. Melgar en el *Calendario nacionalista* de 1935.[62] En 1949, un par de miembros del gabinete opinaron: "El desfile fue brillantísimo. Constituye una demostración del progreso en materia social. El grado de adelanto a que se ha llegado en materia deportiva simboliza esta etapa de la Revolución Mexicana".[63] Los atletas y el desfile mismo simbolizaban a *la Revolución* como una fuerza saludable y viviente en la historia de México, que marchaba confiada hacia el futuro. En palabras de Luis I. Rodríguez, en nombre del presidente Cárdenas en 1935, el desfile inspiró al presidente a vislumbrar "un México pujante, más fuerte y mejor forjado en el yunque vigoroso de la Revolución".[64]

Sin lugar a dudas, el desfile anual en el Zócalo contrastaba drásticamente con el desfile por el aniversario de la Revolución en la Plaza Roja de Moscú. En tanto que el rostro "revolucionario" presentado por la Unión Soviética ante sí misma y ante el mundo, estaba fuertemente militarizado, el "desfile deportivo" mexicano tenía un carácter pacifista, si no es que antimilitarista.[65] En 1939, se excluyó del desfile a los contingentes que portaran "uniformes a la usanza militar".[66] De acuerdo con Adolfo Orive Alba, un funcionario del gabinete, el desfile de 1950 "reflej[aba] que todos los mexicanos estaban dedicados al trabajo y a las diversiones sanas, como el deporte".[67] El diputado federal Luis Farías, en 1957, declaró que el 20 de noviembre no era una fecha que simbolizara la "violencia armada", sino "un estado espiritual, como pueden ser las aspiraciones y los planes, y no tanto un suceso militar".[68] En 1984, según dos reporteros, "México [era] el único país en el mundo que conmemora[ba] una guerra —que eso fue la Revolución de 1910— con un desfile deportivo, como el que [en el día anterior] había constituido una manifestación de fraternidad, nacionalismo y solidaridad".[69] Los soldados también participaban en los desfiles, pero no armados ni uniformados, sino como jugadores de beisbol, boxeadores y gimnastas que portaban bates, pelotas y guantes.

Durante la Segunda Guerra Mundial, por el contrario, la organización del desfile estuvo a cargo de la comandancia de la Primera Zona Militar y la celebración se convirtió en un "desfile cívico-militar y deportivo".[70] Los soldados ocuparon el lugar de los atletas, y los batallones y uniformes militares sustituyeron a los contingentes y atuendos deportivos. Pero así como los burócratas, los trabajadores y los leales al partido desfilaron en calidad de "atletas" antes de la guerra, al comienzo de 1942 se vistieron de verde olivo y marcharon en calidad de "batallones". En noviembre de 1945 la ropa deportiva volvió a imperar, y veinticinco mil atletas distribuidos en sesenta y cuatro contingentes desfilaron durante cuatro horas.[71]

Los desfiles también constituían medios propagandísticos para cada dependencia del gobierno y para la burocracia estatal en su conjunto. Ese día, la imagen tradicional del oficinista gris se abrillantaba considerablemente, en la medida en que los uniformes coloridos convertían al burócrata anónimo en vigoroso atleta. Los organismos estatales competían entre sí para exhibir los contingentes y los carros alegóricos más llamativos. Bajo el disfraz del atletismo, en realidad desfilaba la burocracia gobernante.

Los desfiles son monumentos vivientes. Dice Clifford Geertz que "las historias que un pueblo cuenta sobre sí mismo".[72] La ruta del desfile, su itinerario simbólico por monumentos históricos y por centros sacros, exalta su poder, así como renueva el significado de los espacios familiares y cotidianos. Louis Marin indica que "el desfile es, de este modo, un aparato del arte de la memoria".[73] Los desfiles del 20 de noviembre en la ciudad de México han seguido siempre las rutas "históricas". Comienzan en la avenida 20 de Noviembre (nombrada así en 1933 y construida en los cinco años siguientes), desde la que entran a la Plaza de la Constitución, el Zócalo, centro sagrado de México desde los tiempos de los aztecas.[74] En el Zócalo, caminan frente al balcón central del Palacio Nacional, donde el presidente y algunos miembros del gobierno pasan lista a muchos de los contingentes de atletas. Los participantes salen del Zócalo por la avenida Cinco de Mayo y toman la avenida Francisco I. Madero, y luego la avenida Juárez (frente al Hemiciclo a Juárez) hacia el Monumento a la Revolución. El desfile es una procesión a lo largo de la historia de México, su versión dominante (la liberal).

Después de que fue construido el Monumento a la Revolución, localizado en la Plaza de la República, los solemnes rituales conmemorativos de ese día cívico comenzaron a tener lugar allí. Bajo la gigantesca cúpula del monumento, cobijada por la bandera, los oradores ensalzaban las virtudes de *la Revolución* (y la inquebrantable lealtad hacia ella del régimen vigente), las bandas tocaban el Himno Nacional y corridos revolucionarios, y los presidentes prendían condecoraciones y medallas a los miembros de las Fuerzas Armadas y a veteranos de la Revolución.

Al comienzo de la década de los años cuarenta, la llama simbólica de *la Revolución*", una tradición recién inventada, fue añadida al repertorio de los rituales conmemorativos del 20 de noviembre. Corredores de relevos, por lo general campeones nacionales, transportaban la Antorcha de la Llama Simbólica de la Revolución, de la casa de Aquiles Serdán, en Puebla, hasta el Monumento a la Revolución, una distancia de 132 km. Este nuevo acto simbólico, inspirado en los Juegos Olímpicos, subrayaba la relación entre el atletismo y *la Revolución*, así como la permanencia de la Revolución viviente.[75]

Haber depositado los restos de la mayoría de los líderes revolucionarios más importantes en las columnas del Monumento a la Revolución ha fortalecido, con el paso de los años, el significado del monumento y de los rituales del 20 de noviembre efectuados bajo su cúpula. Las cenizas de Venustiano Carranza fueron trasladadas ahí en 1941, en ocasión del aniversario de la Constitución de 1917. El eje de la conmemoración de 1960 fue el traslado de los restos de Francisco I. Madero desde el Panteón Francés. "Todo el mundo se llenó de intensa emoción patriótica, al presenciar la reverencia y admiración con la que el licenciado López Mateos tomó entre sus manos la urna y la colocó en la cripta donde los restos del gran iluminado, Francisco I. Madero, a partir de ayer, descansarán por siempre", leemos en *El Nacional*.[76] El traslado posterior de los restos de Francisco Villa, Lázaro Cárdenas y Plutarco Elías Calles sólo contribuyó a agrandar el aura sagrada del monumento y de los rituales que en él se llevan a cabo.

Conclusión

Las conmemoraciones del 20 de noviembre evolucionaron a partir de ciertos rituales cívicos de poca envergadura hasta convertirse en un espectáculo grandioso promovido por el Estado. Un día de remembranza fue transformado, con el transcurrir del tiempo, en propaganda para el proyecto estatal y para la burocracia. Esta transformación no fue sino un ejemplo más de la creatividad política de los hombres que idearon la "institucionalización" de *la Revolución*. El grupo de realistas inflexibles que construyeron las instituciones y disciplinaron a las distintas facciones también implantaron lo que hoy llamamos un discurso hegemónico, comunicado por medio de fechas conmemorativas, monumentos públicos y la historia oficial. El espectáculo del 20 de noviembre fue, y es, tan sólo una parte de dicho discurso.

Cabe preguntarse ¿cuál es el significado de este festejo? La cuestión no es tan simple o excepcional como pudiera parecer. Eric van Young aporta algunas directrices para decodificar como textos los dramas simbólicos.[77] Primeramente, Van Young pregunta: ¿qué representa el ritual cívico y cómo logra su representación? El festival del 20 de noviembre representa a *la Revolución*, por supuesto, con su pasado, presente y futuro. La ceremonia en el Monumento a la Revolución —con sus alusiones históricas plasmadas en discursos y corridos, en la presencia de los veteranos y en la grandiosidad del monumento mismo— mira desde el presente hacia el pasado. El desfile deportivo representa, no a *la Revolución* en sí, sino al triunfo de *la Revolución* en el cultivo de un pueblo joven, fuerte y sano y, de esa manera, mira desde el presente hacia el futuro.

La segunda pregunta que plantea Van Young es más difícil de responder: ¿qué hace un ritual cívico, es decir, qué funciones sociales, culturales o políticas ejerce? Todos los que instituyen o se adhieren al ritual cívico afirman que la respuesta es más que obvia: el ritual hace lo que es. En el caso del 20 de noviembre, el día festivo y los rituales que lo acompañan celebran *la Revolución*, su continua puesta en práctica en el presente, y su anticipado triunfo en el futuro. La nación rinde homenaje al pasado y, por ello, resulta más fuerte, más sabia y, sobre todo, más unificada. Los estudiosos del ritual cívico afirman que hay "funciones latentes" incorporadas en él, que sirven para propósitos más discutibles. La celebración ritualista es (de hecho) la autorización del *statu quo* político con base en su continuidad y sus logros. El día de la Revolución autoriza, justifica y legitima al partido oficial, al régimen en el poder y al Estado posrevolucionario, dado que cada una de estas instituciones asegura descender de *la Revolución* misma y se autoproclama como la ejecutora de las promesas de la Revolución.

5
EL MONUMENTO: SOBRE LAS RUINAS DEL ANTIGUO RÉGIMEN

Por más de veinte años, el horizonte de la ciudad de México estuvo dominado por el andamiaje de hierro del Palacio Legislativo Federal, el capitolio nacional, concebido para ser uno de los triunfos artísticos de la arquitectura porfiriana. El edificio más importante que el régimen planeó construir nunca se terminó. Como dicen los mexicanos "¡Así pasan las glorias del mundo!" —*sic transit gloria mundi*—. Durante los años treinta, la ruina se convirtió en un monumento moderno, un arco triunfal para conmemorar a *la Revolución*. La historia de México fue rehecha, literal y físicamente, en hierro, piedra y bronce. La "tradición revolucionaria" asumió forma y consistencia física.

El propósito más evidente de los monumentos conmemorativos es la evocación y la celebración del pasado en el presente. Son construidos para rememorar a los héroes y a los sucesos por varias razones, no siempre evidentes. Como exhortación a imitar a los predecesores ilustres, los monumentos instruyen a los ciudadanos de hoy y de mañana sobre lo que deben creer y sobre cómo han de conducirse. En tanto que símbolos de la gloria y los triunfos nacionales, los monumentos promueven la solidaridad horizontal y la vertical, es decir, incitan a las personas de diferentes localidades, clases y etnias, así como de distintas generaciones, a percibirse a sí mismas como un pueblo, como una nación. En este sentido, los monumentos son instrumentos vitales para inventar y sostener toda una variedad de "comunidades imaginadas". En tanto iniciativas por parte de los estados y los regímenes, los monumentos refuerzan la continuidad, real o supuesta, entre los gobernantes del presente y los sucesos y héroes fundamentales para la historia, con lo cual confieren a los líderes la sanción y la legitimación de un pasado al que se venera.[1]

Ciertos monumentos son diseñados con objeto de crear un escenario para las representaciones rituales. La creación de un espacio especial monta el escenario para una concentración de sugerencias de naturaleza política. Algunos monumentos llegan a ser identificados con celebraciones recurrentes en el calendario. El monumento, el escenario, la representación y el día en particular se combinan para evocar la reafirmación simbólica de que el Estado, el régimen o el líder son leales a aquellos que la comunidad considera sus padres fundadores, y que la autoridad, por ende, es legítima.[2] Vistos como escenarios para la representación conmemorativa, los monumentos incitan al pueblo no sólo a recordar, sino a recordar en comunión, con lo que se afirma la solidaridad y la unidad del grupo.[3]

A semejanza de los templos religiosos, ciertos monumentos conmemorativos transforman el espacio para poner de manifiesto el carácter sacro de la historia. Esta transfiguración se efectúa por medio de varios simbolismos que confieren un significado especial al origen, la construcción y la historia del monumento, así como por rituales recurrentes que estimulan la intersección del tiempo sagrado con el espacio sacro, otorgando así vida al monumento y transformando a sus visitantes. Un monumento que se convierte en templo cívico sagrado o altar de una religión cívica (fundada en el nacionalismo o en una ideología política en particular) es un instrumento político muy poderoso, capaz de inspirar la lealtad de las masas para con el Estado, la identificación con los gobernantes y el sacrificio por aquellas comunidades imaginadas que se llaman "la nación", "el pueblo" o "la Revolución".[4]

A veces, en el ámbito de la política, el pasado es terreno de pugnas. La memoria colectiva se construye; James E. Young nos lo recuerda: "Hay consecuencias tangibles en la clase de comprensión de la historia que generan los monumentos". Los monumentos conmemorativos y las celebraciones cívicas dan forma, institucionalizan y diseminan determinadas versiones del pasado en tanto que, simultáneamente, excluyen, suprimen y deprecian otras versiones o tradiciones. Cuando resultan exitosos, pasan a formar parte de una ideología o de un discurso de mayor amplitud, que emplea mitos y símbolos para mover a la lealtad y al patriotismo (léase el conformismo y la obediencia) al régimen, al Estado y a la nación.[5]

El Monumento a la Revolución es uno de los puntos de referencia más notables de la ciudad de México y el monumento conmemorativo más impresionante del país. Es un gigantesco texto de hierro y piedra escrito para reflejar y materializar la memoria colectiva de la nación. Conlleva en sus orígenes, construcción, forma y partes escultóricas, casi todos los elementos que durante más de dos décadas han ido conformando el discurso de la memoria revolucionaria. El monumento fue construido por la "familia revolucionaria", de acuerdo con una nota periodística de 1937, "para perpetuar la memoria de la Revolución Social Mexicana".[6] Los historiadores actuales indican que fue construido con el propósito de robustecer la legitimidad y la autoridad de la elite posrevolucionaria en el poder, "un tributo que el gobierno institucional hizo para sí mismo".[7] Estos propósitos, sin lugar a dudas, son compatibles, pero no explican cabalmente al monumento.

Fundamentalmente, el monumento fue construido para unificar simbólicamente a *la Revolución*, y para restañar las heridas de la memoria. Esta intención, más que ninguna otra, explica por qué y cuándo fue construido. Representa uno de los primeros esfuerzos oficiales por transformar las discordantes tradiciones revolucionarias de México y hacerlas converger en una sola "tradición revolucionaria". El diseño original buscaba separar de tajo el personalismo de la idea de *la Revolución*. La "tradición revolucionaria", sin embargo, no se muestra hostil al personalismo y al culto de los héroes revolucionarios: se opone a la idea y a la práctica de glorificar a un solo héroe por encima de los otros. El monumento llegó a encarnar íntegramente la tradición cuando recibió tiempo después los restos mortales de muchos de los caudillos revolucionarios, al convertirse en el panteón de *la Revolución*.

La historia, en bronce

La demolición de estatuas marcaba el comienzo de una nueva era en el antiguo Egipto, como lo ha hecho también en la Rusia posrevolucionaria. Con frecuencia, los levantamientos políticos cruciales han sido acompañados por la destrucción total de iconos, la violencia simbólica contra el régimen depuesto.[8] Sin embargo, la derrota y el descrédito del régimen de Porfirio Díaz no pueden ser asociados con ningún estallido iconoclasta. Esta falta de violencia simbólica es particularmente notoria y significativa debido a que el Porfiriato fue la primera gran etapa de construcción de monumentos conmemorativos en la historia moderna de México. Los mexicanos forjaron su historia mítica en bronce.[9]

El triunfo del liberalismo sobre sus enemigos domésticos y extranjeros hacia 1867 permitió, finalmente, una celebración unánime y clara del pasado liberal de México. Charles A. Hale indica que, ya en el Porfiriato, el liberalismo se había convertido en un mito políticamente unificador. Los porfiristas consideraban a la lucha por la Independencia en 1810, y a las luchas por la Reforma y el gobierno republicano durante las décadas de 1850 y 1860, como dos etapas de un proceso sociopolítico continuo. El régimen de Díaz adoptó y fortaleció este mito político unificador con el fin de reconciliar a los partidarios de todas las facciones liberales, y para presentarse a sí mismo como el digno sucesor de la gloriosa tradición liberal.[10] Llevó tiempo (y dinero), porque este afán por hacerse presente requirió de piedra y metal.

No fue sino hasta 1885 cuando Ignacio Manuel Altamirano se quejó de que "disponemos de un número muy corto de monumentos cívicos, sea por las guerras intestinas, por las prioridades en el uso de los mejores materiales, o porque la prensa o los artistas mismos no promovían con empeño la erección de monumentos públicos a los héroes, y por último, quizás a causa de la apatía, que es como el fondo de nuestro carácter".[11] Altamirano enumeraba tan sólo cinco monumentos (erroneamente porque había más, aunque no muchos más), todos en honor de héroes de la Independencia. El esfuerzo, sin embargo, estaba ya en vías de cristalizar. Durante el fértil cuarto de siglo de 1885 a 1910, la tradición liberal de México fue inmortalizada en piedra y metal. Carlos Monsiváis ha hecho notar que México padeció "¡un diluvio de estatuas!".[12]

En 1877, el gobierno decretó que las tres glorietas del Paseo de la Reforma en la ciudad de México fuesen destinadas para ubicar los monumentos dedicados a Cuauhtémoc —el último emperador azteca—, a los héroes de la lucha por la Independencia y a los de la Reforma.[13] El monumento a Cuauhtémoc fue inaugurado en 1887 y representó el primer gran monumento conmemorativo del México moderno. Dos estatuas adicionales de guerreros aztecas (hasta la fecha conocidos popularmente como "los Indios Verdes" por su verde pátina de cobre) fueron erigidas a cada lado de la entrada al Paseo en 1891.[14] Entre 1889 y 1900, treinta y seis estatuas, la mayoría dedicadas a héroes de la Independencia y de la Reforma, fueron levantadas a lo largo del Paseo de la Reforma. Cada estado de la República fue invitado a inmortalizar a dos de sus hijos y, de este modo, a compartir también el costo del proyecto. En ocasión del centenario del nacimiento de Benito Juárez en 1906, se inició la construcción del Hemiciclo a Juárez, situado en la Alameda, sobre la avenida Juárez. El Hemiciclo, de estilo griego, en el que un Juárez sedente está flanqueado por columnas dóricas de mármol blanco, fue inaugurado en 1910.[15]

"La manía por erigir estatuas está tomando las proporciones de una epidemia en México", hacía notar *El Universal* en 1892.[16] El que la Fundición Artística Mexicana fuese instituida el mismo año contribuyó extraordinariamente a la propagación de la "epidemia". Bajo la dirección artística de Jesús F. Contreras, la fundición produjo veinticuatro de las treinta y seis estatuas que serían alineadas por el Paseo de la Reforma. Además, el mismo Contreras produjo la mayoría de los monumentos conmemorativos más impresionantes que se hayan erigido en los estados a finales del Porfiriato: el monumento a la Independencia en Puebla (1898), el monumento a Manuel Acuña en Saltillo, Coahuila (1897), el monumento (ecuestre) al general Jesús González Ortega en Zacatecas (1898), los monumentos (ecuestres) al general Ignacio Zaragoza en Puebla y en Saltillo (1896-1897), y los seis bustos de Benito Juárez que fueron ampliamente distribuidos en el país.[17]

La producción masiva de monumentos públicos florecía simultáneamente en Europa occidental y en Estados Unidos tanto como en México.[18] Los monumentos mexicanos tendían a ser diseñados de acuerdo con la moda: opulenta decoración alegórica de un tema histórico en estilo clásico, neoclásico, *art nouveau* y, algunas veces, nacionalista o neoindigenista.[19] "El monumento más grandioso del país",[20] la Columna de la Independencia, por ejemplo, está inspirada en la columna de la plaza parisina Vendôme. Fue adornada con esculturas de los padres fundadores de la nación, águilas nacionales, un león, mujeres sedentes y objetos como medallones, laureles y escudos de armas que representaban distintos aspectos de la nación, de la República liberal y su historia, así como ideas y valores abstractos. El colosal Ángel de la Independencia en bronce (una representación alada de la victoria), con una corona de laurel en una mano y una cadena rota en la otra, fue colocado sobre el capitel.[21] Aunque fue prevista en el plan de 1877 para el Paseo de la Reforma, la columna no fue inaugurada sino hasta el 16 de septiembre de 1910, en el centenario del hecho que estaba siendo conmemorado.[22]

Mediante monumentos conmemorativos y celebraciones cívicas, el México azteca, la Independencia, la Reforma y el régimen de Díaz fueron impuestos simbólicamente, creando una tradición liberal unificada. De este modo, el pasado glorioso fue sistematizado para sancionar el presente. El régimen porfirista, como resultado, no erigió monumentos dedicados a sí mismo —que hubieran delatado una conciencia propia—.[23] A pesar de ello, hubo una frustrada excepción. El arquitecto italiano Adamo Boari dibujó en 1900 los planos de un monumento para glorificar a Porfirio Díaz, aunque no se sabe si alguna vez el régimen consideró seriamente construirlo. Se trataba de un ejemplo supremo de exceso decimonónico: una base a modo de pirámide azteca, decorada con ángeles y cactos mexicanos, la cual sostenía un templo neoclásico sobre el que se asentaba una estatua ecuestre de Díaz. A decir del crítico de arte Justino Fernández, el diseño era "una locurita romántica".[24]

Los monumentos propios del régimen no eran alegóricos sino utilitarios: ferrocarriles, puentes y, en especial, majestuosos edificios públicos que pregonaban el poder, el progreso y el estilo del México porfirista. El proyectado Palacio Legislativo Federal fue concebido para convertirse en el monumento sin par de la gloria porfiriana. El gobierno lo inició en 1897, presupuestó cinco millones de pesos y organizó un concurso internacional para obtener el mejor diseño. El ganador, el arquitecto italiano Pietro Paollo Quaglia, murió antes de que la construcción comenzara. Cinco años después, el gobierno designó al arquitecto francés Émile Bernard para diseñar el edificio. El plan de 1904 de Bernard incluía una gran estructura al estilo neoclásico del Capitolio de Estados Unidos, con algunos toques característicos del Renacimiento francés. La estructura de hierro debía ser recubierta de mármol italiano y granito noruego. Las grandes escalinatas y las columnatas sse situarían frente a la fachada. Una imponente cúpula emergería del centro y quedaría rematado con una escultura monumental que representase al águila nacional. Durante los seis años siguientes se construyó la estructura de hierro, y durante los festejos del Centenario en 1910 el presidente Díaz puso la primera piedra.[25] En la ceremonia, el diputado federal José R. Aspe indicó que "hoy colocamos la primera piedra de lo que será el templo auténtico y soberbio de la legislatura mexicana".[26]

En vista de que los revolucionarios de 1910, y de las décadas subsiguientes, se consideraban a sí mismos como los herederos legítimos de la tradición liberal mexicana (y repudiaban al régimen de Díaz por considerarlo una desviación de dicha tradición), acogieron el mismo panteón de héroes nacionales que había sido glorificado por el porfirismo. Los revolucionarios no tuvieron la necesidad de derruir estatuas y monumentos del viejo régimen; por el contrario, se las apropiaron mediante la realización de celebraciones anuales y, en algunos casos, las invistieron con significados nuevos y mayores. El monumento que conmemora el centenario del sitio de Cuautla, en la plaza de la Ciudadela de la ciudad de México, fue iniciado durante el régimen de Díaz, completado durante la administración De la Barra e inaugurado en 1912 por el presidente Madero en la fecha precisa: el 2 de mayo.

Los funcionarios revolucionarios se reunían cada aniversario del natalicio de Juárez en el Hemiciclo para honrar al excelso reformador y proclamar su lealtad a la causa.[27] Durante la década de los años veinte, la Organización Patriótica y Nacional de Festividades Populares, con aprobación y apoyo oficiales, designó al Hemiciclo como sede para el rito anual de conmemorar la firma de la Constitución de 1917. De este modo, el gran legislador liberal del siglo XIX quedó ligado a *la Revolución*, a la agenda revolucionaria y al sistema político al que supuestamente regulaba.[28]

Los restos de Hidalgo, Allende, Aldama, Jiménez y muchos otros héroes de la lucha por la Independencia fueron trasladados en 1925 de la catedral metropolitana a una cripta recién construida en el interior de la Columna de la Independencia. En parte, esta ceremonia fue organizada por la Agrupación Pro-Madero. En 1929, el gobierno nacional montó una guardia de honor en la columna. "De este modo, la Columna de la Independencia, simple monumento en 1910, fue convertida en sepulcro de nuestros libertadores en 1925, y en altar de la gratitud de un pueblo en 1929".[29]

El Porfiriato había legado a la nación un cúmulo de monumentos conmemorativos que los revolucionarios adoptaron sin titubeos. La Independencia, la Reforma y ahora *la Revolución* se conjuntaron para integrar la nueva trinidad de la historia nacional mexicana, las tres etapas de la batalla continua y sin final para hacer y para forjar a México. El México revolucionario también aceptó, incorporó y, en un caso notable, completó los grandes edificios públicos del Porfiriato. El Antiguo Régimen sólo dejó dos palacios inconclusos. El régimen de Madero continuó la construcción del Palacio Legislativo Federal en 1911-1912, hasta que se agotaron los fondos para el proyecto. La construcción de un teatro nacional, diseñado por Boari e iniciado en 1904, también fue interrumpida en 1911. Este edificio estaba mucho más próximo a ser concluido (sólo faltaba el domo de mármol sin tratar) que el Palacio Legislativo. El edificio fue terminado y su interior decorado en 1932-1934, y se le nombró Palacio de Bellas Artes. Este glorioso monumento al estilo *art nouveau* constituyó el verdadero monumento a Porfirio Díaz que le rindieron Boari y México.

El culto a los mártires

Durante las dos décadas siguientes a 1911 no hubo un "diluvio de estatuas" similar. Sin duda alguna, la guerra civil, la inestabilidad gubernamental y la preocupación por ganar algunos de los pocos pesos en circulación constituyen las razones principales para tal falta de atención. El Estado y los gobiernos nacionales aseveraron que las mejoras sociales y las obras públicas —escuelas, parques deportivos, ejidos y sistemas hidráulicos— realizadas por ellos conformaban los auténticos monumentos a *la Revolución*. Muy probablemente, hubo también cierta resistencia basada en una mentalidad supuestamente revolucionaria. Como lo hizo notar un periodista, cuando las revoluciones comienzan a erigir estatuas, demuestran que han perdido interés en la acción, "entran a la [etapa de] presunción ilimitada de epílogos burgueses".[30]

Durante la segunda y la tercera décadas del siglo XX, los gobiernos nacionales siguieron poco comprometidos con las conmemoraciones de *la Revolución*, ya fueran mediante ceremonias o en piedra. Esta aversión de la cultura oficial mexicana a las actividades conmemorativas no quiere decir que no las hubiera. El vacío simbólico oficial fue ocupado por intereses partidistas y regionales que reclamaban a *la Revolución* como suya, en tanto que le negaban esta legitimidad a sus rivales y a sus enemigos, pasados y presentes. La memoria colectiva del México posrevolucionario fue moldeada por el anárquico y variopinto conjunto de expresiones provenientes de las tradiciones revolucionarias en competencia. El mismo pasado revolucionario se convirtió en un territorio disputado.

Durante estas décadas, y casi por inercia, la actividad conmemorativa cayó bajo la responsabilidad de las facciones revolucionarias y de partidarios devotos. En diciembre de 1911, los seguidores de Aquiles Serdán hicieron la propuesta para el primer monumento revolucionario y organizaron la primera conmemoración anual del asesinato de Madero el 22 de febrero de 1914.[31] Muy a tiempo, este grupo se convirtió en el Bloque de Precursores de la Revolución para los años 1909, 1910 y 1913, que organizó las más notorias conmemoraciones de Serdán, Madero y Carranza.[32] Ya avanzada la década, los maderistas se organizaron en la Agrupación Pro-Madero, que patrocinó las conmemoraciones del 20 de noviembre y del 22 de febrero, en tanto que los carrancistas, gracias a su control del gobierno, conmemoraron cada 26 de marzo, el aniversario de la firma del Plan de Guadalupe, y virtualmente ignoraron el 20 de noviembre. Después de la caída de Carranza, los sonorenses en turno ignoraron el 26 de marzo e hicieron del 20 de noviembre una fiesta nacional. Sin embargo, durante los años veinte, la (recién bautizada) Agrupación Pro-Madero siguió organizando las festividades del 20 de noviembre, en tanto que antiguos carrancistas conmemoraban el Plan de Guadalupe el 26 de marzo. Al comienzo de 1923, la Asociación de los Constituyentes de Querétaro comenzó a rendir homenaje a la firma de la Constitución de 1917.[33]

Durante muchos años, los maderistas intentaron infructuosamente erigir un monumento al "Apóstol de la Democracia". El diario *El Demócrata* comenzó a recaudar fondos en 1917 para una estatua de mármol que constituyera "un recuerdo sempiterno del ilustre fundador de este periódico".[34] En 1920, la Agrupación Pro-Madero lanzó una campaña para levantar un monumento en cada plaza de la

República, "un monumento de la efigie inmortal de Madero en mármol blanquísimo e imperecedero".[35] En ocasión del décimo aniversario del asesinato de Madero y Pino Suárez, la Agrupación Pro-Madero propuso construir un monumento al mártir en la Plaza de la Constitución de la ciudad de México. Aunque el presidente Obregón puso la primera piedra el 22 de febrero de 1923, el monumento nunca fue terminado.[36] Las tumbas de Madero y de Pino Suárez en el Panteón Francés de la ciudad de México se convirtieron *de facto* en monumentos visitados por miles de dolientes cada 22 de febrero y cada 20 de noviembre, y eran cubiertos de coronas florales así como, algunas veces, escoltados por una guardia de honor. No fue sino hasta 1956 cuando la capital erigió un monumento a Madero, una estatua de bronce firmada por Fernández Urbina que fue colocada en la intersección de las avenidas 20 de Noviembre y Fray Servando Teresa de Mier.[37]

Durante los años veinte y los treinta, los cultos partidistas secundarios dedicados a los mártires conmemoraron los asesinatos de Carrillo Puerto, Zapata, Obregón y, finalmente, Carranza, y les construyeron dignos mausoleos y monumentos. Éstas y otras tendencias personalistas, cuyo origen se hallaba en las luchas de facciones de las décadas del diez y del veinte, poseían un mayor interés o preocupación históricos. En 1925, Juan Sánchez Azcona hizo notar que "cada escisión persiste dentro de la Revolución hecha gobierno" y, aún más, dichas divisiones históricas "todavía pesan sobre nosotros".[38] Un ejemplo de la naturaleza híbrida de la política y de la memoria colectiva se halla en una carta que Juan Barragán, carrancista retrógrado, dirigió al candidato presidencial Pascual Ortiz Rubio en agosto de 1929. En ella, Barragán le aseguraba a Ortiz Rubio que la mayoría de los carrancistas apoyaban su candidatura. Jamás podrían favorecer a su oponente, continuaba Barragán, debido a que Vasconcelos jamás "había desperdiciado la oportunidad para denigrar la memoria del señor Carranza2".[39]

Carrillo Puerto fue, tal vez, el revolucionario al que se le dedicaron más monumentos en la década de los años veinte.

El primero, un busto sobre un pedestal elevado fue erigido en Tacuba (Distrito Federal) en 1925 y se convirtió en el punto de reunión simbólico para los manifestantes de los radicales durante la nueva administración callista.[40] Obregón inauguró un monumento en Mérida, Yucatán, durante su campaña presidencial en la primavera de 1928, "un templo y momento para unir por siempre al pueblo de la Península para defender el precioso legado que [Carrillo Puerto nos] transmitió con su sangre".[41] En 1932 el gobierno de Yucatán hizo la propuesta de construir, en anticipación del décimo aniversario del asesinato, uno de los monumentos más grandes de toda América Latina. "[El monumento] proclamará, por muchos años, que la obra de la Revolución y el esfuerzo de sus mártires no pasará inadvertido para las generaciones venideras. Por esta razón, el monumento que construiremos es de grandes dimensiones".[42] Un monumento de dimensiones considerablemente menores fue finalmente erigido.

La "humilde tumba" de Zapata en Cuautla hizo, cada 10 de abril, las veces de escenario para las conmemoraciones del "Apóstol del agrarismo". Durante toda la década de los años veinte, los zapatistas, al igual que los maderistas, presionaron infructuosamente para la construcción de un monumento. "Sintetizar en bronce o en piedra el profundo sentimiento de gratitud que inunda el alma de los campesinos por el Mártir de Chinameca, no es empresa fácil", escribieron los agraristas de la Liga Nacional de Campesinos (LNC). En 1927, la LNC sugirió un monumento a Zapata, pero desprovistos de toda la "vulgaridad del arte burgués", como la acostumbrada en los tiempos porfiristas, sino un monumento "muy mexicano y muy campesino al mismo tiempo" —una pirámide—.[43] Pese a contar con el apoyo de Diego Rivera y con un diseño suyo, la idea languideció. Tres años más tarde, la Liga Central de Comunidades Campesinas marcó la casa que ocupó Zapata en la ciudad de México en 1914 con una placa de mármol.[44] Finalmente, en 1932, un monumento conmemorativo fue erigido en Cuautla por los veteranos zapatistas junto con el gobierno de Morelos. El 10 de abril de 1932, las cenizas de Zapata, depositadas en una urna, fueron colocadas en el interior de la base del monumento. El primer monumento a Zapata sigue siendo uno de los más hermosos. La estatua ecuestre fue una de las primeras piezas de un joven escultor que llegaría a ser leyenda muy pronto: Oliverio Martínez. La composición muestra a un Zapata a caballo, su diestra sobre el hombro de un campesino, que mira al caudillo hacia lo alto. "La nueva estatua hablará de Zapata. No el Zapata real, sino de aquel que, poco a poco, está siendo transformado en el Redentor simbólico".[45]

El mayor monumento dedicado exclusivamente a un solo revolucionario en particular es el de Álvaro Obregón y se encuentra en San Ángel, en el Distrito Federal. A diferencia de la mayoría de los otros monumentos conmemorativos de su tiempo, el de Obregón fue construido por disposición del gobierno nacional. Los obregonistas, muchos de los cuales ocupaban algunas de las posiciones más prominentes en el gobierno, se las arreglaron para elevar —fuese como fuese— el interés simbólico de su facción hasta un rango oficial. El monumento, diseñado por Enrique Aragón, hace recordar a un templo antiguo: una escalinata, flanqueada a cada lado por majestuosas figuras femeninas en piedra, conduce a un pórtico, situado en la base de una pequeña torre.[46] En el interior del monumento, una cámara de dos niveles, en mármol y granito, alberga una estatua de bronce de Obregón. Dos magníficos grupos escultóricos exteriores, obra de Ignacio Asúnsola, lucen unas figuras pétreas que simbolizan al Sacrificio, en uno de los lados, y al Triunfo, en el otro.[47] Aprobado en 1930 y completado cinco años después, se convirtió en el monumento revolucionario más grande del país. "Álvaro Obregón, en el sitio de tu sacrificio", declaró Aarón Sáenz en la ceremonia inaugural, "el país consagra a tu memoria este testimonio en piedra".[48]

La muerte de Obregón permitió el renacer simbólico de Carranza. Varios veteranos carrancistas regresaron del exilio y un nuevo culto al mártir fue organizado. La apoteosis llegaría pronto. En 1929, el gobierno dio el nombre de Carranza a un deportivo militar en la ciudad de México y, en 1931, su nombre (junto con el de Zapata) fue grabado sobre el muro de la Cámara de Diputados, y así añadido al panteón oficial de los héroes nacionales. El 20 de noviembre de 1932, los restos de Carranza fueron transferidos desde su "humilde tumba" en el cementerio de Dolores, honrados durante doce horas en la Cámara de Diputados y, finalmente, inhumados de nueva cuenta en el Panteón de Dolores en la Rotonda de los Hombres Ilustres.[49] Antiguos carrancistas pagaron para erigir una estela —diseñada y esculpida por el Doctor Atl— en el sitio de la muerte de Carranza, en Tlaxcalantongo, Puebla, el 9 de febrero de 1936.[50]

Los grandes caudillos revolucionarios ya habían fallecido hacia la década de los años treinta y el nuevo sistema político "institucional" y el partido "revolucionario" necesitaba más que nunca, todo el apoyo simbólico y toda la legitimidad histórica que pudiera extraer del pasado liberal y revolucionario. Los monumentos dedicados a ciertos caudillos revolucionarios podían canalizar simbólicamente la violencia, pero no resolvían los problemas políticos inherentes a la institucionalización en marcha de *la Revolución*. A principios de 1929 y 1930, el grupo en el poder y sus aliados intelectuales, políticos y del periodismo hicieron énfasis en la unidad política de todos los revolucionarios. Las facciones políticas en pugna del presente se convirtieron en la familia revolucionaria, y las luchas partidistas del pasado se convirtieron en *nuestra madre común: La Revolución*, "la madre de todos: la Revolución".[51] La unificación en el presente dependía, en parte, de que se resolvieran viejas pero aún acres disputas. El faccionalismo perpetuado por el culto a los mártires, advirtió Juan Sánchez Azcona, minaba toda "organización política efectiva [por parte] del pueblo revolucionario".[52] Los cultos a los mártires, por ende, necesitaban ser asimilados a una tradición revolucionaria oficial unificada. "La unidad", declaró Moisés Sáenz en 1929, "es nuestra necesidad más apremiante".[53]

La Revolución hecha monumento

En 1932, los albañiles comenzaron a demoler la estructura de hierro del largo tiempo abandonado Palacio Legislativo Federal en la ciudad de México. El arquitecto Carlos Obregón Santacilia fue a ver de inmediato a Alberto Pani, secretario de Hacienda, para detener el trabajo. Obregón Santacilia creció a la sombra de la estructura, que siempre lo fascinó, a más de que su interés por la arquitectura se desarrolló gracias a ella. El lugar, con sus grandes corredores de metal, sus enormes bloques de mármol y el espacio creado por el gran esqueleto del domo, habían sido su patio de juegos y todavía incitaban su imaginación. El hombre que fue a entrevistarse con el secretario había diseñado algunos de los edificios públicos más innovadores e impresionantes del México posrevolucionario. No obstante, su petición de convertir la estructura en un colosal monumento para conmemorar a *la Revolución* fue rechazada. Obregón Santacilia abandonó la oficina de Pani, según recordaría más tarde, "casi sin ninguna esperanza".[54]

México redescubrió su entusiasmo por los monumentos conmemorativos en la década de los años treinta. Los caudillos de *la Revolución* estaban siendo inmortalizados en piedra y bronce, pero aún no había un monumento a *la Revolución* misma, nada similar en propósito y función a la Columna de la Independencia. Sin embargo, la idea cobraba fuerza. El periódico oficial del Partido Nacional Revolucionario dedicó en 1930 un editorial a señalar que ya era tiempo de dejar de escribir la historia con ánimo partidista y de erigir estatuas a los mártires de las facciones revolucionarias. Un día, proseguía el editorial, un monumento a *la Revolución* será erigido. "No será uno que satisfaga a una facción, sino algo que consagre el verdadero triunfo de nuestra integración racial, cultural y económica, hecho esencial de nuestra civilización. En dicho monumento no habrá agrarismo, ni zapatismo, ni carrancismo ni callismo".[55] Uno de los jóvenes representantes de la escultura nacionalista, Luis Ortiz Monasterio, se sintió atraído por la idea en 1931. Aunque nunca fue construido, su vanguardista diseño titulado *Monumento a la Revolución*, un panteón para todos los héroes revolucionarios, reflejaba la idiosincrasia de la cultura oficial y anticipaba el monumento por venir.[56]

En 1932, la erección del monumento a Zapata en Cuautla desató el debate público sobre si era políticamente prudente y apropiado construir monumentos a caudillos revolucionarios en lo individual. El gobernador de Querétaro intervino de manera decisiva: propuso un concurso nacional de artistas plásticos para diseñar un monumento a *la Revolución* que fuese erigido en su estado, un monumento que cristalizase, de manera definitiva, propósitos e ideales del movimiento. En su decreto, el gobernador Saturnino Osornio hizo un llamado a "todos los antiguos revolucionarios para que olvidaran sus discrepancias, para que dejaran de lado sus rencillas y diferencias personales, para que sucumbieran ante el llamado de *la Revolución* y para que abrieran sus corazones y así latieran al mismo ritmo".[57] Unos meses después, Obregón Santacilia propuso la transformación del andamiaje del Palacio Legislativo Federal en un monumento a *la Revolución*. Era el tiempo propicio.

Después de sobreponerse a su escepticismo inicial, el secretario Pani propuso la idea a Calles, el "Jefe Máximo" y, el 15 de enero de 1933, ambos anunciaron el proyecto oficial para la construcción del Monumento a la Revolución.[58] Juntos propusieron que fuese un monumento de "extraordinaria fuerza conmemorativa", que honrara "el hecho más grandioso de nuestra Historia". Ocho días más tarde, el presidente Abelardo L. Rodríguez aprobó la idea y fundó el Comité del Gran Patronato para el Monumento a la Revolución, que sería presidido por Calles, y él donaría la estructura metálica del Palacio Legislativo Federal al comité.[59]

Obregón Santacilia diseñó un domo colosal sostenido sobre cuatro pilones, estructura que descansaría sobre cuatro columnas. Los cuatro pilares del esqueleto de hierro fueron envueltos en concreto, recubiertos de chiluca (piedra ligera originaria del país), y luego contorneados con piedra volcánica negra y porosa, con lo que se completaron cuatro grandes arcos, cada uno de más de dieciocho metros de ancho y veintiséis de alto. Obregón Santacilia conservó el diseño del edificio original, que incluía un domo hemisférico colocado sobre otro elíptico. Este doble domo evita que la altura de los arcos provoque un efecto minimizador sobre la bóveda hemisférica exterior, que alcanza una altura de sesenta y cinco metros. Se agregaron dos miradores, uno situado en la base y el otro en la parte superior del domo exterior y se construyeron dos elevadores en el interior de los pilares para llegar a ellos. (Desde el mirador superior, las pirámides de Teotihuacan eran claramente visibles en aquellos días anteriores a la contaminación ambiental.) Los cimientos de la plaza fueron elevados varios metros, de manera que se inclinaran, ascendente y gradualmente, hacia la mole, con lo que se resaltó la grandeza de la plaza y con ella la del monumento. Bajo la elevada planta del monumento, se construyeron unos recintos cuya función sería determinada con el tiempo. El estilo del monumento era "regionalismo moderno", una fusión de temas y materiales mexicanos con líneas *art deco*.[60]

En septiembre de 1933, se convocó a un concurso abierto con objeto de encontrar el mejor diseño para los cuatro grupos escultóricos que serían colocados en cada ángulo, en la base del doble domo del monumento. Más de cuarenta escultores participaron en la competencia y cinco fueron elegidos para realizar modelos de yeso a escala real (11.5 metros de altura); dos de esos modelos serían colocados en el monumento para poder determinar el mejor diseño.[61] El ganador, Oliverio Martínez, conocido ya por su estatua ecuestre de Zapata en Cuautla, colocó tres figuras en cada grupo; la escultura central en cada uno de ellos se encuentra de pie y las otras dos están sentadas. El gran tamaño, la claridad y la sencillez de estas figuras, así como su nitidez en el relieve, las hacen visibles y comprensibles a los observadores, de cerca y a distancia. Las vestimentas neutrales les otorgan una cualidad atemporal. Las estatuas de Martínez se presentan fuertes, orgullosas, altivos campesinos y proletarios, soldados y ciudadanos, hombres y mujeres, inconfundiblemente mexicanos —indios y mestizos—.[62] Es aquí, como lo hace notar un crítico, "donde la batalla definitiva ha sido unificada para autentificar el nuevo ideal escultórico del México posrevolucionario".[63]

Obregón Santacilia, Martínez, Calles y Pani propusieron, diseñaron y construyeron un monumento portador de un mensaje, un texto que interpretaba la historia del México moderno en metal y piedra. La revolución que proclamaba y simbolizaba el monumento resultó popular y victoriosa, una continuación de las luchas liberales nacionales pretéritas y, más importante aún, resultó permanente, única y abarcadora, en pocas palabras, toda una *Revolución*.

La revolución del monumento constituía una revolución popular. El monumento fue descrito, en la propuesta oficial, como una "obra colectiva" y "la lucha del pueblo en la conquista por sus derechos". La "sufriente masa de luchadores anónimos", continuaba la iniciativa, no fue menos generosa en su sacrificio que los héroes, mártires y caudillos famosos de *la Revolución* y, por lo tanto, "ellos también merecen ser partícipes de la gratitud nacional".[64]

Desde siempre, la monumentalidad ha significado conquista y triunfo. *La Revolución*, tal como fue interpretada en el cuerpo de este gran edificio, resultó, sin lugar a dudas, triunfante, una victoria del pueblo contra la Reacción. En su propuesta formal, Calles y Pani se refirieron al proyecto de monumento con la frase "un Arco de Triunfo". El origen mismo del monumento significaba el triunfo de *la Revolución* sobre el régimen porfiriano. Como lo hizo notar Obregón Santacilia tiempo después: "de las ruinas del antiguo régimen, del edificio mismo ideado para perpetuarlo, surgió el Monumento a la Revolución Social que lo derrocó".[65] El Monumento a la Revolución, imponente y colosal, fue diseñado para ser, en palabras de Calles y de Pani, "el más grande en la capital de la República", poseedor de "rasgos de belleza y una magnitud de extraordinaria fuerza conmemorativa".[66]

Este monumento a la revolución popular iba a ser financiado por el pueblo mediante suscripción nacional. "El monumento debe provenir del trabajo de todos y para todos", enfatizaba Pani en su carta para reunir fondos entre los gobernadores de los estados.[67] Con frecuencia, los periódicos daban noticia sobre las pequeñas pero onerosas contribuciones provenientes de pueblos distantes y ejidos empobrecidos. Gobernadores y alcaldes organizaban corridas de toros y "auténticas fiestas populares" para recaudar fondos. Guarniciones militares, escuelas primarias y ciudadanos particulares enviaban pequeñas donaciones.[68] La construcción del monumento también tendría un carácter popular y revolucionario. Deliberadamente, la construcción comenzó en ocasión de un aniversario revolucionario y la piedra para el edificio fue cortada por los trabajadores del Sindicato Revolucionario de Talladores de Piedra de la Revolución Mexicana que, según se sabe, había sido la primera organización sindical oficialmente reconocida por el nuevo gobierno revolucionario en 1911.[69]

La versión de *la Revolución* encarnada en el monumento se extendía desde el pasado lejano y proseguía hasta el presente y el futuro. Calles y Pani argüían —en concordancia con el discurso revolucionario originado en la segunda década del siglo— que la"gran Revolución Mexicana" se había desarrollado en tres etapas: la primera, de "emancipación política", constituía la lucha por la independencia nacional en la década del 1810; la segunda, de "emancipación espiritual", incluía a la Reforma y a la lucha contra la intervención francesa en las décadas de 1850 y de 1860; y la tercera, de "emancipación económica", abarcaba la lucha del pueblo, comenzada en 1910, y estaba dirigida contra los privilegiados y en pro de un gobierno popular y de una repartición de la riqueza más equitativa. Los cuatro grupos escultóricos del Monumento a la Revolución deberían reflejar esta continuidad en la lucha.

Desgraciadamente, Oliverio Martínez nunca hizo comentarios sobre el simbolismo que encerraban los grupos escultóricos. Aunque éstos puedan ser "leídos", algunos "pasajes" resultan oscuros en cierto grado. El grupo escultórico situado en el extremo sureste simboliza a la Independencia

Nacional: una figura de un indígena estoico, de pie, es escoltado por una madre con su hijo y por un hombre arrodillado que tiene una cadena rota en sus manos. El grupo del noreste alude a la Reforma: la figura de pie sostiene una espada, en tanto que las dos figuras sedentes portan un libro, que tal vez representa la ley. El grupo del suroeste representa la Redención del Campesino: las figuras son campesinas, sin lugar a dudas; la figura de pie sostiene algo que parece un título de propiedad agraria, en tanto que una de las figuras sentadas lee un libro y la otra, una madre, abraza a su hijo. El último conjunto, el del noroeste, representa la Redención del Trabajador: el conjunto está formado por trabajadores urbanos masculinos; la figura erguida sostiene partes de maquinaria, una de las figuras sentadas sujeta un martillo y la última hace una demostración de fuerza con sus brazos.

Debido a que los gobiernos sonorenses posrevolucionarios, y especialmente Calles, consolidaron la idea de una revolución permanente ("*la Revolución* hecha gobierno"), Calles y Pani propusieron que el monumento "debería prolongar su acción conmemorativa, también hacia un futuro sin fin". Esta empresa prometía, entonces, una Revolución hecha monumento y sostenida por el acto conmemorativo. El Monumento a la Revolución, por lo tanto, debería portar la siguiente inscripción: "A la Revolución de ayer, de hoy, de mañana, de siempre".[70]

Finalmente, *la Revolución* expresada por el monumento era una sola: una revolución única, de ningún modo una combinación heterogénea de ideas, movimientos, facciones y caudillos. Este mensaje fue comunicado mediante la omisión de lo obvio. La "característica fundamental" del monumento, señalaron Calles y Pani en su propuesta, es que "no será erigido para gloria de héroes, mártires o caudillos en particular". Sobre el monumento, proseguían, "no habrá nombres ni efigies de personas. [...] glorificará, en abstracto, la obra secular del pueblo". El Monumento a la Revolución, una reacción en contra del personalismo y de la facción presentes en la memoria colectiva de México, ignoraría a los bandos revolucionarios y a sus líderes por igual y ensalzaría únicamente a *la Revolución* misma.[71]

La obra del monumento inició el 14 de agosto de 1933 (la fecha fue escogida por el comité ejecutivo porque coincidía con el aniversario de la entrada del Ejército Constitucionalista en la ciudad de México en 1914). El comité tenía la esperanza de completar e inaugurar el monumento el 20 de noviembre del año siguiente.[72] Tres mil hombres, la mayoría albañiles y talladores de piedra, fueron empleados para el proyecto. Obregón Santacilia informó que durante la construcción llenó tres veces los treinta mil metros cuadrados de la plaza con piedra para el monumento. En 1936, en plena construcción, Obregón Santacilia dibujó los planos para convertir los recintos del basamento en un museo de la Revolución con cuatro galerías; en ese momento, la idea no cristalizó por falta de fondos.[73] El financiamiento, de hecho, fue el principal obstáculo que retrasó la conclusión de todas las fases del proyecto.

Se suponía que el monumento sería financiado por suscripción pública y, para ello, el comité ejecutivo impulsó una campaña de gran cobertura cuyo eje eran las donaciones pequeñas, pero numerosas, provenientes de las clases humildes, las comunidades y las organizaciones. Como era de esperarse, estas cantidades nunca alcanzaron siquiera el diez por ciento del costo del proyecto. Cada gobernador buscó el entusiasta apoyo de su estado, pero las contribuciones fueron igualmente insuficientes. Las campañas de recaudación de fondos se vieron interrumpidas con frecuencia como resultado de desastres naturales (que además provocaban la canalización de los fondos para el monumento hacia la reparación de los daños) y por la transición presidencial de 1934-1935. La mayor parte del costo de la construcción (de entre quinientos y seiscientos mil pesos en el transcurso de cinco años) fue aportada por el PNR y las autoridades del Distrito Federal.[74]

El Monumento a la Revolución se completó el 20 de noviembre de 1938, pero no hubo ceremonia inaugural. De hecho, ni el régimen de Cárdenas, ni el de su sucesor, Manuel Ávila Camacho, tomaron siquiera parte en los rituales conmemorativos del 20 de noviembre en el monumento. (¿Es que estuvo, en los círculos oficiales —uno se pregunta— demasiado identificado con el callismo?) También es posible que el monumento, y el simbolismo revolucionario en general, fuesen ganando importancia a medida que los regímenes posrevolucionarios tendían hacia el conservadurismo. Muy probablemente, la razón por la que el gobierno mantuvo su distancia con respecto al monumento fue porque el diseño distaba de contar con la simpatía popular. Algunos residentes de la ciudad de México opinaban que parecía la gasolinera más grande del mundo. Las caricaturas aparecidas en los diarios hacían mofa de su aspecto. Tiempo después, Alberto Pani repudió el diseño diciendo que debió haber habido un concurso entre arquitectos para elegir el mejor plano para la plaza.[75]

La tumba de la Revolución

> Un monumento público constituye una presencia
> constante en una comunidad, pero ¿se trata también
> de una presencia activa?[76]

En 1960, Carlos Obregón Santacilia declaró con orgullo que el Monumento a la Revolución había llegado a ser "el escenario indispensable para la mayor parte de los actos más emotivos del país, donde el mayor número de ciudadanos se reunirían por siempre para afirmar su sentido de pertenencia".[77] Claramente, ésta es la imagen proyectada por un grabado en madera de Balmori de 1940, donde se representa al presidente Cárdenas dirigiendo unas palabras a las masas; el pueblo y sus insignias terminan siendo disminuidas por la manera en que el monumento simboliza a *la Revolución*.[78] La retórica oficial no fue menos intransigente: "el gran Monumento a la Revolución, símbolo en piedra de la devoción mexicana para con las causas de la Democracia, la Libertad y la Justicia".[79] Las funciones conmemorativas y didácticas del monumento, al parecer, cumplían el propósito ideado por sus diseñadores.

Año tras año, el monumento ha servido como escenario para las ceremonias oficiales en las que se rememora y se honra a la Revolución y sus héroes. Las ceremonias del grito de Madero en 1910, la muerte de los mártires y de los caudillos, la Constitución de 1917, la expropiación petrolera en 1938 y otros sucesos importantes para la historia de México se llevan a cabo, de acuerdo con partes oficiales, "bajo la bóveda del Monumento a la Revolución". "Bajo su cúpula y entre sus anchos pilares", declaró Jesús Silva Herzog en 1979, "revivimos hoy, la gesta histórica de nuestro pueblo".[80]

El monumento triunfante, indica William Gass, tiene retoños, "se multiplica a sí mismo en imágenes".[81] La imagen y el diseño del Monumento a la Revolución se han multiplicado como resultado de la metonimia simbólica mediante la cual el edificio equivale a *la Revolución*. La dependencia gubernamental responsable de la diseminación de la historia revolucionaria ha adoptado al monumento como su símbolo distintivo. La portada de la historia oficial de la Revolución que escribió Alberto Morales Jiménez, reeditada en 1961, muestra una reproducción del monumento. El Partido Auténtico de la Revolución Mexicana incorporó la imagen del monumento a su emblema oficial. En la ciudad de México, la estación del Metro más cercana al monumento fue nombrada "Revolución" y se representa iconográficamente con un esquemático dibujo de su estructura.

El persistente poder evocador del monumento tiene que ver menos con su diseño y simbolismo originales, que con una modificación posterior. A principios de los cuarenta, y tal vez a petición del Congreso, Obregón Santacilia diseñó el Panteón de los Hombres Ilustres, que sería ubicado en la base del monumento, un cementerio para honrar a los líderes de la Revolución.[82] Nunca se construyó el panteón pero, por orden del Congreso, la urna de cobre que contenía las cenizas de Carranza fue depositada en una cripta en uno de los cuatro pilares en enero de 1942, en ocasión del vigésimo quinto aniversario de la Constitución de 1917.[83] Durante las tres décadas siguientes, las cenizas o los restos de Madero (1960), Calles (1969), Cárdenas (1970) y, finalmente, Villa

(1976) fueron trasladados a los diferentes pilares del monumento. Cada inhumación dio pie para un tributo popular.

A decir de George Mosse, "la presencia real de los mártires siempre fue importante para lograr que los lugares de peregrinaje fueran efectivos para atraer visitantes".[84] La colocación de las cenizas o de los restos de cinco líderes revolucionarios modificó y dio lustre al significado del monumento. Originalmente pensado para honrar, "en lo abstracto, la obra secular de la gente", llegó a ser identificado con los grandes caudillos de *la Revolución.* En su momento, el traslado de las cenizas y los restos de líderes que en vida habían sido rivales y, en la mayoría de los casos, enemigos acendrados, insufló vida al concepto de una revolución mítica, unitaria y única en una medida mucho mayor a la que había logrado, con su frialdad monolítica, el diseño anterior. Mientras que las organizaciones civiles de los seguidores de Carranza, Madero, Calles, Cárdenas y Villa aún conservan "la sincera veneración de nuestros grandes patriotas", en los discursos, desde los sesenta, se ha enfatizado la unidad revolucionaria.[85] Sobre las diferencias políticas entre Calles y Cárdenas, en 1971, el hijo del primero señaló que "al sepultarlos bajo este mismo Monumento, la justicia de *la Revolución* liquidó aquellas diferencias". En la misma ceremonia, el presidente Luis Echeverría Álvarez concluyó que "hemos consolidado una tesis revolucionaria mexicana sobre divergencias del pasado".[86]

La suma de tan prestigiosas inhumaciones ha convertido al Monumento a la Revolución en un santuario nacional.[87] Más que ninguna otra particularidad, las criptas han transformado al monumento en una presencia activa en la vida simbólica (y un calendario conmemorativo) de México. En ocasión de los aniversarios de los asesinatos y muertes de los cinco líderes, el Estado organiza ceremonias conmemorativas en el monumento (que se decora para la ocasión con banderas mexicanas gigantescas, estandartes y efigies) que incluyen discursos fúnebres, el depósito de ofrendas florales, música y guardias militares de honor. "Año con año, venimos a honrar este monumento, que el pueblo de México ha consagrado como el santuario de *la Revolución*, a modo de recordar al caudillo que reposa bajo estas lápidas".[88]

Otra idea tardía más ha servido para preservar la presencia activa del monumento en la cultura mexicana. Aunque Obregón Santacilia presentó sus planes para un museo de la revolución en 1936, no fue sino hasta el 20 de noviembre de 1986 cuando el Museo Nacional de la Revolución se convirtió en una realidad. El museo recibe el apoyo económico del gobierno del Distrito Federal; su contenido y su relato históricos fueron organizados por historiadores del Instituto de Investigaciones Doctor José María Luis Mora. El museo, que está abierto gratuitamente al público, consta de nueve salas donde se exhiben documentos, fotografías, equipos y armas.[89]

Conclusión

"Debemos continuar preguntando cómo es que las representaciones conmemorativas de la historia pueden finalmente entretejerse con la marcha de los sucesos en curso".[90] El Monumento a la Revolución fue construido, primordialmente, para sanar las heridas de la memoria que dividieron a los revolucionarios y retardaron y debilitaron el desarrollo de un nuevo orden político e institucional. El desarrollo de una "tradición revolucionaria", de la cual el monumento formaba parte, alcanzó dicho propósito y, con el tiempo, los iniciales problemas de divisionismo decayeron en importancia y, por lo tanto, en atención política. A pesar de ello, los problemas no han desaparecido por completo. El monumento también ha enfatizado la continuidad entre *la Revolución* y sus héroes con los regímenes del presente. Este elemento de la "tradición revolucionaria" conserva su relevancia y actualidad. El objetivo fundamental del monumento siempre ha sido, y sigue siendo, la legitimación del poder y la autoridad del Estado.[91]

Pero, ¿funciona? Por supuesto que no hay manera de probar esta proposición, pero tal vez una anécdota ilumine la cuestión. Hace algunos años presencié una ceremonia en el Monumento a la Revolución. Era un hermoso día estival, en julio, y se conmemoraba el sexagésimo octavo aniversario del asesinato de Pancho Villa. Las bandas tocaban, los soldados marchaban, los envejecidos veteranos recibían honores y los políticos colocaban ofrendas florales a las puertas de la cripta que contenía los restos mortales del caudillo. El suceso, al parecer, era otro anodino ejemplo más de la conmemoración oficial. Concluida la ceremonia, se permitió la entrada a los visitantes a la pequeña cripta para observar la urna de cobre. Delante de mí, en la fila, iban un padre y su hijo. El hombre contaba a su muchacho sobre Pancho Villa y *la Revolución*. Se trataba de una clase de historia con toda la seriedad. En la cripta, el padre se detuvo a guardar un minuto de silencio, inclinó su cabeza con absoluta reverencia y cuando se incorporó para salir, vi lágrimas sobre su rostro. Algo pequeño, pero profundo, acababa de suceder en ese lugar. Una poderosa combinación de memoria, mito e historia ha estado siendo puesta en marcha, en un incesante proceso de construcción de la nacionalidad. Los estudiosos con frecuencia hablan del proceso de sacralización que tiene lugar en los monumentos. Ese día, yo presencié dicho proceso con mis propios ojos.

6

HISTORIA.

LA OBRA DE CONCORDIA Y UNIFICACIÓN

Durante la década de los sesenta, los veteranos de la Revolución se reunieron cada mes de agosto para refrendar su apoyo político al presidente durante lo que llegó a conocerse como el Desayuno de la Unidad Revolucionaria. La unidad en el presente era proyectada sobre el pasado. Las virulentas rivalidades faccionalistas de los primeros años fueron desestimadas u olvidadas y cientos de viejos revolucionarios se declararon, con su presencia, satisfechos con el carácter revolucionario del régimen entonces vigente y con permanencia de la Revolución. "Nuestra lucha constituyó una auténtica revolución", declaró el orador del desayuno de 1966, el general Baltasar R. Leyva Mancilla. "No fue un mero alboroto entre facciones ni una maniobra política para el beneficio personal".[1]

Los veteranos que organizaron y asistieron a estos desayunos se adaptaron a una interpretación que décadas antes había sido construida como la memoria oficial de *la Revolución*. Hemos visto que muchos elementos de esta interpretación surgieron tempranamente en el discurso revolucionario de la memoria. *La Revolución* fue una genuina revolución social, una fuerza de la historia misma, una continuación y una expansión de las revoluciones de Independencia y de Reforma, así como una victoria contra la debilitada aunque todavía amenazadora Reacción. Durante los años veinte, la idea de una revolución continua y permanente, de una revolución hecha gobierno y proseguida mediante las reformas, fue añadida a esta interpretación. Muchos estarían de acuerdo con Rafael Nieto, quien escribió en 1925, que "la

Revolución de México [había sido] una revolución que se manifestó por más de una década".[2]

No obstante este casi unánime consenso, el faccionalismo, intenso en la década de 1910 y persistente en las de los años veinte y treinta, impidió que se escribiera una historia revolucionaria bajo la que todos los revolucionarios se pudieran cobijar. "En los veinte", indica Mary Kay Vaughan, la Secretaría de Educación Pública "no publicó ningún libro de texto con miras a establecer una visión revolucionaria oficial de la historia mexicana".[3] Tradiciones revolucionarias rivales, e incluso hostiles, surgieron de los múltiples cismas revolucionarios. Como resultado, los historiadores aficionados enaltecieron las impecables credenciales revolucionarias de los integrantes de su facción y representaron a sus enemigos como meros impostores. Las primeras historias de *la Revolución* —tal como sucedió en los primeros festivales y monumentos— tuvieron un carácter profundamente partidista y se constituyeron en instrumentos del culto a los mártires. "Me parece que no hay una historia de México que esté escrita con objetividad", aseveró uno de esos historiadores aficionados en 1927.[4]

Pero ¿importaba? Cada vez más voces opinaban que sí en la década de los años veinte. En 1925, Juan Sánchez Azcona consideraba que los "cismas de *la Revolución*", incluso los ocurridos ya en 1910 y 1911, seguían minando el poder y la solidaridad en el seno de la familia revolucionaria. A este problema, continuaba Sánchez Azcona, debía atribuírsele la falta de "una adecuada organización política del pueblo revolucionario".[5] Por supuesto que se trata de una exageración, pero hay suficientes anécdotas para probar que la amargura del pasado afectaba la política del presente.

Un ejemplo revelador: el general Juan Barragán, jefe del gabinete de Carranza y uno de los líderes de opinión de los antiguos carrancistas de 1920, subrayó, en 1928, su lealtad y devoción a la memoria de Carranza y se mantuvo firme en la animadversión contra los autores (Obregón y Calles) del derrocamiento del "Primer Jefe". Sus puntos de vista políticos continuaban siendo rehenes de la política de la memoria. Al reflexionar sobre dos posibles candidatos e la campaña presidencial del año siguiente, José Vasconcelos y Aarón Sáenz, la posición de Barragán reflejaba una lógica peculiar. De entrada, rechazaba a Vasconcelos porque "ha sido [...] un enemigo acérrimo, personalmente, del señor Carranza, a quien ha atacado constantemente". Por el contrario, y aunque miembro de una facción hostil a Carranza y sus seguidores, Sáenz nunca combatió el señor Carranza, ni en vida de éste, ni después de su muerte. Aun más, Aarón Sáenz permaneció al margen de los acontecimientos de 1920. Por lo tanto, Sáenz era la opción de Barragán, por ser el candidato menos ofensivo para quienes seguían leales a Carranza.[6]

Ciertamente, no se puede afirmar que las múltiples heridas de la memoria que persistieron ya entrados los años veinte hayan dominado la política nacional. Sin embargo, constituyeron parte de la ecuación política y, consecuentemente, obstaculizarían parcialmente la unificación política de todos los revolucionarios. Mientras Obregón permaneció como el Caudillo, la unificación política de todos los revolucionarios —aunque deseable— no fue necesaria. El inmenso prestigio de Obregón aseguraba que las divisiones entre los revolucionarios pasados y presentes fueran mantenidas bajo control. A este hecho aludía Ezequiel Padilla en 1927, cuando advirtió que en las elecciones por venir, México enfrentaría una alternativa descorazonadora: "Obregón o el caos". Si Obregón quedaba fuera de la escena política, sus sucesores necesitarían echar mano de todos los recursos de solidaridad política para mantener vivo al sistema, incluyendo a la historia oficial.

El concepto último y tal vez más importante en la definición de *la Revolución* —la naturaleza complementaria de las diferentes batallas, movimientos y facciones contendientes y, por lo tanto, la singularidad esencial de *la Revolución*—, aunque construido en los años veinte, recibió auténticos honores sólo hasta los treinta. Fue sólo entonces cuando todos los elementos del mito del México moderno fueron reunidos por vez primera.

Para servir a los historiadores del periodo

La primera bibliografía de *la Revolución*, la *Bibliografía de la Revolución Mexicana de 1910-1916*, de Ignacio B. del Castillo, apareció en 1918. Esta publicación de la Secretaría de Comunicaciones incluye ocho mil libros, panfletos, planes revolucionarios y manifiestos, así como documentos oficiales y decretos.[7] Trece años más tarde, otra secretaría publicaba una segunda bibliografía bajo un título similar. Obra de Roberto Ramos, la cantidad de obras que agrupaba superaba el doble de las referidas por Del Castillo, hasta alcanzar más de dieciocho mil, "el mayor número de obras y folletos relacionados directa o indirectamente con los movimientos revolucionarios de 1910 a 1929".[8] Los dos bibliógrafos declaraban su deseo de ponerse al servicio de los historiadores del periodo revolucionario.

De los muchos investigadores del pasado reciente, sólo unos cuantos resultaban competentes. El respetabilísimo jurista, periodista, legislador y funcionario Ramón Prida escribió una de las primeras y más objetivas historias de la Revolución durante su exilio en Estados Unidos en 1914. El tono de su libro lo dio con este epígrafe atribuido a Carlos XII: "La historia no es un adulador, sino un testigo". En su introducción, Prida señala que en estos apuntes "juzgó hechos y nombres con la crudeza del que escribe para la historia".[9] Y así lo hizo. Prida adopta una postura crítica ante Porfirio Díaz, por haber suprimido el auténtico desarrollo democrático de México; ante Francisco I. Madero, quien, a pesar de su naturaleza honrada y buenas intenciones, fue incapaz de transformar a México en una democracia estable, y ante Victoriano Huerta, por instituir el despotismo militar. Prida sostenía que "la revolución actual" liderada por Carranza está plenamente justificada en vista de los innombrables actos cometidos por los detentadores del poder.[10]

Las escasas historias tempranas y con pretensiones de objetividad salieron de la pluma de aquellos que, al igual que Prida, hicieron carrera durante el porfiriato. Francisco Bulnes, Manuel Calero, Emilio Rabasa y José López Portillo y Rojas, quienes publicaron sus historias entre 1920 y 1921 y defendieron, al igual que criticaron, al régimen porfiriano, consideraron escasos los avances logrados en comparación con la terrible división y destrucción de la década precedente. Su creencia en una evolución pacífica, más que en la revolución violenta, fue el motivo por el que se les vio como herejes en esta nueva etapa.[11]

Comprender los acontecimientos no era el objetivo de la mayor parte de los historiadores. Francisco Padilla González declaró que su propósito era motivar a los que habían peleado en la lucha; Antonio Manero se caracterizaba a sí mismo como un "soldado intelectual" al servicio del movimiento constitucionalista; Isidro Fabela y Luis Cabrera pretendían influir en la opinión pública de Estados Unidos y España.[12] Para casi todos estos autores, los libros y los panfletos eran simplemente armas de otro tipo. La historia oficial carrancista del "periodo revolucionario" fue escrita por Jesús Acuña para la Secretaría de Gobernación con el objeto de que fuera presentada ante el Congreso Constituyente en Querétaro a finales de 1916. La historia de Acuña incluye la compilación más completa de planes y documentos revolucionarios hasta ese momento como "pruebas" de que el "Primer Jefe" era el campeón revolucionario del pueblo mexicano.[13] Uno de los juristas más respetados de México, Tomás Esquivel Obregón, comentaba, en 1919, que a medida que la lucha civil se enconaba, aquellos que narraban los sucesos políticos se adherían con mayor tenacidad a la idea de la historia como tribunal, con objeto de hacer caer la culpa y la ignominia históricas sobre sus adversarios".[14]

Durante los años veinte se produjeron menos historias que en la década anterior. La pasión del conflicto estaba remitiendo, en tanto que el entusiasmo por la conmemoración, que llega únicamente con el paso del tiempo, aún no se había robustecido. Las facciones que habían quedado fuera de la memoria oficial en consolidación durante la década de 1910 buscaban ahora ser respetadas después de los sucesos. Anarquistas y marxistas argumentaban que sus predecesores ideológicos de finales del siglo XIX habían contribuido de manera significativa al estallido de la revolución social y que sus ideas e ideales todavía resultaban relevantes.[15] El nuevo Grupo Cultural Ricardo Flores Magón publicó una serie de volúmenes sobre el magonismo y su lucha contra la dictadura.[16] Las primeras historias favorables al zapatismo aparecieron también durante la década de los años veinte; en ellas se muestra a Obregón y a Calles como zapatistas y, por ende, como amigos de los campesinos pobres de México.[17]

En 1927, un historiador mexicano señaló que no conocía ninguna historia objetiva de México. La "menos mala", según él, era la *Historia patria*, de Justo Sierra.[18] Apenas terminado uno de los episodios más violentos y transformadores sufridos por México, no había una historia reciente que los mexicanos, o incluso los revolucionarios, pudiesen recomendar. En 1922, el secretario de Educación José Vasconcelos reeditó la historia de México escrita por Sierra en el periodo revolucionario. La vieja óptica debería seguir rigiendo en tanto no apareciera otra más aceptable.[19] Tres años más tarde, un joven economista revolucionario, Daniel Cosío Villegas, apuntó: "*La Revolución* ha creado instituciones, leyes, obras, ideología y hasta un lenguaje. Las obras, en su gran mayoría, son buenas; las instituciones, son justas; pero el lenguaje y la ideología son confusos".[20] Una nueva cultura revolucionaria requería una nueva historia, una que ayudara a México a entender su identidad revolucionaria. Cosío Villegas propuso la unificación del pasado inmediato con el presente para permitir con ello que la revolución continuara en el futuro. Y, en una propuesta notable por su presciencia, recomendó que la lucha de facciones de la década anterior fuera amalgamada "para convertirla en Revolución —con mayúscula—, en proyecto de relaciones sociales, de visión histórica y de concepto de hombre 'revolucionario'".[20 bis]

La unificación revolucionaria

El asesinato de Obregón puso en evidencia la mayor de las crisis del orden político posrevolucionario. De acuerdo con

Tzvi Medin, el asesinato "implicaba la desaparición del único principio de unidad y estabilidad conocido en la tradición política mexicana hasta ese momento".[21] El presidente Calles y la débil coalición gobernante conformada por obregonistas y callistas recalcaron la necesidad de la unificación política de los revolucionarios. "Insisto en que es absolutamente indispensable, si queremos paz y vida institucional en México, que llegue a lograrse la unificación revolucionaria", declaró Calles en diciembre de 1928.[22] El Partido Nacional Revolucionario (PNR) fue fundado en 1929 "en concordancia con el plan de unificación y organización de todos los elementos de la Revolución, desde el comienzo maderista hasta el presente".[23] El PNR, hacía notar uno de sus dirigentes, deseaba "oscurecer viejas rivalidades, olvidar odios".[24]

Para sobrepasar el divisionismo del pasado, el PNR, bajo el liderazgo de Emilio Portes Gil, propuso en mayo de 1930 tomar las riendas de la historia revolucionaria. El partido, se anunció, establecería un archivo, un museo y una comisión para escribir la historia de *la Revolución*. Comisiones formadas por individuos que hubiesen participado en los varios movimientos revolucionarios se dedicarían a recopilar la documentación más relevante. Para los periodos más álgidos, como el de 1914-1915, por ejemplo, se nombrarían varias comisiones, cada una integrada por representantes de las facciones principales entonces en conflicto: villismo, carrancismo, zapatismo. El Archivo Histórico de la Revolución, bajo la dirección de Jesús Silva Herzog, sería el cimiento sobre el cual se erigiría la escritura de la historia de *la Revolución*. "No sería una cuestión, entonces, de escribir la historia de una facción; no sería una labor sectaria en sentido alguno; escribir la historia del movimiento social revolucionario de México en toda su generosa vastedad es lo que se desea".[25]

El nuevo partido en el poder no detentaba una hegemonía cultural como la que hubieran deseado, aparentemente, sus líderes: la campaña del PNR por escribir la historia nunca se convirtió en realidad. Sin embargo, el plan era notable por su énfasis en la "generosa vastedad" de *la*

Revolución. A decir de un artículo de *El Nacional,* este "brillante concepto [había sido] creado para apoyar el curso específico de la política actual", en otras palabras, la solidaridad revolucionaria.[26]

La cultura política predominante en México suscribió con entusiasmo la idea de la reconciliación histórica, con lo que se obvió la necesidad que tenía el PNR de manejar los hilos de la historia revolucionaria. En julio de 1931, la Cámara de Diputados colocó, simultáneamente, los nombres de Venustiano Carranza y de Emiliano Zapata sobre su muro, al lado del nombre de los héroes de la Independencia y de la Reforma. (Madero ya había sido honrado de esa manera en 1925, el primero de la generación revolucionaria. Le siguieron Álvaro Obregón en 1929 y Felipe Carrillo Puerto en 1930).[27] Para Jesús Corral, de *El Nacional,* simplemente no existía ninguna razón de peso para prolongar la "disputa" que había separado en vida a los grandes muertos del movimiento emancipador. "La enemistad y la distancia que las vicisitudes de la política provocaron entre Madero y Zapata, entre Zapata y Carranza, entre Carranza y Obregón perdieron toda posible trascendencia".[28]

Posteriormente, Emilio Portes Gil aseveró que "una interpretación colectiva e impersonal de los héroes" se había convertido en "doctrina del Estado".[29] Esta situación fue recalcada en el *Calendario Nacionalista* anual del PNR que se publicó en los años treinta, que celebraba los días conmemorativos para cada caudillo revolucionario (e incluía un retrato de grupo de los padres fundadores de la "familia revolucionaria"). El Comité General de la Campaña Nacionalista, que publicó el calendario, se afilió a "la labor de concordia y unificación".[30]

La escritura de la historia seguía secuestrada por las tradiciones revolucionarias en pugna.[31] El historiador Luis Chávez Orozco afirmó que "la historiografía mexicana ha llegado al punto de que muchos escritores ven en ella la mejor manera de manifestar sus pasiones y exhibir sus posiciones políticas. Las interpretaciones que hacen del pasado son convertidas en un arma de combate para el presente".[32]

La historia partidista, sin embargo, fue atacada progresivamente en la década de los años treinta. Para muchos críticos, aquella era, simplemente, una historia en la que no se podía confiar. La historia de *la Revolución*, a decir de un crítico representativo de la época, "ha sido adulterada con audacia por los adeptos de éste u otro ídolo de sus pasiones".[33] Otro crítico, hacia la conclusión del primer Congreso Mexicano de Historia en 1933, declaró que "ahora es el momento de poner fin al espíritu de combate en el que nuestra historia ha sido escrita, y de estudiarla objetivamente".[34] Para otros, como José Domingo Ramírez Garrido, la historia partidista había servido para dividir a la "familia revolucionaria" y para fomentar el avance de arribistas y falsos revolucionarios.[35]

En 1931, Rafael Ramos Pedrueza expuso una serie de "sugerencias revolucionarias" para la enseñanza de la historia. Aunque su interés primordial era promover una interpretación de la historia desde el punto de vista de la economía, Ramos Pedrueza se opuso claramente a la historia facciosa y partidista. *La Revolución* fue hecha por Madero, Carranza, Zapata, Villa y Obregón. El caudillo sonorense fue alabado porque "su gobierno unificó a los elementos revolucionarios, terminándose el ciclo de escisión". "Un maestro revolucionario", concluía Ramos Pedrueza, "en sus cátedras y conferencias, en la prensa y en sus libros, en todas sus actividades intelectuales, debe sostener que la revolución mexicana vive y triunfa".[36]

Ramírez Garrido, antiguo militante maderista, constitucionalista, obregonista y delahuertista, impulsó en 1934, *La Revolución Mexicana*, primera revista dedicada a la historia revolucionaria. "El eclecticismo más puro inspirará nuestra tarea", apuntó Ramírez Garrido en el primer número. "A partir de la amarga y dolorosa experiencia de los años, ahora nos hemos liberado de este y aquel ISTA".[37] Cada número incluía artículos favorables a una amplia variedad de facciones revolucionarias, así como a los movimientos regionales.

Ramírez Garrido y *La Revolución Mexicana* también propusieron y trataron de organizar un proyecto histórico más ambicioso, un "verdadero Monumento a la Revolución". Se trataba de un exhaustivo "diccionario histórico, geográfico, biográfico y bibliográfico de la Revolución Mexicana". Como el "archivo" del PNR proyectado cuatro años más tarde, el diccionario histórico propuesto sería la obra colectiva de numerosos "escritores revolucionarios", hombres de facciones distintas y opuestas en su mayor parte. Sin embargo, "los sectarios" serían excluidos del proyecto. En tanto que la dirección del proyecto quedaba a cargo de antiguos generales carrancistas, los colaboradores incluían a notables maderistas, villistas y zapatistas.[38] Nada sucedió con el proyecto. A pesar de ello, al año siguiente, un *Diccionario biográfico revolucionario*, de mucho menor envergadura, fue publicado por Francisco Naranjo. Su "pequeña obra", escribió, pretendía "servir como lazo de unión, como vínculo fraterno, en el seno de la gran familia revolucionaria".[39]

Al comenzar 1929, de manera simultánea con la fundación del partido revolucionario en el poder, los agentes del nuevo orden político buscaron sanar las discordancias de la memoria en el seno de la "familia revolucionaria". El nuevo entendimiento hacía hincapié en la contribución particular que cada facción revolucionaria había hecho a la ideología de la Revolución. Madero, Zapata, Villa, Carranza y Obregón se convirtieron en los padres de esta frágil familia y de esta información de Estado. El pasado fue reconstruido imaginariamente, como una herramienta más entre muchas otras, para componer y mantener una alianza política.[40]

La historia semioficial

El tercer intento de producir una historia de *la Revolución* colectiva, abarcadora y libre de intentos partidistas tuvo éxito. A principios de 1935, el presidente Lázaro Cárdenas recibió una misiva del senador Josué Escobedo y de José T. Meléndez, que se presentaron a sí mismos como el comité editorial del "Libro de Historia de la Revolución Mexicana". Solicitaron, y recibieron, la autorización para revisar todos los documentos relativos a *la Revolución* existentes en los archivos gubernamentales.[41] Meléndez era un periodista vagamente vinculado con *El Nacional*, órgano del PNR, quien, por intervención de Escobedo, tenía el apoyo del general Saturnino Cedillo. En una segunda carta a Cárdenas, un mes después, Escobedo y Meléndez explicaban el carácter fundamental de su "libro de historia": "Ésta es una labor, que demanda la colaboración de todos los revolucionarios sin distinción de bandos ni categorías, para hacer una Obra completa, digna de la misma nobleza que inspiró el Gran Movimiento Popular".[42]

La historia propuesta por Meléndez contó con la simpatía de Cárdenas, quien aprobó su publicación en la imprenta gubernamental ya entrado el año. El presidente compartía la premisa básica del proyecto, es decir, "la Revolución como un fenómeno unitario".[43] Cual Cárdenas apuntó en su diario de 1937, la memoria de Madero, Zapata, Carranza y Obregón debería ser respetada, puesto que habían sido "caudillos de toda una etapa en que se luchó por las reivindicaciones sociales".[44]

Meléndez organizó y editó la que fue, sin lugar a dudas, la mejor historia de *la Revolución* hasta ese momento. La obra, publicada bajo el título de *Historia de la Revolución Mexicana*, fue organizada cronológicamente y dividida en dos volúmenes. El primero, publicado en 1936, incluía ensayos sobre el régimen de Díaz y los orígenes de *la Revolución*, los crímenes del huertismo, la intervención estadounidense de 1914 y la Convención de Aguascalientes. Esta historia calificaba al Porfiriato como "la dictadura", el grupo de Flores Magón fue ratificado como "los precursores" y cada facción revolucionaria fue presentada como contribuyente esencial a la ideología de *la Revolución* y a la Constitución de 1917. En este volumen sobresalen tres ensayos, sobre tres líderes revolucionarios fundamentales, escritos por hombres que los conocieron y estuvieron a su servicio. Juan Sánchez Azcona, el secretario privado de Madero, escribió el ensayo sobre éste; el ensayo sobre Villa quedó a cargo del doctor Ramón Puente, maderista que llegó a ser uno de sus consejeros; y Octavio Paz Solórzano, propagandista del zapatismo en Estados Unidos, escribió sobre Zapata. (Se planeó incluir un ensayo sobre Venustiano Carranza, por Manuel Aguirre Berlanga, pero no nunca fue completado). En el prólogo, Puente admitió que Madero, Carranza, Zapata y Villa tuvieron desavenencias ocasionalmente, pero recalcó que todos ellos fueron genuinos revolucionarios que pelearon (cada uno a su modo) en aras de la "redención popular". Como resultado, "todos formaron un conglomerado de sangre, de destrozos, de grandezas y de heroísmos, y de este maremágnum heterogéneo [saldría] el abono para las tierras del futuro".[45]

Los tres ensayos centrales han llegado a ser clásicos de la historiografía revolucionaria. Octavio Paz (el poeta, hijo de Octavio Paz Solórzano), en su introducción a la reedición de 1986, señaló que "éstas no son las obras de la teoría política, sino testimonios: nos dicen lo que ellos vieron y lo que ellos vivieron. Más que estudios históricos, estas tres biografías son historias que oscilan entre la memoria y la crónica. Y allí radica su valor: son la fuente primaria de la historia".[46] Juan Sánchez Azcona se apartó del culto al héroe. Contradijo la fanatizadora tendencia maderista "de atribuir a Madero toda la gloria por el inicio de la renovación de nuestra democracia social".[47] Su Madero fue un demócrata auténtico, pero que sobreestimó las capacidades políticas de la nación. Esto condujo a Madero a cometer su más grande error, de acuerdo con Sánchez Azcona, el Tratado de Ciudad Juárez, que, en buena medida, protegía la preservación del viejo régimen y, así, minaba el poder y la autoridad del nuevo régimen revolucionario.

Ramón Puente, escribe Paz, "muestra a Villa con admiración, pero sin ilusiones".[48] El Villa de Puente era generoso y cruel, sentimental y sanguinario, hombre sencillo del pueblo que también era un genio militar. Nadie fue más responsable por la derrota militar del régimen reaccionario de Huerta que Villa y su División del Norte. Fue el representante más genuino de las contradicciones que hacen a México, "el representativo genuino de su ignorancia, de su violencia, de su coraje, de su nobleza, combinación sorprendente de virtudes y de defectos".[49]

Paz Solórzano escribió el más hagiográfico de los tres ensayos. Su Zapata fue "el más grande de los revolucionarios".[50] Esto se debía, por supuesto, al compromiso inamovible de Zapata con la reforma agraria y el bienestar de los campesinos de México. Paz Solórzano no tuvo timidez alguna al criticar a Madero, Villa y Carranza, pero negó todo cargo de atrocidades y excesos por parte de los zapatistas. Como su hijo Octavio Paz señaló, "ante crímenes similares, el autor condena los del enemigo y absuelve los de sus compañeros".[51]

El segundo volumen, publicado en 1940, incluye ensayos favorables sobre los presidentes Carranza, Obregón, Calles, Portes Gil, Ortiz Rubio y Abelardo L. Rodríguez.[52] Había llegado el tiempo, señalaba Vicente Peredo y Saavedra en la introducción, de "despersonalizar el concepto de la Revolución", de levantarse por encima de todos los "ismos personalistas" para hacer hincapié en que *la Revolución* fue y es el esfuerzo colectivo por crear la nación. "El afán partidista, la bandería unilateral es un germen de destrucción, del aniquilamiento y de desintegración de la unidad nacional".[53]

La calidad del segundo volumen no resultó equiparable a la del primero, en buena medida porque no superó los *ismos* personalistas. El breve ensayo sobre Carranza del general Francisco L. Urquizo era más una elegía que una biografía o un documento histórico. Descrito mediante párrafos de una sola oración, el Carranza de Urquizo se halla inmerso en metáforas poéticas: era la montaña que perduraba, la mar que baña, el fuego que purifica. Este Carranza era el patriota, el reformador y el constitucionalista sin par, "el hombre símbolo de la Revolución, que redime al paria".[54] El ensayo sobre Obregón, de la pluma del general Rubén García, resultaba más sustancial pero sólo un poco menos laudatorio. Urquizo y García por igual levantaban severas críticas contra los enemigos de las figuras de sus ensayos y, en particular, contra Francisco Villa. Empero, a diferencia de Urquizo, García admitía los errores de Obregón ("los grandes hombres son grandes hasta en sus errores") de los que el más grave fue la aceptación de la reelección de 1928.[55] El mejor, y ciertamente el más crítico de los ensayos del segundo volumen, es el de Ramón Puente sobre Calles. Puente alaba las reformas institucionales del ex presidente pero califica al Maximato como "la más férrea dictadura".[56]

La *Historia de la Revolución Mexicana* fue "la primera historia testimonial" escrita "con una visión globalizadora, pues hacía justicia a los principales caudillos de las diferentes fracciones [*sic*] revolucionarias".[57] Octavio Paz también la ha caracterizado como "un libro poco conocido que cayó muy pronto" en el olvido.[58] A pesar de todo ello, esta historia fue importante, puesto que reflejó la creciente tendencia a sanar viejas heridas dentro de la cultura política de México en los años treinta y cuarenta. En 1938, Manuel Puig Casauranc expresó esta tendencia con toda claridad: "El movimiento [revolucionario] de México, con sus numerosísimas facetas, con sus muy distintos hombres, con sus triunfos, con sus claudicaciones, con sus crímenes, ha de ser, también, juzgado «uno»: *la Revolución Mexicana*".[59] Dicha tendencia tenía un carácter casi oficial, en tanto que era casi autónoma del gobierno. Los escritores y los historiadores que participaban se consideraban a sí mismos como revolucionarios y subordinados al orden posrevolucionario.

La obra de Meléndez sirvió de ejemplo a esfuerzos similares. En 1936, Andrés Molina Enríquez terminó *La Revolución agraria en México*, en la cual señalaba que todas las facciones y etnias, "criollos" y "criollos-mestizos", representados por los maderistas y los carrancistas, y los "indo-mestizos", representados por los villistas y zapatistas, eran las hacedoras de *la Revolución*.[60]

Las historias de la Revolución, escritas por Miguel Alessio Robles, Ramón Puente y Alfonso Teja Zabre aparecieron en 1938; Jesús Romero Flores publicó sus *Anales históricos de la Revolución Mexicana*, en cuatro tomos, en 1939; y el estudio histórico y revisión del presente, de varios autores, coordinados por Félix F. Palavicini, apareció en 1945.[61] La historia fotográfica en cinco tomos de Agustín Casasola, que apareció durante la década de los años cuarenta, representa el último esfuerzo orientado a una historia abarcadora de la Revolución en su conjunto. Según palabras de Vito Alessio Robles, Casasola "ni magnifica, ni censura, ni enjuicia".[62] En la primera compilación de documentos históricos del periodo revolucionario se afirma que era adecuado recordar las ideas de Madero, Zapata, Villa, Carranza, Obregón y otros revolucionarios. "A veces, ese ideario parece incompleto, en otras, contradictorio. Pero es el origen, la base y la fuerza de la Revolución Mexicana".[63]

El gobernador de Coahuila convocó a los historiadores mexicanos a un concurso para escribir la historia verdadera de *la Revolución* en 1949. Uno de los entusiastas de la propuesta del gobernador hacía notar que "hay algunas aportaciones importantes sobre la historia de la Revolución, pero casi todas enfocan aspectos parciales y muchas de ellas están totalmente oscurecidas por la pasión y el partidarismo ciego hacia una o varias de las banderías en que se fragmentó la revolución". Una historia auténtica, continuaba, sería una "historia depurada", libre de las superficiales rivalidades partidistas que desdeñan y empequeñecen a la Revolución misma.[64] Esta idea fue adoptada casi de inmediato por el partido oficial.

La historia oficial

A comienzos de 1949, el Estado mexicano y su partido político se involucraron cada vez más en la construcción de la historia revolucionaria. Ese año, Baltasar Dromundo hizo notar en qué grado la historia iba adoptando "un carácter oficial".[65] La innovación radicaba en un concurso convocado por el recién fundado Partido Revolucionario Institucional (PRI) para premiar la obra histórica que mejor diese cuenta de "una idea íntegra, clara y precisa del desarrollo de los sucesos principales de la Revolución Mexicana". El 1 de septiembre de 1949, el partido dio a conocer las bases para el Concurso de Historia de la Revolución Mexicana, que concidiría en agosto con los festejos por el trigésimo sexto aniversario de la entrada triunfal del Ejército Constitucionalista en la ciudad de México. El jurado, compuesto por Félix F. Palavicini, Diego Arenas Guzmán, Jesús Romero Flores y Luis Chávez Orozco, optó por el trabajo de Alberto Morales Jiménez, un joven maestro y periodista de *El Nacional.* En 1951, el PRI publicó su *Historia de la Revolución Mexicana.*[66]

La obra de Morales Jiménez se convirtió en un clásico de la historia oficial. José López Bermúdez, secretario general del Comité Central del PRI, alabó a Morales Jiménez en la ceremonia de premiación por haber comprendido que la historia es "la ciencia que defiende al suelo patrio". Recalcó que el PRI no deseaba una historia académica de *la Revolución.* "Nuestro partido quería una historia de la Revolución Mexicana para que la leyese el pueblo. Un libro vivo, abierto hacia el futuro, ya que la Revolución no ha terminado".[67]

La *Historia de la Revolución Mexicana* incluye todos los temas básicos de la historia oficial revolucionaria. *La Revolución* era una fuerza histórica reificada, la tercera fase de la revolución nacional de México que había comenzado con la Guerra de Independencia y continuado en la Reforma. Era popular, nacionalista y democrática. Había comenzado con los precursores, pero triunfado en 1911 gracias al inamovible compromiso de Francisco I. Madero con la democracia. La lucha armada de 1910-1911, y de nuevo la de 1913-1914, no había sido más que una campaña del pueblo en contra de la reacción. Desdichadamente, la reacción, una y otra vez, había demostrado ser capaz de dividir a *la Revolución.* Éste era el significado de los Tratados de Ciudad Juárez, de la rebelión zapatista en contra del gobierno de Madero y, posteriormente, del cisma revolucionario dentro del movimiento constitucionalista. Todas las facciones revolucionarias, sin embargo, contribuyeron a sintetizar lo que se convertiría en la Constitución de 1917. Tiempo después, *la Revolución* se transformó a sí misma para convertirse en gobierno y así redistribuir la tierra, construir centros de salud y escuelas rurales, organizar a los obreros para defender sus derechos e intereses, modernizar la agricultura y la industria y continuar cumpliendo la promesa de *la Revolución Mexicana.*

Morales Jiménez, declaró López Bermúdez, "supo cómo interpretar, precisamente, la unidad orgánica de nuestro movimiento social".[68] *La Revolución* era, esencialmente, una revolución agrarista, de acuerdo con Morales Jiménez. "Todos los grupos revolucionarios —carrancistas, villistas y zapatistas— aunque divididos por razones personales, fundamentalmente anhelaban la Reforma Agraria". Los tres caudillos revolucionarios "coincidían en el programa social de la Revolución; sin embargo, por no existir un concepto claro del momento prevaleciente, pelearon entre sí". A pesar de ello, todas estas corrientes de *la Revolución* fueron finalmente congregadas en la Constitución de 1917: "la Revolución de 1910 [...] alcanzó sus metas al formular la Constitución de 1917 [...]. La Revolución es la Constitución".[69]

Veinte años después de que el partido en el poder propusiera por primera vez una historia que expresara al movimiento social revolucionario de México en —según su perspectiva— toda de su generosa vastedad, finalmente se publicó una. Se distribuyeron veinticinco mil ejemplares de la primera edición del libro y veinte mil de la segunda y la tercera en 1960 y 1961. En 1959, el secretario de Educación la aprobó como "obra de consulta", con lo cual se debería contar con una copia del texto en cada escuela del país.[70]

La *Historia de la Revolución Mexicana* de Morales Jiménez, marca el comienzo de la edad de oro en la construcción de una historia oficial de *la Revolución*. En 1952, el gobierno del estado de Sonora y la Universidad de Sonora propusieron la integración de un archivo de *la Revolución* y la preparación y publicación de una historia de Sonora. Manuel González Ramírez, director del proyecto, señaló que "la Historia proyectada tiene el propósito de superar las diferencias faccionales y las rencillas que entre los diferentes jefes y grupos revolucionarios se suscitaron".[71] La Asociación para la Historia de Sonora fue publicando la más completa compilación de documentos relativos a *la Revolución*[72]. "El conjunto de esos libros acabará por ser: obras de consulta para el estudio histórico revolucionario", escribió González Ramírez, "la demostración de que ese estudio puede ser emprendido sin sujetarse a los estrechos puntos de vista faccionarios".[73]

En 1953, el gobierno nacional fundó el Instituto Nacional de Estudios Históricos de la Revolución Mexicana (INEHRM), una dependencia de la Secretaría de Gobernación. La misión del INEHRM sería reunir documentos sobre *la Revolución* y publicar obras "de carácter oficial relativas a la historia de la Revolución".[74] El mayor mérito de la colección de historias que el INEHRM ha publicado, a decir de Javier Garciadiego Dantan, radica en que es absolutamente plural en términos políticos: en ella tuvieron cabida visiones magonistas, maderistas, carrancistas, villistas y zapatistas, así como las de las demás facciones que formaron ese complejísimo proceso que fue la Revolución Mexicana.[75]

Bajo la dirección de Salvador Azuela, el INEHRM publicó cien títulos para la colección Biblioteca del INEHRM, que incluye biografías, cronologías, volúmenes de documentos y testimonios y algo todavía más importante: historias regionales de *la Revolución*. Para conmemorar el septuagésimo quinto aniversario de *la Revolución*, en 1985, el INEHRM comenzó la colección Biblioteca de Obras Fundamentales de la Revolución Mexicana con la reedición de veintiséis títulos en cuarenta volúmenes, todos ellos memorias, tratados políticos e historias ya clásicas publicadas entre 1910 y los años cuarenta.[76]

La historia oficial de *la Revolución* en las décadas del cincuenta y del sesenta fue rebasada por la historia "objetiva". Gabriel Ferrer de Mendiolea, Jesús Silva Herzog, Berta Ulloa y José C. Valadés en México, así como Frank Tannenbaum, Stanley R. Ross, Robert Quirk y Charles C. Cumberland en Estados Unidos publicaron impresionantes y matizadas obras históricas basadas en la investigación y con una actitud de simpatía hacia *la Revolución*. La siguiente generación de historiadores, los educados durante el "milagro mexicano", resultaron menos impresionados por los beneficios de *la Revolución* y revisaron su historia. El revisionismo, particularmente en la forma de estudios regionales, minó la ortodoxia de la síntesis revolucionaria. *La Revolución*, una vez más, adoptó una forma plural, fragmentada y facciosa: "una explosión de facciones".[77]

Conclusión

La institucionalización del Estado posrevolucionario dio origen al partido revolucionario de México y a su historia revolucionaria oficiales. Antes de 1929, los gobiernos, sin lugar a dudas, conformaron una historia revolucionaria y buscaron la manera de usar el pasado para justificar los modos de proceder del presente. Se invocaba a una revolución genuina, reificada, histórica y persistente para lograr el consenso. Pero hacia 1929 la estrategia resultaba insuficiente. La crisis desatada por el asesinato de Obregón y, más apremiantemente, la amenaza de una guerra civil ocasionada por la desunión entre los revolucionarios, orilló a realizar esfuerzos para unirlos a éstos, históricamente y en el presente. *La Revolución* subsumió a las distintas tradiciones revolucionarias. La contribución de las diferentes facciones revolucionarias fue reconocida, pero *la Revolución* en sí alcanzó proporciones mayores a las de la suma de sus partes en discordia. La historia oficial reparó las grietas en los cimientos políticos del nuevo Estado, al menos, de la parte que la memoria había fracturado.

La historia revolucionaria oficial de México no estuvo dictada por comisarios de cultura ni fue impuesta a la sumisión de las masas. Emergió de la cultura política, centró su atención en un problema político específico y se volvió popular y políticamente correcta. Periodistas, intelectuales, militares, políticos, maestros e historiadores que se identificaban con el nuevo orden político revolucionario del país se convirtieron en los autores de su historia oficial. El carácter "oficial" se debía a esta identificación, más que a la producción o la difusión gubernamentales. Algunas veces (aunque no siempre), el gobierno publicó sus propias historias, que luego distribuía en las escuelas, así como también celebró su historia mediante ceremonias y monumentos conmemorativos. La percepción gubernamental de la historia de *la Revolución* parecía concordar con la de la sociedad en general que, sin lugar a dudas, fue la que favoreció la penetración y credibilidad de esa historia oficial.

Esto ya no opera en el presente. Los estudiosos mexicanos comparten un terreno común en su rechazo categórico a la mitología oficial del Estado revolucionario, dice Allen Wells.[78] Han intentado recobrar a la revolución verdadera para liberarla de la generación que va en retirada y de los ideólogos oficialistas que, señala, la han llevado a un callejón sin salida.[79]

CRONOLOGÍA
1968-2000

1968-1969   En protesta por la masacre de la Plaza de Tlate-
            lolco, Carlos Fuentes, embajador de México en
            Francia, y Octavio Paz, embajador de México
            en la India, renuncian a sus cargos.

1969   El metro de la ciudad de México comienza a
            funcionar.

1970   Lázaro Cárdenas, el ciudadano más respetado
            de México, muere a los 74 años de edad.

            Cárdenas deja un testamento político donde
            critica al gobierno mexicano por haberse des-
            viado del auténtico programa de la Revolución
            y del legado de Madero.

1970-1976   Periodo presidencial de Luis Echeverría Álvarez.

1971   En Semana Santa, el gobierno ataca con gru-
            pos de choque una marcha de protesta, matan-
            do a varios estudiantes. Después se sabe que el
            presidente Echeverría estuvo detrás de la agre-
            sión.

            El historiador Daniel Cosío Villegas obtiene el
            Premio Nacional de Ciencia, Artes y Letras.

1973   Las cadenas televisivas más grandes del país se
            fusionan para dar lugar a la poderosa Televisa, que
            llegará a dominar las transmisiones en todo el país.

            El gobierno instaura Imevisión, cadena televi-
            siva de su propiedad.

1976   Durante el régimen de Echeverría, la deuda ex-
            terna, la burocracia y la cantidad de empresas pro-
            piedad del Estado aumentan considerablemente.

            El presidente Echeverría organiza el golpe gra-
            cias al cual son expulsados los responsables edi-
            toriales de *Excelsior*, periódico independiente.

1976-1982   Mandato de José López Portillo.

1980   El presidente López Portillo inaugura una esta-
            tua ecuestre de sí mismo en Monterrey.

1978-1982   Después de dos años de prudencia fiscal, López
            Portillo utiliza las reservas petroleras de Méxi-
            co para incrementar la deuda nacional y echar
            a andar un masivo programa de obras públicas.

1979   El papa Juan Pablo II visita México, en la prime-
            ra visita pontificia en la historia del país.

1982   Caen los precios del petróleo, lo que reduce los
            ingresos del Estado mexicano al punto de ame-
            nazar la bancarrota. El presidente responde con
            la nacionalización de la banca.

            Durante la administración de López Portillo,
            el jefe de la policía de la ciudad de México, me-
            diante la corrupción, amasa una fortuna que
            alcanza varios cientos de millones de dólares.

1982-1988   Periodo presidencial de Miguel de la Madrid.

Hacia 1982, los mexicanos se refieren a los dos sexenios anteriores como "la Docena Trágica".

1983   El Partido Acción Nacional, de oposición, gana varias elecciones municipales en el estado de Chihuahua, incluyendo Ciudad Juárez.

1984   El periodista Manuel Buendía es acribillado en su casa.

1985   En septiembre, sucede el peor temblor en la historia de la ciudad de México, y provoca cincuenta mil muertes.

Super Barrio Gómez, un ex luchador, se convierte en vocero de la causa de los pobres de la ciudad.

1987-1988   Una "facción democratizadora" del PRI causa importantes defecciones en el partido. Su dirigente, Cuauhtémoc Cárdenas, hijo del ex presidente, se postula como candidato a la Presidencia en 1988. Muchos creen que gana las elecciones, aunque el conteo oficial otorgue al candidato priísta 50.1 por ciento de los votos.

La noche del 6 de julio de 1988, en vísperas de la elección presidencial, la Comisión Federal Electoral anuncia que una falla no explicada en el sistema de cómputo había ocurrido durante el conteo de los votos. Días después, el candidato oficial, Carlos Salinas de Gortari, es declarado vencedor.

1988-1994   Administración de Carlos Salinas de Gortari.

1993   El novelista peruano Mario Vargas Llosa, en un programa televisivo, califica al sistema político mexicano de "dictadura perfecta".

1993   Representantes de México, Canadá y Estados Unidos firman el Tratado de Libre Comercio de América del Norte. El Congreso estadounidense ratifica el tratado en noviembre de 1993.

Ernesto Zedillo, secretario de Educación, autoriza la revisión de los libros de texto gratuitos de historia; como consecuencia, en ellos queda en entredicho la autenticidad de los Niños Héroes, se reevalúa positivamente al Porfiriato y se sugiere que el Ejército fue el responsable de la masacre de Tlatelolco en 1968. Las protestas de militares, políticos y maestros conducen a retirar 6.8 millones de libros de texto.

El 1 de enero, rebeldes zapatistas en el estado de Chiapas toman la ciudad de San Cristóbal de las Casas. En marzo, Luis Donaldo Colosio, candidato presidencial del PRI, es asesinado en Tijuana.

1994-2000   Periodo presidencial de Ernesto Zedillo Ponce de León.

Conclusión

La Revolución afirmada y subvertida

> Si Carranza se casa con Villa,
> y Zapata con General Obregón,
> si Adelita se casa conmigo,
> pos se acabara la Revolución.
>
> *La Adelita*[1]

A finales de la década de los años cuarenta, algunos de los intelectuales más prominentes de México declararon muerta a *la Revolución*. Ninguna revolución, argumentaban, es inmortal, y ciertamente el cambio al conservadurismo bajo la presidencia de Miguel Alemán Valdés (1946-1952) marcó el fin de una era en la historia mexicana moderna. Estos críticos no negaban la revolución histórica, sino la idea de una revolución continua, en otras palabras, la Revolución hecha gobierno, y hallaban pruebas tanto en las palabras como en los hechos. En 1947, José Iturriaga escribió que "la fraseología de la Revolución" ha "ido perdiendo fuerza por el uso y el abuso" que se ha hecho de ella. Dos años más tarde, Jesús Silva Herzog señaló que "el lenguaje revolucionario va perdiendo su sentido y eficacia. Las palabras se desgastan, se quedan vacías y dejan de tener su virtud galvanizadora".[2]

Esta crítica (a la que algunos consideraban más bien una autocrítica) por parte del centro izquierda formulada, desde "dentro de la Revolución", marcó el primer desafío importante la "tradición revolucionaria", que habría de contestar, por supuesto, por boca de sus fieles, los nuevos "voceros" de *la Revolución*. En su estudio de 1956 sobre los intelectuales mexicanos, Charles Haight consideraba que la Revolución, a pesar de tener cuarenta y cinco años de estar desarrollándose, aún era el tópico de tópicos en México.[3] Quienes sostenían que *la Revolución* seguía con vida eran numerosos y vocingleros. Algunos aceptaban que ciertos gobiernos habían cometido errores y que algunos políticos habían sido desleales, pero éstos eran debilidades imputables a individuos, no a *la Revolución*. Manuel Germán Parra, un economista del gobierno, habló por muchos al declarar que

> la Revolución Mexicana no había muerto ni fallado. No puede morir —sostuvo— en tanto sus objetivos históricos más importantes no hayan sido consumados: la independencia económica de México y el desarrollo de su capitalismo. No puede haber fallado —consideraba—, un movimiento social que en aproximadamente medio siglo había establecido las bases para la liberación nacional, destruido el feudalismo y la esclavitud, y que se hallaba construyendo, mediante la industrialización, una sociedad moderna capaz de proveer mejores condiciones de vida para el pueblo.[4]

Le parecía inútil negar la existencia de una "mística" revolucionaria en el pueblo, por vaga que fuera su naturaleza.[5] En 1956, Charles Haight, diez años después, parafraseando a Mark Twain, Stanley R. Ross apuntó que los informes sobre la muerte de la Revolución Mexicana han sido grandemente exagerados.[6] Esta mística, la "tradición revolucionaria", era enseñadad en las escuelas, reafirmada en cada fiesta cívica, recibía especial atención en los aniversarios, se le glorificaba en murales ubicados en los asientos del poder e incluso se le reforzaba en películas y programas de televisión.

Curiosamente, las posteriores disidencias y protestas contra la conducción y las políticas de ciertas gestiones en particular con frecuencia han reafirmado la "tradición revolucionaria"; de hecho, la han usado simbólicamente contra varios gobiernos. Monumentos y rituales se han convertido en sitios y ocasiones para señalar una y otra vez la discrepancia entre el ideal revolucionario y la desilusionante realidad del México contemporáneo. *La Revolución* —la "tradición revolucionaria"— es reafirmada en tales ocasiones, en tanto que se subvierte su propósito original, la legitimación del poder y la unificación de los revolucionarios.

Comenzando los años sesenta, el revisionismo histórico subvirtió prácticamente todos los dogmas de la "tradición revolucionaria". *La Revolución*, en el simbolismo, la historia y el ritual oficiales, se han ido divorciando de la cultura intelectual y académica de México. No sólo se ha declarado la muerte de la Revolución hecha gobierno, sino que la revolución histórica, *la Revolución* misma, ha sido declarada fraudulenta. Su triunfo inequívoco, su carácter popular, su continuidad con las luchas del pasado (en tanto que discontinuidad con respecto al Porfiriato), su permanencia por medio de las reformas, y su unidad esencial, todo, todo era una mera ilusión. La historia oficial, aunque siga siendo producida, ha caído en el completo descrédito.

Historia

Durante la década de los años sesenta, en contraste con la experiencia cubana, el patrón mexicano de transformación era "la revolución preferida" a los ojos de la derecha (gran parte del centro izquierda) en México y la Unión Americana. Por el contrario, para una nueva generación de estudiantes e historiadores mexicanos, la Revolución Cubana era la auténtica revolución, en tanto que la mexicana se había "congelado".[7] Los pronunciamientos oficiales sobre el "progreso revolucionario" quedaban contradichos por la pobreza de millones de mexicanos y cuantificados por científicos sociales respetados. *La democracia en México*, la devastadora crítica al sistema publicada por Pablo González Casanova en 1965, exhibió las grandes fallas sociales, económicas y políticas del llamado progreso de la revolución.[8] Mayores cuestionamientos a *la Revolución* surgieron a raíz de la represión que caracterizó a los sucesivos gobiernos. En 1959, tropas federales atacaron a los trabajadores ferrocarrileros que se hallaban en huelga y el gobierno arrestó a sus líderes. En el otoño de 1968, el Ejército mató a cientos de estudiantes que protestaban en la Plaza de Tlatelolco de la ciudad de México, con lo que se puso fin, poco antes de la inauguración de los Juegos Olímpicos que tendrían lugar en México ese año, a un popular movimiento democratizador que venía creciendo. Para muchos, la masacre de Tlatelolco simbolizó la bancarrota de *la Revolución*,[9] además de cambiar los intereses y la orientación de los interesados en la historia".[10]

El pesimismo respecto al presente fue proyectado sobre el pasado. Había nacido el revisionismo moderno. "Los especialistas se encuentran abismalmente divididos acerca de los méritos del pasado", señalaba David C. Bailey en 1978, y, probablemente, el único terreno común que les queda es el reconocimiento de que actualmente hay menos acuerdo sobre la naturaleza y significado de la Revolución Mexicana que en ninguna otra época desde que los estudiosos comenzaron a poner sus ojos en ella hace más de cincuenta años".[11] Algunos historiadores revisionistas se guiaban por las definiciones y análisis de la revolución propuestos por Marx y Lenin, en tanto que otros hallaban los orígenes de su desilusión en los archivos. El revisionismo no fue privativo de los historiadores mexicanos, más allá de las fronteras, académicos de Estados Unidos y Canadá, así como los de Europa Occidental, la Unión Soviética y Australia, contribuyeron al cuestionamiento de la historia oficial.

Luis González se abocó a investigar la historia de su pueblo natal en 1968, y halló que la Revolución no era la narración gloriosa que se presentaba en los textos oficiales, sino apenas más que una desdichada intromisión del hambre, el bandidaje y la inmoralidad que habrían de provocar cambios poco perdurables. La historia del zapatismo por John Womack contrastaba el carácter revolucionario del movimiento morelense con el conservadurismo y los errores del maderismo y del carrancismo. En 1971, Adolfo Gilly disgregó todavía más a *la Revolución* al mostrar a los movimientos revolucionarios campesinos del zapatismo y del villismo como la auténtica Revolución Mexicana.[12]

El revisionismo colocó al Porfiriato bajo una nueva óptica. Siguiendo la pauta establecida por Alexis de Tocqueville en su aproximación a la Revolución Francesa, ahora los historiadores podían percibir más continuidad que cambio entre el viejo y los nuevos regímenes. En 1969, Donald Kessing sostenía que la Revolución, más que cambiar su naturaleza esencial, había interrumpido el desarrollo de la economía de México. En una interesante serie de obras consagradas a la historia de las ideas publicada en los setenta, Arnaldo Córdova sostuvo que la ideología del desarrollo capitalista había sido respaldada por la burguesía nacional durante el gobierno porfirista y durante los gobiernos revolucionarios por igual. Los historiadores de la política sostuvieron que la Revolución simplemente modernizó el gobierno autoritario. En última instancia, indicó Peter H. Smith en 1979, el Partido Revolucionario Institucional, no ha institucionalizado a la Revolución Mexicana. "Lo que ha hecho es encontrar una nueva fórmula para reinstitucionalizar la esencia del porfiriato".[13]

Los estudios locales y regionales realizados en los años setenta y ochenta desacreditaron la imagen de una revolución única y unificada y contribuyeron a la interpretación revisionista que considera a la experiencia mexicana como una revolución popular fallida o como un exitoso movimiento burgués. Estudios realizados en Tlaxcala, Hidalgo, la Huasteca veracruzana, Guerrero, Jalisco, Michoacán, Chiapas y otros estados y regiones han revelado que la lucha agraria y los conflictos de clase quedaron relegados ante las luchas de facciones entre terratenientes y el surgimiento de nuevos caciques.[14]

En 1979, en ocasión del cincuentenario de la fundación del partido en el poder, la portada del semanario *Proceso* mostraba una pareja celebrando sus bodas de oro. La regordeta meretriz viste un entalladísimo vestido tricolor y su joyería ostenta las iniciales "PRI". En contraste, el marido, un esqueleto harapiento, apenas soporta una doble canana. En la claridad del mensaje se expresa una verdad simple pero amarga: el partido en el gobierno es una mujerzuela convertida en nueva rica, en tanto que su "compañero", la Revolución Mexicana, ha muerto hace décadas, aunque no ha sido sepultado. La imagen resume mil veces mejor que ninguna otra historia revisionista el criterio de la época.[15]

Sería deshonesto, a estas alturas, no mencionar la breve reaparición de la tesis de la "revolución popular" en los ochenta. Dos historias comprensivas que adoptan sendas perspectivas radicalmente distintas, contradijeron la interpretación revisionista de "la gran rebelión". Alan Knight y John Mason Hart intentaron restablecer nuestra fe en la Revolución Mexicana, si no es que en *la Revolución* misma.[16] Los historiadores mexicanos, a pesar de ello, parecen no haber seguido los derroteros marcados por Knight y Hart.

El revisionismo histórico no ha destruido a la tradición revolucionaria dentro de la cultura política de México. No sobrevive únicamente en el simbolismo y la retórica oficiales. Los opositores al sistema posrevolucionario han reclamado algunos fragmentos de la tradición y, algunas veces, le han encontrado utilidad para contrastar un presente corrupto con un pasado prístino. Símbolos y rituales no han perdido su significado para amigos y enemigos del sistema.

Monumento

En décadas recientes, los caricaturistas de México se han apropiado la imagen del Monumento a la Revolución para criticar al "régimen de la Revolución". En 1977, Rius recreó una ceremonia de aniversario del 20 de noviembre en el monumento. En su trabajo, uno de los participantes, confuso, pregunta si es el aniversario del triunfo *de* la Revolución o del triunfo *sobre* la Revolución. Para Rocha, otro caricaturista, con el correr de los años, la plutocracia ha ocupado los sitios de honor en el monumento, en tanto que los mexicanos comunes y corrientes, antes representados y honrados en los cuatro grupos escultóricos, se encuentran ahora en las calles vendiendo fruta para sobrevivir. En el septuagésimo quinto aniversario de la Revolución de 1910, el caricaturista Naranjo sintetiza la ridiculización que ha hecho el PRI de la revolución genuina y de sus símbolos. Tres años después, Naranjo representó a la Revolución —representada por el monumento— como un obediente perrito faldero de la elite capitalista mexicana.[17]

Para los opositores al sistema político posrevolucionario, el Monumento de la Revolución se yergue como un reproche; a decir de ellos, su propósito ha sido la deslegitimación del poder y de la autoridad del Estado. El monumento ha servido como sitio de peregrinaje, protesta y confrontación para quienes proponen reformas, así como para los oponentes de las sucesivas administraciones gubernamentales y del sistema político en sí. En 1959, los trabajadores ferrocarrileros en huelga marcharon hacia el monumento y fueron atacados por la policía. En noviembre de 1975, cerca de ciento cincuenta mil simpatizantes de la Tendencia Democrática (TD), un sindicato independiente de electricistas, marcharon a la plaza. Un segundo mitin en el monumento, en marzo de 1976, movió al gobierno a reunir veintisiete mil policías, quince tanques antimotines y veinticinco tanques del ejército. El presidente del PRI acusó a la TD de usar el monumento (el sitio menos apropiado, consideró) como escenario para su afán de agitación. En octubre de 1979, el recién formado Sindicato Nacional de Trabajadores Universitarios escogió el monumento como sitio desde donde anunciar al país el nacimiento de su organización. A finales de los ochenta, el sindicato nacional de maestros organizó un mitin masivo para presionar al gobierno para la satisfacción de sus demandas. Y en marzo de 1987, los sindicatos independientes organizaron otro mitin para exigir un incremento de emergencia a los salarios y la suspensión del pago de la deuda externa. En cada una de las reuniones, y en las muchas más que se han sucedido, los opositores al régimen han confirmado la imagen mítica del Monumento a la Revolución y han intentado usar su simbología en contra de los regímenes que, a sus ojos, han traicionado a *la Revolución*.

Es plausible afirmar que el Monumento a la Revolución conmemora el surgimiento de un Estado autoritario y maquiavélico, y no tanto el de una revolución popular y su progenie política. Gustavo de Anda expresó en 1967 que la Revolución es el emblema de la consolidación del poder político en México mediante el Partido Revolucionario Institucional. En la opinión de De Anda, el monumento simboliza no *la Revolución*, ni la lealtad o la deslealtad del gobierno a ella, sino su desfiguramiento, su muerte y su entierro.[18]

El sentido público de un monumento conmemorativo como el de la Revolución es cambiante, como cualquier otro significado de todo símbolo. Entonces, debemos hablar de "significados" que evolucionan con el transcurso del tiempo y difieren según el observador —superposiciones de significados que, como sedimentos, se depositan conforme pasan las eras. Por supuesto que esta consideración resulta irónica, dado que la "monumentalidad" de los monumentos es concebida por sus creadores como medio para volver permanente y perdurable una interpretación particular del pasado. En su necesidad de conformar una memoria pública, generalmente es el gobierno el que define el "significado" primigenio de un monumento. Sin embargo, como lo hace notar James E. Young, "una vez creados, los monumentos conmemorativos empezaron a vivir su propia vida y, con frecuencia, oponen terca resistencia a las intenciones originales del Estado" que les dio origen.[19] Un monumento erigido con el propósito de legitimar el poder del Estado puede ser investido de significados novedosos, y su propósito, convertido en otro que refute el poder estatal. El Monumento a la Revolución cumple con ambas funciones, y al hacerlo refleja las tensiones de la sociedad mexicana actual.

El festival

Cada 20 de noviembre, los políticos todavía lanzan discursos en el Monumento a la Revolución, los presidentes aún rinden honores a los cada vez menos y más ancianos revolucionarios sobrevivientes, y miles de deportistas desfilan a lo largo del centro sagrado de México, en representación, como sin duda lo espera el régimen, de un México en ruta al progreso. Daniel Esparza Hernández señala que la parada deportiva "amalgama colores, iconos y símbolos que admira o [a los que] aspira un país de juventud pujante y creciente".[20] Sin embargo, con el paso del tiempo, otra imagen y una interpretación opuesta de las tradiciones del 20 de noviembre ha surgido. En los cincuenta, *Excélsior* hacía notar que el aniversario fue y vino sin dejar huella. Se había convertido, haría notar, en una fiesta obligatoria, desfile "deportivo" ritual.[21] Cuarenta y tres años más tarde, Aurora Serrano González señaló que "no hay nada nuevo en el desfile del 20 de noviembre".[22] El 20 de noviembre de 1968, ni siquiera a dos meses de la masacre de manifestantes en la Plaza de Tlatelolco, Alfonso Martínez Domínguez aseguró a la nación que la Revolución no era mero discurso ni sólo retórica.[23] Para el caricaturista Rius, unos años después, la retórica revolucionaria daba pie a un imponente muro que separaba del pueblo a los políticos. La imagen de un México joven y vigoroso "en ruta al progreso" les parecía, a algunos, tan petrificado como las estatuas de sus héroes. El desfile, según la concepción de Rius en 1984, carecía igualmente de movimiento, excepción hecha de los políticos corruptos que se daban a la fuga con su botín.[24] La portada de *Siempre!* correspondiente al 20 de noviembre de 1992 muestra a un criado que abre el clóset para sacudir a Madero, Carranza, Zapata y Villa. El mensaje es diáfano: cada año, el gobierno ensalza a sus iconos revolucionarios por unos cuantos días, sólo para regresarlos, junto con los principios que simbolizan, a un almacén, y olvidarse de ellos por un año más.[25]

Los tradicionales actos conmemorativos del 20 de noviembre se han convertido paulatinamente en una forma vacía de contenido. En 1978, el desfile, a decir de *Unomásuno*, había sido, simplemente, un espectáculo al estilo Las Vegas. Para *Siempre!*, cada año se presenta al pueblo de México y a sus visitantes una revolución reducida a espectáculo.[26] Este *show*, señaló un líder agrarista y manifestante en 1993, el desfile deportivo, "no tiene relación alguna con la Revolución Mexicana".[27] Para la mayoría de los mexicanos, la celebración verdadera es la que sigue a las oficiales. El 20 de noviembre de 1982, Manuel Moreno Sánchez apuntó en ese año, "fue uno más de oraciones oficiales ante auditorios aburridos y prontos a dispersarse para seguir luego las inclinaciones propias de cada uno".[28] Después de los discursos y del desfile, las familias hacen su día de campo en los parques, los niños juegan, los músicos cantan y las parejas bailan, los jóvenes juegan beisbol y futbol.

Si bien los rituales oficiales del día de la Revolución han perdido su poder y significación para muchos mexicanos, el día en sí conserva su significado. Críticos y opositores al régimen posrevolucionario con frecuencia solían elegir el 20 de noviembre para señalar la naturaleza antidemocrática del partido oficial y las políticas "antirrevolucionarias" del gobierno priísta. En 1993, por ejemplo, diversas organizaciones campesinas independientes emprendieron una marcha del Monumento de la Revolución al Zócalo para protestar en contra de las reformas al artículo 27 de la Constitución promovidas por el gobierno del presidente Carlos Salinas de Gortari y para "luchar por la reivindicación del contenido social agrarista de la Revolución Mexicana".[29] Ese mismo año, los conservadores del Partido Acción Nacional llevaron a cabo su convención nacional el 20 de noviembre para recordar a los mexicanos que los panistas son los herederos auténticos de Madero y de su revolución democrática, y que el monopolio del Partido Revolucionario Institucional era una nueva manifestación de la dictadura de Díaz. Dentro de la izquierda, Cuauhtémoc Cárdenas Solórzano, el candidato presidencial por el Partido de la Revolución Democrática, viajó a San Luis Potosí el 20 de noviembre a sentarse en la celda donde estuvo Madero en 1910 y para reunirse con sus prosélitos.[30] Carteles políticos por todo el país mostraban a Cárdenas como un nuevo Madero con una vieja exigencia: "¡Por un sufragio efectivo!" El simbolismo inmerso en las conmemoraciones y en los monumentos, como espada de doble filo, corta en dos sentidos: subvierte y sanciona.[31]

Las conmemoraciones del 20 de noviembre, en un principio rituales cívicos de menor intensidad, evolucionaron hasta convertirse en grandioso espectáculo patrocinado por el Estado. Un día de remembranza se trasformó con el tiempo en un vistoso anuncio del proyecto del Estado y hasta de la misma burocracia. Esta transformación es sólo un ejemplo más de la creatividad política de los hombres que idearon la institucionalización de la Revolución. Los voluntariosos realistas que lograron construir las instituciones y disciplinar a las facciones también construyeron lo que hoy llamamos un discurso hegemónico, aquel que es comunicado mediante días cívicos conmemorativos, monumentos públicos y una historia oficial. El espectáculo del 20 de noviembre fue, y es, sólo una parte de dicho discurso.

El día de la Revolución autoriza, justifica y legitima al PRI, al régimen actual y al Estado posrevolucionario, debido a que tales instituciones descienden de la Revolución y ponen en práctica sus promesas. Las protestas que tienen lugar en esa fecha, por el contrario, afirman lo contrario (la discontinuidad y el fracaso), con lo que el símbolo se vuelca contra sus poseedores. La representación, la celebración, la autorización, la subversión: el 20 de noviembre es un día variopinto.

La Adelita

El cantor anónimo que agregó la cuarteta del matrimonio a *La Adelita* durante alguna de las tantas campañas revolucionarias especuló sobre, y sin duda deseó, la unificación de todas las facciones revolucionarias. Sorprende su presciencia. Una de las tareas fundamentales del Estado posrevolucionario y de sus voceros fue precisamente ésa: la unificación de las facciones en el presente y en el pasado. La tradición revolucionaria, manifestación simbólica de la institucionalización de la Revolución, buscó restañar la memoria del amargo divorcio entre Carranza y Villa y el resto. En festivales, monumentos e historia, la tradición revolucionaria volvió a casar a Carranza con Villa y a Zapata con Obregón, al tiempo que celebró y transmitió a las generaciones venideras una sola Revolución, la Revolución como un bloque, "la combinación invisible de las aspiraciones populares".[32]

Empero, *la Revolución* no es materia inerte. José Revueltas señaló, en 1974, que un proceso simbiótico había tenido lugar: Revolución y nacionalidad [...] son consustanciales.[33] Incluso después de que los regímenes priístas sean un distante recuerdo, *La Revolución* seguirá siendo honrada en la memoria, el mito y la historia.

Notas

Introducción

[1] Sáenz, citado en una conferencia dictada por Ramón Beteta el 22 de julio de 1930, "The moving forces in Mexican life", en Beteta 1937: 8.

[2] Estos "voceros" de *la Revolución* eran intelectuales en tanto proporcionaban explicaciones del mundo, pero no pueden ser considerados como "grandes" intelectuales de la estatura de Justo Sierra o Antonio Caso, u "orgánicos" surgidos de las comunidades locales, como los descritos por Alan Knight. A ellos les viene mejor la categoría de clase media intelectual, poseedores de "cierta preparación", como lo señala Gloria Villegas Moreno. Véase Villegas Moreno 1991: 211-212 y Knight 1991: 141-171.

[3] Alphonse de Lamartine, "Declaration of principles", citado en Clifford Geertz, "Ideology as a culture system", en Geertz 1973: 221.

[4] Declaración que Carlos Pereyra atribuye a Wilson y citada en Calvert 1972: 153.

[5] Luis Cabrera, "México y los mexicanos", en Cabrera 1975, t. III: 398. Por la misma época, Carlo de Fornaro hizo notar que "uno tiene la propensión de ver sólo una destrucción infructuosa de la propiedad, un sacrificio inútil de vidas". Véase Fornaro 1915: 532.

[6] Un observador contemporáneo se percató de que la producción de libros aumentó en la década en cuestión. Henry C. Schmidt apunta: "la década de 1910 a 1920 se saturó de intelectualidad", en Schimdt 1991: 173.

[7] Kellner 1989: 208.

[8] Berlin 1992: 224.

[9] Renan 1990, conferencia dictada en la Sorbona el 11 de marzo de 1882, "Qu'est-ce qu'une nation?", reproducida como "What is a nation?", en Renan 1990: 19.

[10] Anderson 1991: 195.

[11] Meyer 1995: 33.

[12] Colley 1992: 5.

[13] Zerubavel 1995: 6-7.

[14] De acuerdo con William Pfaff, una nación es "una comunidad con una memoria común —un pueblo que ha sufrido junto". Véase Pfaff 1993: 58.

[15] Acton 1862: 170.

[16] Pastor Bodmer 1992: 50 100; Rabasa 1993: 83-124.

[17] Jara 1989: 349-379; Brading 1973: 59-148.

[18] Brading 1991a: 576-602, 634-647.

[19] Florescano 1994: 184-227.

[20] Krauze 1994: 58-66.

[21] Potash 1960: 389-391.

[22] Maciel 1991: 579. [N. del trad.: Maciel, a su vez, refiere al lector al libro de Josefina Vázquez, *Nacionalismo y educación en México*, México, Colegio de México, 1970 p. 5-16].

[23] O'Gorman 1960: 423-426; Benjamin y Ocasio-Meléndez 1984: 323-364.

[23b] La síntesis liberal sobrevivió años después de entrado el siglo XX. Generaciones de escolares mexicanos aprendieron su historia patria en las múltiples ediciones de los libros de texto de Justo Sierra (*Catecismo de Historia Patria*, 1894; *Veinticuatro cuadros de Historia Patria*, 1907; y *Elementos de Historia Patria*, 1894, 1904, 1916 y 1922, utilizado hasta 1958). Después de la Segunda Guerra Mundial, con la ayuda de múltiples colaboradores, Félix F. Palavicini intentó actualizar la síntesis liberal al estilo de Riva Palacio y de Sierra, con la redacción de los muchos tomos de *México, historia de su evolución constructiva* (1945). Las obras de Fernando Iturribarria, Jesús Silva Herzog y, especialmente, Jesús Reyes Heroles (*El liberalismo mexicano*, 1957-1961) insistían en el argumento de que la causa liberal —redefinida en términos más amplios— era y es la causa de México. El "liberalismo", escribió Iturribarria, "es decir, la democracia social, por fin ha triunfado con el programa de la Revolución Mexicana".[N. de la T.]

[24] Halbwachs 1950 y 1992.

[25] Kammen 1991: 10.

[26] Wieseltier 1993: 18.

[27] Cabe señalar que los "voceros" de *la Revolución* no monopolizaron la memoria colectiva de México. Los soldados revolucionarios y otros participantes "cotidianos" rara vez poseyeron una imagen global de la revolución o la entendieron como una entidad unificada. Véase González y González 1985: 5-13.

[28] Ausband 1983: 114; McNeill 1981: A19.

[29] Tumarkin 1994: 8.

[30] Davis y Starn 1989: 2.

[31] Carl Becker, "Everyman his own historian" (1931), en Becker 1966: 248; Hartog 1990: 15; y Hutton 1998: 312.

[32] El término proviene de Foucault (1977); discutido y empleado por Lipsitz 1989: 213 y Zerubavel 1995: 10-12.

[33] Popular Memory Group, "Popular memory: theory, politics, meted", en Popular Memory Group (eds.) 1982: 208.

[34] Hume, citado en Schaar 1984: 128. [N. del ed.: Treatise of human nature, libro III, parte II, secciones I-VI, y parte III, sección VI.]

[35] "En el mundo moderno, la identidad nacional, mucho más que ninguna otra, ha sido, como tal, una identidad generalizada. Por ende, su marco de acción, el nacionalismo, ha sido el marco de acción de la conciencia social moderna. En contraste, fue la religión la que constituyó el marco de acción de la conciencia social en el mundo premoderno; el nacionalismo ha reemplazado a la religión en tanto mecanismo cultural dominante en la integración social". Greenfield 1996: 171.

[36] Es interesante advertir que la misma verdad es aplicable al Porfiriato. La síntesis liberal, y el discurso político en general, indica Charles A. Hale, reflejaba la obsesión por la "unión" y por la "reconstrucción" del partido liberal. Véase Hale 1997: 830.

[37] Walzer 1967: 194.

[38] Pierre Nora, "General introduction: between memory and history", en Nora (dir.) 1996: 5.

[39] Gunther 1940: 55.

[40] Inman 1938: 271. "En México, Revolución y nación son conceptos indivisibles, que se influyen y determinan de manera permanente: PRI 1983: 7-8.

[41] "Finalmente, llegamos a la cuestión de la nacionalidad, a la identificación del liberalismo decimonónico y la revolución del siglo veinte con el destino de la nación". Hale *op. cit.*: 834.

[42] Lombardo Toledano, 1943. La Tercera República Francesa después de 1871, además, "tuvo que forjar una conciencia cívica y una comunidad nacional después de tres revoluciones, un imperio, una república de corta vida, una guerra civil y una derrota militar importante, todo, en el transcurso de unos cuantos años. Triunfaron porque tenían una historia que hacer sobre una Francia capaz de atar pasado y futuro en un solo relato". Véase Judt 1998: 58.

[43] De la Madrid 1985; PRI: 1972.

Primera parte. La puesta en escena

[1] El ciudadano Bolaños, 27 de noviembre de 1916, citado en *Diario de los debates del Congreso Constituyente, 1916-1917*, t. I: 170.

[2] Algunos historiadores generalmente han visto a *la Revolución* como una construcción posrevolucionaria. En relación con los años veinte, David A. Brading escribe: "Lo que hasta entonces había sido visto como una serie desastrosa de guerras civiles entre caudillos bárbaros y caciques re-

gionales ahora era reivindicado como *la Revolución*, definida como un hito en la vida nacional, poseedora de una Constitución que expresaba las aspiraciones sociales del pueblo mexicano". Véase Brading 1991b: 838. Luis Anaya Merchant la concibe como una construcción posterior a 1940. Véase Anaya Merchant 1995: 526.

[3] Wahrman 1995: 14.

[4] En 1981, Henry C. Schmidt se percató de la necesidad de estudiar la vida literaria regional, la cual "incluía una subcultura que frecuentemente se había desarrollado en relación con la Revolución". Véase Schmidt 1991: 181.

[5] Citado en MacLachlan y Beezley 1994: 285.

1. 1911-1913

[1] Brodsky 1993: 62.

[2] O'Gorman 1961: 9, 54, 124. (Véase O'Gorman 1958: 15, 57 y 135) También Larson 1995: 110-116.

[3] Hans Kellner ha actualizado esta idea al proponer que "los historiadores no 'encuentran' la verdad sobre los sucesos con base en un devenir continuo e inventan sentidos que producen los patrones internos de dicho devenir" (Kellner 1989: 24).

[4] Nelson Goodman llama "hechura de mundos" a esta estrategia (Goodman 1978).

[5] Mariano Azuela, *Los de abajo*, en Azuela 1958: 362.

[6] El término "maderista" y otros similares ("zapatista", "carrancista", etcétera) son simplificaciones obligadas dada la naturaleza de un ensayo de las presentes dimensiones. Cada uno de estos términos encubre las rivalidades políticas, la complejidad social, las fluctuaciones en la afiliación y las contradicciones ideológicas que se daban dentro de cada ámbito en cualquier sitio y momento.

[7] Koselleck 1985: 40. Enrique Krauze alude a la "palabra mágica" en Krauze 1995: 9.

[8] Staples 1992: 161-167 y Hale 1994: 164-166.

[9] Brading 1991a: 645-649; Hale 1968: 17-31; Mora 1950, t. III:15.

[10] Krauze 1993: 16.

[11] Para un ejemplo concreto, véase Costeloe 1988: 245-264. Luis Cabrera señaló en 1920 que en el siglo diecinueve "se [había] profanado el nombre de Revolución". *La herencia de Carranza* (1920), reproducido en Cabrera 1985: 228.

[12] Una circular emitida por el gobierno de Nuevo León proclamaba una amnistía de 1876 sin hacer distinción alguna entre "revolucionarios" e "insurrectos". Véanse ejemplos similares en Ballard 1978: 208.

[13] Stevens 1991: 10.

[14] Costeloe 1993: 256.

[15] Plasencia de la Parra 1991: 131.

[16] Brading 1988: 141.

[17] Pi-Suñer Llorens 1992: 176.

[18] Covo 1988: 69-70.

[19] Juárez citado por Hamnett 1994: 109.

[20] Guerra 1988, t. I: 169; Bastian 1988: 79-88.

[21] Plasencia de la Parra, *op. cit.*: 99.

[22] Hamnett, *op. cit.*: 112-113.

[23] Gildea 1994: 36-39; Hale 1989: 38-41.

[24] Bastian, *op. cit.*: 79.

[25] Giron 1992: 212. Véase también la p. 209.

[26] Thompson 1990: 31-32; Covo, *op. cit.*: 69-81; Bastian, *op. cit.*: 82-110.

[27] Lira 1992:179-200; el ensayo de Sierra sobre la historia de México apareció por primera vez en *México, su evolución social* (1900-1902). La cita proviene de Sierra 1993: 259.

[28] Hobsbawm 1992: 270-272.

[29] La palabra "bola" "es muy usada para designar toda reunión numerosa de gente en desorden": Santamaría 1974: 141.

[30] Rabasa, citado por Aub 1971: 5.

[31] "Discurso pronunciado por don Francisco I. Madero, al colocar la primera piedra al monumento destinado a Aquiles Serdán, aprovechando el momento 'para combatir algunos errores que han llegado a tomar cuerpo de doctrina entre determinados grupos políticos...'", 23 de noviembre de 1912, reproducido en Fabela 1964-1965, VIII, IV: 212.

[32] José María Pino Suárez, "Al pueblo yucateco", 21 de abril de 1911, reproducido en Fabela I: 320.

[33] Licenciado Blas Urrea [Luis Cabrera], "La Revolución es Revolución", 20 de julio de 1911, reproducido en Urrea 1921. Con el paso del tiempo, la frase se transformó en "La Revolución es la Revolución". Cabrera hace referencia a su artículo y su significado en "La Revolución de entonces (y la de ahora)", 26 de noviembre de 1936, reproducido en Meyer 1972: 156.

[34] Cassirer 1999: 166-167: "El lenguaje es, por naturaleza y esencia, metafórico. [...] Es imposible expresar ideas abstractas en el lenguaje humano si no es valiéndose de metáforas. John Dewey y Arthur F. Bentley arguyen que el acto de nombrar puede ser considerado "en sí mismo, y de manera directa, como una forma de conocimiento" dado que sitúa a lo nombrado dentro de una clase de objetos que ha de permitir la comparación y el enjuiciamiento (Dewey y Bentley 1960: 147).

[35] Solís Cámara 1915: 8.

[36] Plumb 1973: 33.

[37] Connerton 1989: 7.

[38] "La solución del conflicto", reproducido en Urrea *op. cit.*: 178.

[39] González y Figueroa Doménech 1911: 5.

[40] Martínez, Samper y Lomelín 1912: 6.

[41] Hernández citado por Serrano 1911: 305-306; Fernández Güell 1911.

[42] "Discurso pronunciado por don Francisco I. Madero...", el 23 de noviembre de 1912, en Fabela 1964-1965 IV: 215.

[43] Discurso de Francisco I. Madero en Veracruz, 23 de septiembre de 1911, citado en Cumberland 1952: 211. (Véase Cumberland 1977: 242.)

[44] Hart 1987: 258-259.

[45] Palacios 1969: 7.

[46] Estrada 1912: II-III.

[47] Cabrera, "La Revolución es la Revolución", en Urrea *op. cit.*: 240-241.

[48] Serrano *op. cit.*: 307.

[49] "Se puede expresar de otra manera diciendo que la reificación es la aprehensión de los productos de la actividad humana *como si* fueran algo distinto de los productos humanos, como hechos de la naturaleza, como resultado de leyes cósmicas, o manifestaciones de la voluntad divina". Berger y Luckmann 1968: 116; véase también Thomason 1982: 88-93.

[50] Berger y Pullberg 1965: 206-207.

[51] Schultz 1973, I: 285.

[52] "El cambio del gabinete Díaz", *México Nuevo* 8 (29 de marzo de 1911) y 9 (30 de marzo de 1911).

[53] Martínez, Samper y Lomelín *op. cit.*: 9. "González, Moya y Guillermo Baca" se refiere a Abraham González, José Luis Moya y Guillermo Baca, todos ellos revolucionarios.

[54] Cabrera, nota preliminar, "La Revolución dentro del gobierno", 27 de julio de 1911, en Urrea *op. cit.*: 244.

[55] Puente 1912: 62.

[56] Thomason *op. cit.*: 7.

[57] Ross 1959: 264.

[58] Estrada *op. cit.*: 487; Cabrera, "La Revolución dentro del gobierno", 27 de julio de 1911, en Urrea *op. cit.*: 279; Knight 1986, t. I: 467 (Knight 1996, t. I: 524-525); y "Memoria presentada por el Bloque Liberal Renovador a don Francisco I. Madero", pp. 10, 15.

[59] Knight 1986, t. I: 378. Sin embargo, en el epígrafe a su libro, Knight cita a Bernardino de Sahagún y compara a la Revolución Mexicana con Tezcatlipoca, un dios mexicano antiguo, "el que entendía en el regimiento del mundo, [dador de] las prosperidades y riquezas [...] que él solo las quitaba cuando se le antojaba". La tentación de reificar es casi irresistible.

[60] Los seguidores del régimen de Díaz, enemigos de la insurrección maderista, naturalmente, desataron un bombardeo de críticas. Véase, por ejemplo, Vera Estañol 1911. Para el análisis de la crítica expresada por un diario opositor, véase Rodríguez Kuri 1991: 697-740.

[61] "Manifiesto de los Flores Magón para definir su actitud anarquista en relación con la Revolución. 23 de septiembre de 1911", en PNM: 1987: 149.

[62] "Plan de Tacubaya que reforma al de San Luis Potosí, 31 de octubre de 1911", PNM: 155.

[63] Zapata en una carta a Madero, 17 de agosto de 1911, en Cumberland 1977: 205, n. 31.

[64] Cita proveniente de la "Ley Orgánica de la Revolución del Sur y Centro de la República, noviembre de 1911", en PNM 1987: 191. Véase también "Plan de Ayala, Campamento de las Montañas de Puebla, 1 de diciembre de 1911", en PNM: 187-189.

[65] Geertz 1997: 24.

2. 1913-1920

[1] Plumb 1973: 34.

[2] Pesqueira en 1913, citado en González-Blanco 1916: 517.

[3] Valadés 1985, t. II: 312.

[4] Francisco Bulnes se refiere a "la exaltada figura de Madero" y a la transformación de éste "en un verdadero ídolo a los ojos del pueblo". Véase Bulnes 1977: 124.

[5] Fabela, "El apóstol Madero", en *La Voz de Sonora,* 14 de septiembre 1913. En el artículo se compara el martirio de Madero con el de Cristo.

[6] Parra 1915: 12-13. Stanley R. Ross indica que "al menos por un tiempo, el martirio de Madero logró lo que el político no pudo hacer estando vivo: unir a todos los revolucionarios bajo un mismo emblema". Véase Ross 1970: 340.

[7] Isidro Fabela, "El apóstol Madero", citado en Seoane 1920: 13.

[8] "Ayer fue glorificado el presidente Madero por una gran muchedumbre", en *El Demócrata,* 19 de septiembre de 1914. Un mes antes, el general Álvaro Obregón había presidido un acto para conmemorar a Madero. Véase "Grandioso homenaje de los vengadores al mártir de la Revolución", en *El País,* 18 de agosto de 1914.

[9] Katz 1998: 459-460.

[10] Taracena 1987: 163.

[11] Gruening 1928: 647. Todd Downing arguye que los corridos "suplen al periódico, al cine y a la radio porque proveen de noticias, ficción, chisme, drama, historia, chistes y discursos políticos" (Downing 1940: 232).

[12] Simmons 1957: 87.

[13] "Manifiesto a los habitantes de Sonora, Primera División del Ejército Constitucionalista del Estado de Sonora, 12 de marzo de 1913", en PNM, libro 7, p. 245. Sentimientos idénticos son expresados en el "Pronuncia-

miento de la guarnición de Campeche en adhesión al constitucionalismo, 10 de junio de 1913", y en la "Proclama del general Felipe Ángeles al Ejército Mexicano para que se una a la revolución, para combatir a Huerta, 17 de octubre de 1913", en PNM: 259, 261.

[14] Berlanga 1914: 58.

[15] "Comentario a cada uno de los artículos del Plan de Guadalupe y a un programa político que se elaboró en una convención preliminar de constitucionalistas en El Paso, Texas, Piedras Negras, Coahuila, 10 de abril de 1913", en PNM: 251.

[16] "Manifiesto del general Lucio Blanco a los soldados constitucionalistas de los estados de Nuevo León y Tamaulipas, Tamaulipas, agosto de 1913", en PNM: 260.

[17] "Declaraciones del Primer Jefe del Ejército Constitucionalista", en Fabela 1960-1970: 502.

[18] "El problema agrario", en *El Renovador, op. cit.*: 291.

[19] Córdova 1973: 136.

[20] "La Revolución no debe detenerse", en *El Renovador*, segunda época, 1 (10 de marzo de 1914). Enrique Amado hizo notar que el gabinete de Madero estaba infectado por "el virus limanturista" (Amado 1914: 10).

[21] "Madero Mártir y los Maderos déspotas", en Padilla González 1915: 28.

[22] "Jerges azota al mar", en *El Renovador*, 12 de mayo de 1914.

[23] Atl 1915: 5.

[24] Serrano y Del Vando 1914: 38. Identificarse con la figura de Madero no ha pasado de moda. En los festejos del 20 de noviembre de 1995, el secretario de Gobernación equiparó al gobierno del presidente Ernesto Zedillo con el de Madero. Véase Pérez Silva y Garduño Espinosa, "Acto casi priísta en la Plaza de la República", en *La Jornada*, 21 de noviembre de 1995.

[25] Knight 1946, II: 658-659.

[26] Knight 1986, II: 36 y 96, respectivamente. "'¡Esta Revolución no tiene nada que ver con la de 1910!', decía el ciudadano Carranza, afanado en desvincularse del apóstol Madero" en CONFLICTO, 1915.

[27] "Abajo caretas. Los hombres de don Venustiano Carranza. El general Álvaro Obregón", en El Paso, Texas, 9 de mayo de 1914, Cartel de la Colección Documental del Instituto Nacional de los Estudios Históricos de la Revolución Mexicana, AGN, caja. 11, exp. 6, f. 11. (En adelante CD-INEHRM, con datos pertinentes).

[28] "Manifiesto de Francisco Villa al pueblo mexicano. Chihuahua, Chihuahua, septiembre de 1914", en PNM 1987: 318. En 1917, Villa declaró que combatía contra Carranza "por haber traicionado a la Revolución" ("A la Nación. Programa del Partido Reconstructor Nacional", Río Florido, Chihuahua, octubre 11 de 1917, Manuscript Division, Library of Congress, núm. 114. (En adelante LC con número correspondiente).

[29] Llorente 1915: 10.

[30] "Acta de ratificación del Plan de Ayala", San Pablo Onotepec, 19 de julio de 1914, Manuscript Division, LC 87a.

[31] "Manifiesto a la nación del general Emiliano Zapata, estado de Morelos, 20 de octubre de 1913", y "Manifiesto de los zapatistas al pueblo mexicano. Milpa Alta, México, agosto de 1914", en PNM: 275-277, 312-314.

[32] "Acta de ratificación del Plan de Ayala", 1914, LC.

[33] "Exposición al pueblo mejicano y al cuerpo diplomático", 1 de octubre de 1916, reproducido en *Méjico Revolucionario* 1918: 59.

[34] Quirk 1962: 118.

[35] León J. Cánova al secretario de Estado William Jennings Bryan, en Quirk 1962: 119.

[36] Katz 1998b, II: 433.

[37] Véase, por ejemplo, el "Programa de reformas político-sociales de la Revolución aprobado por la Soberana Convención Revolucionaria. Jojutla, Morelos, 18 de abril de 1916", en PNM: 353-355.

[38] Arnaldo Córdova describe al PLM como una corriente revolucionaria sectaria con limitado ascendiente sobre la población. Véase Córdova *op. cit.*: 135.

[39] Ruiz 1980: 170.

[40] Hodges 1995: 7-32.

[41] Ricardo Flores Magón, Librado Rivera, Anselmo L. Figueroa, Enrique Flores Magón, "Manifiesto a todos los trabajadores del mundo", en *Regeneración*, 3 de abril de 1911, reproducido en Bartra 1977: 352.

[42] "Address of Enrique Flores Magón in Federal Court, Los Angeles, June 22, 1916", en MacLachlan 1991: 128-129.

[43] R. Flores Magón, "El rebaño inconsciente se agita bajo el látigo de la verdad", en *Regeneración*, 4 de marzo de 1911; "La necesidad del momento", *Regeneración*, 8 de enero de 1916, y "Zapata y Villa", en Bartra 1977: 466, 427 y 428.

[44] Véase la sección dedicada a la propaganda villista en Katz *op. cit.*: 423-426, y Furman 1978: 171-192. Es posible que *Vida Nueva* también haya sido publicado en ciudades controladas por los villistas. Cuando Villa ocupó la ciudad de México a finales de 1914, su facción expropió algunos periódicos. Véase McCaleb 1920: 448.

[45] Brunk 1995: 334-35 y Womack 1969: 417-418.

[46] Tomado de un documento zapatista ubicado en el Archivo Jenaro Amezcua, citado por Villegas Moreno 1991: 227.

[47] Rutherford 1971: 132.

[48] Citado en Reed 1978: 89 (Reed 1971: 63).

[49] Mendoza 1990: 94.

[50] Simmons *op. cit.*: 250-284. Véase también Fogelquist 1942: 11-12.

[51] Downing 1996: 233.

[52] Mendoza *op. cit.*: 53.

[53] Simmons *op. cit.*: 291.

[54] *Ibid.*: 301.

[55] Francisco Coss, por ejemplo, estableció una oficina de ese tipo en Puebla el 25 de abril de 1915. CD-INEHRM, AGN, caja 1, exp. 64, f. 1; Alvarado 1915.

[56] Guadalupe Narváez, Puebla a Carranza, Veracruz, 31 de julio de 1915, CD-INEHRM, AGN, caja 1, exp. 64, f. 4.

[57] Alvarado *op. cit.*: 6.

[58] Castillo 1918.

[59] Katz *op. cit.*: 322.

[60] Knight 1986, t. II: 447; McCaleb *op. cit.*: 448-450; Loyo 1988: 246-247. Smith 1995: 155-174; Yankelevich 1998: 1-32.

[61] Helm 1989: 13.

[62] Helm *op. cit.*: 16-17; Alma Reed 1956: 39.

[63] Orozco 1943: 54.

[64] La historia carrancista de la Revolución, considerada definitiva, compilada y redactada para el Congreso Constituyente de Querétaro, en Acuña 1985, edición facsimilar de la primera edición de 1916.

[65] Gabriel Ferrer Mendiolea, "Año de Carranza", en *El Nacional,* 18 de octubre de 1959; Hall 1981: 140-144.

[66] El telegrama del Doctor Atl a Carranza y las citas subsiguientes provienen de Cumberland 1957: 288.

[67] Hart 1988: 179-181.

[68] Ciudadano Palavicini, 28 de noviembre de 1916, en *Diario de los debates del Congreso Constituyente,* 1916-1917, t. I, p. 227.

[69] Smith 1995: 173. Para la perspectiva de la Revolución desde América del Sur, véase Yankelevich 1997.

[70] Fornaro 1915: 535.

[71] "Creo sinceramente que los Estados Unidos necesita estudiar a la Revolución Mexicana", Luis Cabrera, "México y los mexicanos", 10 de noviembre de 1916, en *Tres intelectuales* 1916: 3-27; cita en la p. 26.

[72] Richmond 1983: 190-191.

[73] "La victoria de la Revolución significa el triunfo de un pueblo", en *El Demócrata,* 26 de noviembre de 1915.

[74] "El Plan de Guadalupe, firmado hoy hace cuatro años", en *El Demócrata,* 26 de marzo de 1917; "Conmemoración del Quinto Aniversario de la firma del Plan de Guadalupe", en *El Demócrata,* 26 de marzo de 1918.

[75] "Quiénes son los verdaderos revolucionarios", en *El Demócrata,* 23 de noviembre de 1915.

[76] En referencia a los acuerdos de Ciudad Juárez, el Ingeniero Pascual Ortiz Rubio declaró que constituían un "gravísimo error, debido principalmente, al magnánimo corazón del mártir" (Ortiz Rubio 1919: 234).

[77] L. Rivas Iruz, *La situación mexicana*, México, 26 de octubre de 1914, reproducido en Fabela 1960-1970: 381.

[78] Sierra Horcasitas 1916: 91.

[79] García 1916: 7.

[80] *Anuario Constitucionalista*, Puebla, La Nacional, 1916, p. 33.

[81] Manero 1916: 40. No lo dice directamente: estas palabras corresponden a un epígrafe tomado de John Lind.

[82] *La Revolución libertaria y la Reacción en México*, México, s. e., 1915, p. 12.

[83] Manero *op. cit.*: 119.

[84] García *op. cit.*: 115.

[85] Obregón, citado por *La Prensa*, 21 de febrero de 1915, pp. 1-3, en Bailey 1969: 189-190.

[86] Padilla González *op. cit.*: 24.

[87] Ramón Puente, *La Voz de Sonora*, 13 de septiembre de 1913.

[88] Aquí se incluían porfiristas, asaltabancos, aristócratas y el pernicioso clero. Véase "Semisalvaje y carnicero", en *Boletín de Veracruz*, julio de 1915.

[89] Aragón 1915: 16.

[90] Perra-Purra 1915: 213.

[91] Salvador Martínez Alomia, "Venustiano Carranza y el constitucionalismo" (noviembre de 1913), en Palavicini 1916: 32.

[92] Aguirre 1918: 28-29.

[93] Pirra-Purra *op. cit.*: 85.

[94] José N. Macías, "¿Quién es Carranza?" (diciembre de 1915), en Palavicini *op. cit.*: 47.

[95] Azcona B. 1914: 19.

[96] Acuña *op. cit.*: 149.

[97] Cabrera 1914 (Luis Cabrera, "Discurso pronunciado ante la Soberana Convención Revolucionaria de la ciudad de México el 5 de octubre de 1914", en Cabrera 1975, t III: 374.

[98] Aguirre Berlanga *op. cit.*: 58-59. Edmundo González-Blanco argumenta que los reaccionarios eran más responsables de villismo que el mismo "Villa, analfabeto" y "bandolero". Véase González-Blanco *op. cit.*: 556-564. La cita proviene de la p. 563.

[99] Ortiz Rubio *op. cit.*: 220-223.

[100] Manero *op. cit.*: 44-45. C. Trejo Lerdo de Tejada apuntó que "en el villismo convergía el maderista personalista" (Trejo Lerdo de Tejada 1916: 210). Los miembros de la familia Madero "han tenido una funesta influencia sobre el general Villa", escribió Federico P. Robeledo en Robeledo 1915: 24.

[101] Acuña *op. cit.*: 203.

[102] Atl *op. cit.*: 10. González-Blanco también incluye este pasaje en González-Blanco *op. cit.*: 568-570; la cita proviene de la p. 570. Véase también Rolland 1916.

[103] "Cuadro sinóptico de los partidos políticos desde la época dictatorial hasta la emancipación constitucionalista", en Aragón 1916, entre pp. 20 y 21.

[104] Gamio 1916: 315.

[105] "Lo que dijo el 2 de enero en Querétaro el señor Carranza", en Palavicini *op. cit.*: 258.

[106] Parra *op. cit.*: 122.

[107] González-Blanco *op. cit.*: 189.

[108] L. Suárez, "Nuestros enemigos pigmeos", México, agosto 12 de 1915, en Fabela 1960-1970: 205.

[109] Robledo *op. cit.*: 55. Rivera de la Torre 1918.

[110] González-Blanco *op. cit.*: 578.

[111] Mellado 1916: 35.

[112] Simmons *op. cit.*: 133.

[113] Gil 1914.

[114] Tapia y Heller 1916: 49-50.

[115] Félix F. Palavicini, "El Primer Jefe", en Palavicini *op. cit.*: 10.

[116] Aguirre Berlanga *op. cit.*: 30.

[117] Carranza, "Manifiesto a la nación", México, 5 de mayo de 1920, en Fabela 1960-1970: 415.

[118] *Diario de los Debates del Congreso Constituyente*, t. I, México, Imprenta de la Cámara de Diputados, 1922, p. 163.

[119] "En la política del señor Carranza [...] ha habido, como hay siempre en esa clase de instituciones, divergencias de criterio y dificultades personales", ciudano Palavicini, 28 de noviembre de 1916, en *Diario de los Debates del Congreso Constituyente*, t. I, p. 166.

[120] Gerazyn Ugarte, 6 de diciembre de 1916, y ciudadano Múgica, 30 de noviembre de 1916, en *Diario de los Debates del Congreso Constituyente*, t. I, pp. 499 y 377, respectivamente.

[121] El ciudadano Primer Jefe, 1 de diciembre de 1916, en *Diario de los debates del Congreso Constituyente*, t. I, p. 394.

[122] Meyer 1991: 256.

[123] Islas Bravo 1927: 42. Islas Bravo estaba refiriéndose a José Vasconcelos, Juan Sánchez Azcona, Jesús Urueta, Antonio Villarreal, José Inés Novelo, Roque Estrada, Hilario Rodríguez Malpica, Fernando Iglesias Calderón, Eduardo Hay, Alberto J. Pani, Enrique Bordes Mangel, "y [a] otros muchos que no mencionamos por no hacer interminable este relato" (*ibid.*: 44).

[124] Downing *op. cit.*: 260.

3. 1920-1928

[1] Popular Memory Group, "Popular memory: theory, politics, method", en Popular Memory Group (eds.) 1982: 213.

[2] Vasconcelos 1920: 246.

[3] Vasconcelos, citado por Vaughan 1982, I: 251.

[4] Vasconcelos *op. cit.*: 62.

[5] "No contra-Revolución sino ultra-Revolución", en *El Demócrata*, 1 de noviembre de 1921.

[6] "Se declara día de fiesta nacional el Décimo Aniversario de la Revolución", en *El Demócrata*, 12 de noviembre de 1920; "Solamente fueron recordados y venerados los mártires de la Revolución de 1910", en *El Demócrata*, 21 de noviembre de 1920; "Cómo se conmemorará el asesinato de los señores Madero y Pino Suárez", en *El Demócrata*, 20 de febrero de 1921.

[7] "El veinte de noviembre", en *El Demócrata*, 20 de noviembre de 1920.

[8] "El señor general Calles analiza la historia de México", en *El Demócrata*, 27 de febrero de 1924.

[9] "Fue glorificada ayer la memoria de los mártires de la democracia", en *El Demócrata*, 23 de febrero de 1921.

[10] Esther Acevedo, "Las decoraciones que pasaron a ser revolucionarias", en Acevedo (ed.) 1986: 184, n.31.

[11] Luis Olivares Sierra, desde México, a Juan Barragán, 4 de noviembre de 1923, Archivo Juan Barragán (en adelante AJB), caja XVII, exp. 18.

[12] Adolfo de la Huerta, desde Veracruz, a Juan Barragán, Nueva York, 3 de enero de 1924, en AJB, XVII, exp. 15.

[13] Dulles 1993: 244.

[14] Francisco Bulnes, "El culto a Zapata", en *El Universal*, 30 de abril de 1923.

[15] "El problema agrario en el estado de Morelos", en *El Universal*, 18 de marzo de 1923.

[16] "Homenaje al Caudillo del Sur", reproducido en Macías (ed.) 1988: 97.

[17] "El programa agrarista de Zapata es el mío, dijo ayer en Cuautla el general Elías Calles", en *El Universal*, 11 abril de 1924.

[18] "Serán traídos a México los restos del socialista Ricardo Flores Magón", en *El Universal*, 23 de noviembre de 1922; "La memoria de Ricardo Flores Magón honrada en la Cámara", en *El De
mócrata*, 23 de noviembre de 1922.

[19] Abad Santillán 1925: 131; MacLachlan 1991: 109.

[20] *Conversaciones con Enrique Flores Magón. Combatimos la tiranía. Un pionero revolucionario mexicano cuenta su historia a Samuel Kaplan* 1958: 322.

[21] "La noble figura de Felipe Ángeles", en *El Demócrata*, 26 de noviembre de 1922; "Solemne velada de ayer para conmemorar la muerte del señor general Felipe Angeles", en *El Demócrata*, 27 de noviembre de 1922.

[22] Juan B. Cervantes, "Obregón ante la historia", en *El Demócrata*, 7 de febrero de 1924; J.A. Tamayo 1922.

[23] Gutiérrez Cruz 1924: 24-25.

[24] "Discurso pronunciado el día 24 de julio de 1927, en la ciudad de México, Distrito Federal, frente a las oficinas del Centro Director Obregonista", en Obregón 1932: 139.

[25] Simmons 1957: 269.

[26] "En la convención cooperistista se siguen lanzando formidables acusaciones contra el ciudadano presidente y el general Calles", en *El Demócrata*, 22 de noviembre de 1923.

[27] Urquijo 1925: 95. Véase también Urrea 1920.

[28] Islas Bravo 1927: 39-40.

[29] "El gobierno emanado de la Revolución" era una frase que usaba Carranza para describir a su gobierno en el Congreso Constituyente de Querétaro en 1916.

[30] Lacy 1995. Cuando los restos de los insurgentes fueron trasladados a la Columna de la Independencia en 1925, el gobierno de Calles no incluyó los de Iturbide.

[31] La Agrupación Pro-Madero fue fundada en enero de 1920 con el propósito de "crear un culto sentimental y patriótico, a la vez, de la memoria del señor Madero" ("Manifiesto a la nación", México, Distrito Federal, 18 de enero de 1920, en AGN, Colección INEHRM, caja. 11, exp. 6., f. 24). La Agrupación también solcitó al gobierno la extradición de Francisco Cárdenas, el asesino de Madero, y su condena por el crimen. Cárdenas se suicidó antes de que el gobierno de Guatemala pudiese entregarlo a México.

[32] "El XII aniversario de la Revolución Mexicana fue conmemorado ayer", en *El Demócrata*, 21 de noviembre de 1922.

[33] Berger y Luckmann 1968: 93.

[34] Ruiz 1992: 144.

[35] Plutarco Elías Calles, "Elogio de la juventud revolucionaria", Discurso pronunciado en Querétaro, aparecido en *El Demócrata*, 21 de mayo de 1924, en Calles 1979: 75-77. La cita proviene de las pp. 76-77.

[36] En un principio, Calles adoptó la frase de Carranza "el gobierno emanado de la Revolución", como se aprecia en un discurso de 1923 (Calles, "El marco legal de la Revolución", en Macías (ed.) *op. cit.*: 70.

[37] Obregón, citado por Bailey 1969: 191.

[38] "Mañana se conmemorará el asesinato de los señores Madero y Pino Suárez", en *El Demócrata*, 21 de febrero de 1925.

[39] *Celebración del 20 de noviembre, 1910-1985*, México, INEHRM, 1985, pp. 104-105.

[40] Yépez Solórzano 1924: 9, 28.

[41] Murray 1927: 159.

[42] Luis L. León, Centro Director de la Campaña Pro-Calles, al ingeniero Miguel Yépez Solórzano, 6 de marzo de 1924, en Yépez Solórzano *op. cit.*: 5.

[43] Brenner 1970: 286.

[44] El manifiesto fue publicado en 1924 en el séptimo número de *El Machete*. Traducido por Guillermo Rivas en *Mexican Life*, diciembre de 1935. Fue firmado por Diego Rivera y José Clemente Orozco, entre otros. Katz, 1998a.

[45] La opinión es del crítico de arte Dawn Ades y consta en Ades 1989: 151.

[46] Folgarait 1998: 85.

[47] Paz 1993: 149.

[48] Wolfe 1924: 207-208.

[49] Folgarait *op. cit.*: 65.

[50] *Los Zapatas de* 1989: 70-71.

[51] Charlot 1950: 129.

[52] Helm 1953: 35-43.

[53] Folgarait *op. cit.*: 68.

[54] Yépez Solórzano *op. cit.*: 19.

[55] *Ibid.*: 10.

[56] Díaz Arciniega 1989: 160, n. 26.

[57] Calles 1924: 134. Calles explicaba que un elemento importante de la Reacción fueron "los sacerdotes católicos extranjeros o nacionales de intenciones diabólicas". Véase Declaraciones del presidente Calles al señor John Page, corresponsal de los periódicos de Hearst", en Calles 1979: 121-125. La cita proviene de la p. 122.

[58] Los libros de texto obligatorios de los años sesenta y setenta no tenían "nada que decir sobre la Guerra Cristera ni tampoco sobre los conflictos entre la iglesia y el Estado acaecidos en la década de 1920". Véase Gilbert 1997: 282.

[59] Federico Cervantes, "Gravísimos cargos al Poder Legislativo", en *El Demócrata*, 23 de febrero de 1926.

[60] "En Veracruz se ha iniciado una trascendental campaña política en contra de la reelección", en *Excélsior*, 29 de noviembre de 1926.

[61] Islas Bravo *op. cit.*: 55-56.

[62] "Los mártires de la Revolución", en *Excélsior*, 27 de junio de 1927.

[63] Aguilar Camín y Meyer 1997: 107. Luis Medina Peña escribe que "el año de 1927 fue el caos total". Véase Medina Peña 1994: 67.

[64] Tobler 1994: 447-448.

[65] Medina Peña *op. cit.*: 68-69.

Segunda parte. La representación

[1] "El camino hacia la más alta y respetada nación de instituciones y leyes", en Macías (ed.) 1988: 249.

[2] Benjamin 1985: 195-217.

[3] Hughes 1950. Las misiones han continuado desde la década del treinta.

[4] Jesús Guisa y Azevedo, "Un revolucionario que nos da la razón", en *Excélsior,* 27 de julio de 1927.
[5] Fox 1995: 523.
[6] "Programa de la dirección portegilista", en Osorio Marbán 1970: 206-210.
[7] Vaughan 1997.
[8] Calles, citado en *El Nacional,* 21 de julio de 1934.
[9] Bantjes 1997: 88.
[10] Loyo 1994: 253.
[11] PNR 1934; Melgar 1935; y Covo 1996: 145.
[12] Rauch 1996: 82.
[13] Edelman 1985: 130.

4. El festival

[1] DDF 1967: 6.
[2] Paul Connerton apunta que "si en verdad existe algo como la memoria social, es muy factible que la encontremos en las ceremonias conmemorativas" (Connerton 1989: 71). Émile Durkheim y Edward Shils comparten este tipo de análisis. Véase Lukes 1975: 292-293.
[3] Wilson 1998: 85.
[4] Este enfoque analítico para estudiar la tradición (y sus rituales) proviene de George Herben Mead y Maurice Halbwachs. Véase Schwartz 1990: 81-82 y Hobsbawm 1992: 270-271.
[5] Middleton y Edwards 1990: 8.
[6] Turner 1984: 21-22.
[7] Zerubavel 1981: 45.
[8] Algunos ejemplos incluirían la conmemoración del Dutsch de la cervecería bávara, el 9 de noviembre, en la Alemania nazi; la conmemoración de la Revolución de Octubre (llevada a cabo el 7 de noviembre) en la Unión Soviética y la conmemoración de la fundación del régimen comunista el 1 de octubre en la República Popular China.
[9] MacAloon 1984: 243-257.
[10] Alessandro Falassi, "Festival: definition and morphology", Moyra Byrne "Nazi festival: the 1936 Berlin Olympics", en Falassi (ed.) 1987: 117-118; Goodin 1978: 281-299.
[11] Sean Wilentz, "Introduction", en Wilentz (ed.) 1985: 1-9.
[12] "Fue grandioso el desfile de ayer por las principales calles de la capital", en *La Prensa,* 22 de noviembre de 1937.
[13] Curcio-Nagy 1994: 1-26.
[14] Plasencia de la Parra 1991: 116.
[15] Esposito 1993; véase el capítulo 8, "Past and present during national holidays", pp. 93-107.

[16] Hernández y Lazo (ed.) 1985: 80-84.

[17] El régimen de Díaz encabezó un movimiento para instituir el mito de Juárez mediante la conmemoración y la erección de monumentos, con la meta de unificar al partido liberal y reforzar la legitimación del presidente Díaz como el general más importante de Juárez y su auténtico sucesor. Véase Weeks 1987, y O'Neil 1978: 49-60.

[18] Justo Sierra, "Discurso en la sesión inaugural del XVII Congreso Internacional de Americanistas, el 8 de septiembre de 1910", *en Obras completas*, vol. V, p. 432. El régimen documentó la polémica en García (ed.) 1911.

[19] Francisco I. Madero, "Plan de San Luis", 5 de octubre de 1910, en Fabela 1964-1965: 72.

[20] Cumberland 1968: 174-175.

[21] Vanderwood 1981: 159.

[22] Mach 1993: 106.

[23] El capítulo 5 abunda en el tema.

[24] *El Tiempo*, 20 y 21 de noviembre de 1911.

[25] *Nueva Era*, 20 de noviembre de 1911.

[26] "Excitativa", *Puebla*, diciembre de 1911, AGN, CD-INEHRM, caja 11, exp. 2, f. 15.

[27] Cabrera 1975.

[28] Urrea 1921: 359-360.

[29] En el calendario cristiano, la epifanía se refiere a la visita de los Magos a Jesús en Belén. La cita proviene de *El Pueblo*, 21 de noviembre de 1916, reproducido en su totalidad en *Celebración del 20 de noviembre*, 1985: 59.

[30] Véanse, por ejemplo, "Solemne manifestación en honor del sr. Madero", en *El Demócrata*, 18 de septiembre de 1914, y "Una grandiosa manifestación se llevará mañana a cabo en memoria del señor Madero, para celebrar su natalicio", en *El Demócrata*, 29 de octubre de 1914. El gobierno constitucionalista también dio el nombre de Madero a una de las avenidas importantes en el centro de la ciudad de México para honrarlo.

[31] *El Pueblo*, 21 de noviembre de 1916, reproducido en *Celebración del 20 de noviembre* 1985: 61.

[32] "Todas las oficinas públicas deberán trabajar hoy", en *El Nacional*, 20 de noviembre de 1917, reproducido en *Celebración del 20 de noviembre* 1985: 68.

[33] "El Plan de Guadalupe, firmado hoy hace cuatro años", en *El Demócrata*, 26 de marzo de 1917; y "Conmemoración del 50 aniversario de la firma del Plan de Guadalupe", en *El Demócrata*, 26 de marzo de 1918.

[34] "Sencilla fue la celebración del 20 de noviembre", en *Excélsior*, 21 de noviembre de 1917; "El aniversario de la Revolución", en *Excélsior*, 21 de noviembre de 1919, reproducidos en *Celebración del 20 de noviembre* 1985: 71.

[35] "El veinte de noviembre", en *El Demócrata*, 20 de noviembre de 1920.

[36] "Se declara día de fiesta nacional el décimo aniversario de la Revolución", en *El Demócrata*, 12 de noviembre de 1920; "Solamente fueron re-

cordados y venerados los mártires de la Revolución de 1910", en *El Demó-crata*, 21 de noviembre de 1920; "Fue glorificada ayer la memoria de los mártires de la democracia", en *El Demócrata*, 23 de febrero de 1921.

[37] Durante los años veinte, la agrupación fue dirigida por Alfredo Álvarez y Calixto Maldonado R., presidente y vicepresidente, respectivamente, del Partido Antirreeleccionista en 1910. Véase *Diccionario Porrúa de histo-ria, biografía y geografía de México*, 5a ed., pp. 115, 1743.

[38] "La Revolución de 1910 fue conmemorada ayer", en *Excélsior*, 21 de noviembre de 1924, reproducido en *Celebración del 20 de noviembre* 1985: 99-100.

[39] *Excélsior*, por ejemplo, da noticia de las verbenas populares que se lle-varían a cabo en la ciudad de México. Véase "Velada en memoria de la Revolución y del ciudadano Francisco I. Madero", en *Excélsior*, 18 de no-viembre de 1928, reproducido en *Celebración del 20 de noviembre* 1985: 106.

[40] "Mañana se conmemorará el asesinato de los señores Madero y Pino Suárez", en *El Demócrata*, 21 de febrero de 1925.

[41] "Con una sugestiva velada se conmemoró la iniciación de la Revolución de 1910", en *El Demócrata*, 21 de noviembre de 1925; "Fue inaugurado el monumento a Carrillo Puerto en Tacuba", en *Excélsior*, 21 de noviembre de 1925, reproducido en *Celebración del 20 de noviembre* 1985: 101-103.

[42] "Solemne ceremonia para conmemorar el XIII aniversario del asesina-to de los apóstoles de la Revolución", en *El Demócrata*, 21 de febrero de 1926; "Resultó muy hermosa la velada de la Revolución", en *Excélsior*, 21 de noviembre de 1926.

[43] Hacia 1942, por ejemplo, el gobierno del Distrito Federal organizó ciento veintiún "festivales y ceremonias cívicos" durante el año. DDF 1942: 187.

[44] Hobsbawm 1990: 143.

[45] DDF *op. cit.*: 187.

[46] Arbena 1991: 354-355.

[47] Vaughan 1994: 225.

[48] "El aniversario de la Revolución, conmemorado de manera solemne en la capital de la nación", en *Excélsior*, 21 de noviembre de 1929, repro-ducido en *Celebración del 20 de noviembre* 1985: 107-109.

[49] "Grandiosamente se conmemoró el aniversario de la Revolución", en *El Nacional Revolucionario*, 21 de noviembre de 1929.

[50] Lorey 1997: 63.

[51] "Treinta mil atletas desfilaron en una gran fiesta de juventud", en *Excélsior*, 21 de noviembre de 1930, reproducido en *Celebración del 20 de noviembre* 1985: 115; "La conmemoración del día de la Revolución", en *El Nacional Revolucionario*, 21 de noviembre de 1930.

[52] "El presidente Cárdenas fue ovacionado ayer en forma amplia y caluro-sa", en *Excélsior*, 21 de noviembre de 1935; "Brillante e imponente fue el

desfile deportivo efectuado la mañana de ayer en la metrópoli", en *La Prensa,* 20 de noviembre de 1939, reproducidos en *Celebración del 20 de noviembre* 1985: 150, 203.

[53] "Establecimientos que cerrarán el día 20", en *El Universal,* 16 de noviembre de 1949; "Desfile de veinte mil auténticos deportistas", en *El Nacional,* 21 de noviembre de 1955, reproducidos en *Celebración del 20 de noviembre* 1985: 309, 389.

[54] Gluckman 1977.

[55] "Solemne juramento de ocho mil atletas ante el ciudadano presidente", en *La Prensa,* 21 de noviembre de 1930.

[56] Arbena 1991: 56.

[57] "El público que llenaba las graderías del parque Presidente Calles aplaudió con entusiasmo a los jóvenes competidores que desfilaron", en *El Nacional,* 21 de noviembre de 1951; "Cuatro premios especiales serán otorgados en los II Juegos Juveniles de la Revolución", en *El Nacional,* 16 de noviembre de 1952, reproducido en *Celebración del 20 de noviembre* 1985: 335-338.

[58] "LXV Aniversario de la Revolución Mexicana", en *El Gobierno Mexicano,* noviembre de 1975, p. 246; José Luis López, "20 de noviembre, exhibición masiva de miseria deportiva", en *Proceso* 525, 24 de noviembre de 1986, p. 62-63.

[59] "Juegos Deportivos de la Revolución", en *El Gobierno Mexicano,* noviembre de 1979, p. 119.

[60] "Alcanzó brillantez el gran desfile de la Revolución", en *El Nacional,* 20 de noviembre de 1944; "El Desfile Deportivo", en *El Nacional,* 22 de noviembre de 1956.

[61] "Athletes of Mexico parade on holiday", en *The New York Times,* 21 de noviembre, 1931.

[62] PRI 1934: 374.

[63] Declaración del licenciado Agustín García López y del ingeniero Adolfo Orive Alga, secretarios de Comunicaciones y Recursos Hidráulicos, respectivamente, en "Alemán, satisfecho por el grandioso suceso deportivo", en *El Nacional,* 21 de noviembre de 1950, reproducido en *Celebración del 20 de noviembre* 1985: 316.

[64] "Vibrante arenga en nombre del presidente Cárdenas a los deportistas mexicanos", en *Excélsior,* 18 de noviembre de 1935, reproducido en *Celebración del 20 de noviembre* 1985: 146-147.

[65] En 1973, Roger Bousseau, presidente del Comité Olímpico Mexicano, comentó que "mientras en todos los países el Día de la Revolución se conmemora con un desfile militar, aquí es deportivo. Eso para mí, es una cosa extraordinaria" ("El 20 de noviembre, pueblo y gobierno recordaron a Madero, Zapata, Villa, y Carranza", en *El Gobierno Mexicano,* 1-30 noviembre de 1973, p. 213).

[66] José Luis López, "20 de noviembre, exhibición masiva de miseria deportiva", en *Proceso* 525, 24 de noviembre de 1986: 62.

[67] "Alemán, satisfecho por el grandioso suceso deportivo", en *El Nacional*, 21 de noviembre de 1950, reproducido en *Celebración del 20 de noviembre* 1985: 316-17.

[68] "Ceremonia en el Monumento", en *El Universal*, 21 de noviembre de 1957.

[69] A. Berdejo y Roberto Villarreal, "52,600 atletas de luto conmemoraron el LXXIV aniversario de la Revolución", en *Excélsior*, 21 de noviembre de 1984.

[70] "Cálido mensaje del Presidente a los mexicanos", en *El Nacional*, 24 de noviembre de 1942.

[71] José Luis López, "20 de noviembre, exhibición masiva de miseria deportiva", en *Proceso* 525, 24 de noviembre de 1986, p. 62.

[72] Geertz, citado en Ryan 1989: 132.

[73] Louis Marin, "Notes on a semiotic approach to parade, cortege, and procession", en Falassi (ed.) 1987: 227.

[74] Urquiaga y Rivas 1938: 35-48.

[75] "Descollaron los conjuntos militares", en *Excélsior*, 23 de noviembre de 1947; "El homenaje a la Revolución Mexicana, ayer", en *El Nacional*, 21 de noviembre de 1951; "La gesta popular de 1910 fue exaltada en el acto del Monumento de la Revolución", en *El Nacional*, 21 de noviembre de 1955; y "Ceremonia en el Monumento", en *El Universal*, 21 de noviembre de 1957; reproducidos en *Celebración del 20 de noviembre* 1985: 291, 331, 378, 401.

[76] Alejandro Campos Bravo, "En una reverente ceremonia, la nación recibió ayer los restos del Apóstol de la Democracia", en *El Nacional*, 21 de noviembre de 1960.

[77] Esta conclusión proviene de otra conclusión. Véase Young 1994: 343-374.

5. El monumento

[1] Choay 1984: 99-105; Danzer 1987: 1-16; LaBatut 1952: 521-533.

[2] Edelman 1985: 321-324.

[3] Gass 1982: 130.

[4] Eliade 1985: 107, 115 y 120; Mosse 1990: 32-33, 100-104, y Hobsbawm 1990: 80-85.

[5] Young 1989: 99; Glassberg 1991: 143-156.

[6] Jacobo Dale Vuelta, "Está concluido el Monumento a la Revolución", en *El Universal*, 12 de septiembre de 1937.

[7] Garay Arellano 1991: 68.

[8] Silberman 1992: 88.

[9] La frase proviene de González y González 1989: 20-21.

[10] Hale 1989: 104-106, 245.

[11] Ignacio M. Altamirano, en su prólogo a *El romancero nacional,* de Guillermo Prieto (1888), citado en Monsiváis 1992: 110.

[12] Monsiváis *op. cit.*: 128. Ida Rodríguez Prampolini indica que, a partir de 1880, aproximadamente, se despierta al clamor de un exaltado nacionalismo patriótico, un afán de levantar monumentos públicos, estatuas de nuestros hombres célebres (Rodríguez Prampolini 1964: 127).

[13] En 1877, un donador privado erigió un monumento a Cristóbal Colón en una de las glorietas. El monumento propuesto durante la Reforma nunca llegó a construirse sobre el Paseo.

[14] Véase el capítulo 6 de Esposito 1993.

[15] Sosa 1974, t. I: 11-18; Tenenbaum 1994: 127-150.

[16] *El Universal,* 6 de agosto de 1892, p. 2.

[17] Pérez Walters 1990: 23-26.

[18] Hobsbawm 1992: 271.

[19] Monteforte 1979: 161-163.

[20] "Restauración del 'Ángel'", en *El Nacional,* 11 de junio de 1958.

[21] DDF 1956: 16-19.

[22] Amparo Gómez Tepexicuapan, "El Paseo de la Reforma, 1864-1910", en Coss y Léon (ed.) 1994: 47-52.

[23] Sin embargo, algunos servidores públicos capitalinos, a lo largo de todo el país, rindieron homenaje al presidente al nombrar calles, parques, puentes y otros espacios públicos en su honor (Esposito 1993: 12).

[24] El diseño del monumento propuesto se localiza en Fernández J. 1937, ilustr. 103. El diseño también lo comenta Justino Fernández en "El Monumento a Porfirio Díaz", en Schavelzon (ed.) 1988: 249.

[25] Valtierra Miranda 1989: 2-3.

[26] Francisco Ortiz Pinchetti 1983: 24.

[27] "Juárez sigue siendo la cabeza del Partido Liberal", en *El Demócrata,* 22 de marzo de 1917.

[28] "El aniversario de la Constitución se conmemoró con un acto cívico en el Hemiciclo a Juárez", en *El Demócrata,* 6 de febrero de 1925.

[29] Núñez y Domínguez y Rangel 1930: 72.

[30] "¿Monumento a la Revolución?", en *El Universal,* 21 de febrero de 1923.

[31] "Excitativa", cartel, AGN, INEHRM, caja 11, exp. 2.

[32] Véase AGN, Archivo G. Narváez, CD-INEHRM, fol. 56, exp. 6/2, fol. 12, exp. 6/11, los dos en la caja 1.

[33] Véase, por ejemplo, "En Puebla se celebró el aniversario de la Iniciación de la Revolución de 1910", en *El Demócrata,* 22 de noviembre de 1915; "Conmemoración del 50 Aniversario de la firma del Plan de Guadalupe", en *El Demócrata,* 26 de marzo de 1918; "Se declara día de fiesta nacional el décimo aniversario de la Revolución", en *El Demócrata,* 13 de noviembre de 1920; y "Un grupo de constituyentes celebró ayer el aniversario de la Constitución", en *El Demócrata,* 6 de febrero de 1923.

[34] "Va ya a erigirse primer monumento a Madero", en *El Demócrata,* 18 de marzo de 1917.

[35] "Manifiesto a la nación", México, 18 de enero de 1920, AGN, CD-INEHRM, caja 11, exp. 6, f. 24.

[36] "La primera piedra", en *El Universal,* 24 de febrero de 1923; "A la Revolución", en *El Universal,* 20 de febrero de 1923.

[37] "Una estatua del Apóstol F. I. Madero", en *El Nacional,* 18 de noviembre de 1956. La estatua fue posteriormente trasladada a la residencia presidencial de Los Pinos.

[38] Juan Sánchez Azcona, "Bifurcaciones de la Revolución", en *El Universal,* 22 de junio de 1925.

[39] Juan Barragán, San Antonio, TX, a Pascual Ortiz Rubio, México, 19 de agosto de 1929, Archivo Juan Barragán, UNAM, caja XVII, exp. 18, f. 25.

[40] "La memoria de Felipe Carrillo Puerto fue solemnemente honrada ayer en Tacuba", en *El Demócrata,* 21 de noviembre de 1925.

[41] Palabras del señor general Álvaro Obregón, pronunciadas el día 30 de abril de 1928, Obregón 1928: 408.

[42] "Un monumento, homenaje de los socialistas de Yucatán, para Felipe Carrillo Puerto", en *El Nacional,* 3 de noviembre de 1932; "Perpetuación ideológica y material de la memoria de F. Carrillo Puerto", en *El Nacional,* 9 de noviembre de 1932.

[43] *Primer Congreso* 1927: 72.

[44] "Homenaje a la memoria de E. Zapata", en *El Nacional Revolucionario,* 10 de abril de 1930.

[45] José Córdova, "La glorificación de Zapata", en *El Nacional,* 14 de abril de 1932. El primer monumento a Zapata, también una estatua ecuestre, en el Distrito Federal, fue erigido en Huipulco en 1958. Posteriormente, la estatua fue trasladada a un parque sobre la calzada Miramontes. (Samuel Brunk, entrevista personal, 1998.)

[46] Los comentarios críticos al monumento indicaron que parecía más un antiguo templo egipcio que una pirámide mexicana, pero Ignacio Asúnsolo lo defendió diciendo que era completamente mexicano. Véase "Obra netamente mexicana es el Monumento al general Obregón", en *El Universal,* 5 de febrero de 1958.

[47] DDF 1934.

[48] Aarón Sáenz, "Discurso de 17 de julio de 1935", en Sáenz 1935: 210.

[49] "Los restos de don Venustiano", en *El Nacional,* 9 de noviembre de 1932.

[50] Ignacio Suárez, organizador de la estela conmemorativa, al general don Juan Barragán, México, DF, febrero de 1936, Archivo Juan Barragán, UNAM, caja XVII, exp. 30. El primer monumento a Carranza en la ciudad de México fue esculpido en bronce por Ignacio Asúnsolo y erigido el 2 de diciembre de 1960.

[51] Federico Medrano, líder del bloque obregonista de la Cámara de Diputados, citado en "Consolidación de la unidad revolucionaria", en *El Nacional Revolucinario,* 27 de septiembre de 1929.

[52] Juan Sánchez Azcona, "Bifurcaciones de la Revolución", en *El Universal,* 22 de junio de 1925.

[53] Sáenz 1929: 12.

[54] Obregón Santacilia 1960: 36; Anda Alanís 1990: 102-106.

[55] "El Monumento a Zapata", en *El Nacional Revolucionario,* 2 de enero de 1930.

[56] Luis Ortiz Monasterio, "La disputa de la escultura", en *Revista de Revistas* 22: 1135 (14 de febrero de 1932): 23; Tolosa Sánchez 1990: 113-125.

[57] "Monumento a la Revolución", en *El Nacional,* 15 de abril de 1932.

[58] En sus memorias, Pani afirma que la idea original de la erección del Monumento a la Revolución fue suya y que él fue quien se acercó al arquitecto Obregón Santacilia. Pani 1950, t. II: 180-181.

[59] *El Monumento de la Revolución* 1933: 7, 11-13.

[60] Garay Arellano 1979: 54; Obregón Santacilia 1952: 84-87 y 1930: 42-43.

[61] Marte R. Gómez a Oliverio Martínez, México, DF, 22 de marzo de 1933, Archivo del Centro Nacional de Investigación, Documentación e Información de Artes Plásticas-Instituto Nacional de Bellas Artes (CENIDIAP-INBA, ciudad de México).

[62] "Se han instalado ya las esculturas en el grandioso Monumento", en *Excélsior,* 23 de agosto de 1934; *Oliverio Martínez, 1901-1938* 1991.

[63] Arteaga 1990: 104.

[64] Obregón Santacilia *op. cit.*: 8.

[65] *Ibid.*: 73.

[66] *Ibid.*: 7-8.

[67] A. J. Pani al gobernador del estado de Oaxaca, 20 de septiembre de 1933, exp. "Monumento a la Revolución", gaveta 54, Archivo Plutarco Elías Calles (APEC, ciudad de México).

[68] Las cartas y los telegramas relativos a la erección del monumento se encuentran en la carpeta titulada "Monumento a la Revolución", gaveta 54, APEC.

[69] Gustavo de Anda, "La tumba de la Revolución", en *Impacto,* 1 de febrero de 1967.

[70] *Ibid.*: 9. El lema, de todas maneras, nunca fue escrito.

[71] Plenn 1939: 142.

[72] Pani a los gobernadores estatales, 20 de septiembre de 1933, APEC.

[73] Los planes arquitectónicos de Obregón Santacilia son reproducidos en Garay Arellano 1979: 89.

[74] Obregón Santacilia se refiere tangencialmente a la negativa por parte de la administración cardenista para financiar el monumento (carta a Calles, 13 de mayo de 1935, gav. 56, inv. 4051). Para una discusión sobre los problemas de financiamiento, véase el expediente "Monumento a la

Revolución", gav. 54, APEC, y "Para acabar el monumento", en *El Nacional,* 13 de enero de 1935.

[75] Pani 1951 t. II: 183-184.

[76] Doezema 1977: 14.

[77] Obregón Santacilia 1960: 62.

[78] La talla de Balmori fue utilizada para ilustrar la portada de *¡Cárdenas habla!,* México, PRM, 1940.

[79] "Los homenajes a Madero y Pino Suárez", en *El Nacional,* 21 de noviembre de 1960.

[80] Jesús Silva Herzog, "Estadista visionario", en *El Gobierno Mexicano* 35 (octubre de 1979) p. 89.

[81] Gass 1982: 137.

[82] Garay Arellano *op. cit.*: 95.

[83] "Reposan en el Monumento a la Revolución sus adalides", en *El Nacional,* 10 de enero de 1942.

[84] Mosse 1990: 99; *Catálogo de monumentos* 1976: 281; "México despide a Cárdenas", en *Siempre!* 907 (11 de noviembre de 1970), pp. 40-42. El gobierno ha tratado de recuperar los restos de Emiliano Zapata para trasladarlos al monumento, pero la familia lo ha impedido. O'Malley 1986: 69-70.

[85] "Severa recordación de la muerte de Carranza", en *El Nacional,* 22 de mayo de 1945.

[86] "Plutarco Elías Calles y Lázaro Cárdenas", en *El Gobierno Mexicano,* segunda época II (1-31 de octubre de 1971): 166, 180.

[87] Avner Ben-Amos asevera que "los templos dedicados a los ancestros son sitios de carácter sagrado para la mayoría de las sociedades humanas. Son los lugares donde las comunidades se congregan para comunicarse con sus padres fundadores y para celebrar los valores que comparten". Ben-Amos 1991: 37.

[88] "Sobria sencillez para honrar a D. Venustiano", en *El Universal,* 27 de mayo de 1951.

[89] "Reflexión y a la Historia", en *Siempre!* 1953 (28 de noviembre de 1990); en el museo está a la venta la historia resumida: Museo del Monumento a la Revolución 1987.

[90] Young 1989: 99.

[91] Existe, también, un "texto" disidente y extraoficial sobre el monumento, inventado por algunos críticos del régimen y del sistema. Dicho texto se discute en la conclusión del libro.

6. Historia

[1] "Impresionante acto de unidad revolucionaria", en *El Nacional,* 27 de agosto de 1966.

[2] D. Rafael Nieto, "El México de ayer y el de hoy", en *El Universal,* 9 y 10 de junio de 1925.

[3] Vaughan 1997: 37.

[4] "Cuál es el mejor tratado sobre la historia general de México", en *Excélsior,* 21 de julio de 1927.

[5] Juan Sánchez Azcona, "Bifurcaciones de la Revolución", en *El Universal,* 22 de junio de 1925.

[6] Borrador para una carta, destinatario desconocido, 1928, proveniente del Archivo Juan Barragán, UNAM, caja XVII, exp. 19.

[7] Castillo 1918.

[8] Ramos 1931: IX.

[9] Prida 1914: 3, 9; Prida 1914b: 3, 11..

[10] Prida 1914a: 255.

[11] Bulnes 1920, Calero y Sierra 1920, Rabasa 1920 y López-Portillo y Rojas 1921.

[12] Villegas Moreno 1983: 216-217.

[13] Acuña 1985.

[14] Esquivel 1919: 136.

[15] Salazar y Escobedo 1923.

[16] Para una bibliografía completa, véase Cockcroft 1968.

[17] Palacios 1924; List Arzubide 1927 y Reyes Avilés 1928.

[18] "Cuál es el mejor tratado sobre la historia general de México", en *Excélsior,* 21 de julio de 1927.

[19] Lira 1995: 38.

[20] Daniel Cosío Villegas, en Díaz Arciniega 1989: 22

[20bis] Díaz Arciniega *op. cit.*: 21.

[21] Medin 1982: 29.

[22] Plutarco Elías Calles, "En pos de la unificación revolucionaria", 7 de diciembre de 1928, en Macías (ed.) 1988: 284.

[23] Comité Organizador del Partido Nacional Revolucionario, "A las agrupaciones revolucionarias de la República", 5 de enero de 1929, en *La democracia social en México.* 1929: 102.

[24] "El Partido Nacional Revolucionario y el Partido Reaccionario", en *El Nacional Revolucionario,* 5 de agosto de 1929.

[25] "Va a escribir la historia de la Revolución", en *El Nacional Revolucionario,* 20 de agosto de 1930.

[26] Tomás Garza Felán, "Ideario de la Revolución", en *El Nacional,* 9 de julio de 1932.

[27] Gerardo Galarza, "A los héroes que la vida separó, ni tener su nombre en la Cámara los reúne", en *Proceso,* 7 de enero de 1985: 21-24.

[28] Jesús Corral, "La glorificación de los Héroes Revolucionarios", en *El Nacional,* 8 de julio de 1931.

[29] Portes Gil 1936: 5.

[30] Melgar 1935: 9.

[31] Buen ejemplo de ello sería la polémica entre Alfonso Junco y Miguel Alessio Robles con respecto a la reputación de Venustiano Carranza. Véase Junco 1934 y Alessio Robles 1935.

[32] Luis Chávez Orozco, "Simplicidad histórica", en *El Nacional*, 17 de abril de 1933.

[33] Francisco S. Mancilla, "Historiadores sin documentación y crítico sin criterio", en *El Universal*, 16 de marzo de 1934. Véase también Juan Sánchez Azcona, "Los historiógrafos de la Revolución", en *El Universal*, 20 de enero de 1933; Luis Chávez Orozco, "Historia y partidarismo", en *El Nacional*, 3 de abril de 1933, y P. Martínez de la Rosa, "La falsa ciencia de nuestros historiógrafos", en *El Universal*, 2 de noviembre de 1933.

[34] Rubén Salido Orcillo, "La historia y la política", en *El Nacional*, 1 de julio de 1933.

[35] J. D. Ramírez Garrido, "El porqué de esta Revista", en *La Revolución Mexicana. Revista Ilustrada de Historia y Literatura* 1: I (junio 1934): 3-4.

[36] Ramos Pedrueza 1932: 34-35.

[37] Ramírez Garrido, "El porqué de esta Revista", en *op. cit.*: 4.

[38] "La editorial de Escritores Revolucionarios y el *Diccionario histórico, geográfico, biográfico y bibliográfico de la Revolución Mexicana*", en *La Revolución Mexicana* 1: 4 (octubre 1934): 85-87.

[39] Naranjo 1935: 9.

[40] Nava Nava 1984: 20-47.

[41] Escobedo y Meléndez a Cárdenas, 16 de enero de 1935, AGN, Ramo Presidentes, Cárdenas del Río, 704. 1/52, exp. 13174.

[42] Senador licenciado Josué Escobedo y Meléndez a Cárdenas, 2 de febrero de 1935, AGN, Fondo Documental Cárdenas, 704. 1/52, exp. 17549.

[43] Palacios, "La idea oficial de la 'Revolución Mexicana'", p. 273.

[44] Cárdenas, citado en Gilly 1986: 10.

[45] Doctor Ramón Puente, "Prólogo", en Meléndez (ed.) 1936, t. I: 8.

[46] Paz 1986, t. I: 11-12.

[47] Sánchez Azcona, "Francisco I. Madero", en Meléndez (ed.) 1936 t. I: 51.

[48] Paz, *op. cit.*, t. I: 14.

[49] Puente, "Francisco Villa", en Meléndez (ed.) *op. cit.*, t. I: 254.

[50] Paz Solórzano, "Emiliano Zapata", en Meléndez (ed.) *op. cit.*, t. I: 378.

[51] Paz, *op. cit.*, t. I: 13.

[52] Esta vez, Meléndez no pudo conseguir el apoyo de Cárdenas para la publicación, probablemente a causa de que su protector, el general Cedillo, se rebeló en 1938 contra el gobierno de la República. El segundo tomo fue publicado en una editorial particular.

[53] Vicente Peredo y Saavedra, "La Revolución al servicio de la Patria", en Meléndez (ed.) 1940, t. II: 9.

[54] Urquizo, "Venustiano Carranza", en *ibid.*, t. II: 14. Urquizo fue un leal carrancista de 1913 a 1920.

[55] General Rubén García, "Álvaro Obregón", en Meléndez (ed.) *ibid.*, t. II: 108. Primeramente, García fue carrancista y luego obregonista. Cuando escribió el ensayo, era subjefe de la Comisión de Historia de la Secretaría de Guerra y Marina.

[56] Puente, "Plutarco Elías Calles", en Meléndez (ed.) *ibid.*, t. II: 193.

[57] Introducción a la edición facsimilar: Meléndez 1987, s. p.

[58] Paz *op. cit.*, t. I: 9.

[59] Puig Casauranc 1938: 55. Siguiendo el ejemplo de la historiografía de la Revolución Francesa, y citando el conocido pronunciamiento de 1891 de Georges Clemenceau, señaló: así como los historiadores han fallado que la Revolución (Francesa) es un bloque, de igual manera sacarán la misma conclusión sobre la mexicana.

[60] Molina Enríquez 1932-1936. A pesar del título, esta obra se concentra prioritariamente en la historia social y económica de México hasta antes de 1910. Sólo los últimos cuatro capítulos del quinto tomo tratan el periodo de 1910 a 1920. Véase también Basave Benítez 1992: 76-77.

[61] Alessio Robles 1938; doctor Puente 1938; Teja Zabre 1938; Romero Flores 1939 (4 vols.) y Palavicini (ed.) 1945 (4 vols.).

[62] Vito Alessio Robles, "Gajos de historia", en *Excélsior*, 17 de enero de 1947; Gustavo Casasola, *Historia gráfica de la Revolución Mexicana, 1900-1940*, México, s.e., 1945, 5 vols. Alessio Robles hizo caso omiso de los prejuicios antizapatistas presentes en la serie de Casasola.

[63] Introducción de *Documentos de la Revolución Mexicana* 1945: VI.

[64] Hernández 1950: 3.

[65] Baltasar Dromundo, "¿La Historia de la Revolución?" en *Excélsior*, 24 de octubre de 1949.

[66] Agustín Cué Canovas, "Notas de historia", en *El Nacional*, 27 de septiembre de 1951.

[67] José López Bermúdez, "Introducción: nuestra historia y sus hombres", en Morales Jiménez 1951: xv.

[68] *Ibid.*

[69] Op. cit.: 175, 180, 191.

[70] En la tercera edición se incluye la carta de autorización de la Comisión Revisora de Libros de Texto y de Consulta. Véase Morales Jiménez 1961.

[71] Licenciado Manuel González Ramírez, Patronato de la Historia de Sonora al presidente Miguel Alemán, 23 de enero de 1952, y "Memorándum para el señor licenciado Miguel Alemán Valdés", en AGN, Alemán Valdés, 920/25743.

[72] La serie fue llamada *Fuentes para la Historia de la Revolución Mexicana*.

[73] González Ramírez, "Nota", en *Manifiestos Políticos, 1892-1912*, 1957: VI.

[74] "Decreto que crea el Instituto Nacional de Estudios Históricos de la Revolución Mexicana que funcionará como órgano de la Secretaría de Gobernación", *Diario Oficial*, 199: 52 (29 de agosto de 1953).

[75] Garciadiego Dantan 1988: XXVII.

[76] *Catálogo de publicaciones* 1993: 39, 86. Deseo agradecer a Clemente Martínez el haberme dado este catálogo.

[77] Thomas Benjamin, "Regionalizing the Revolution: the many Mexicos in revolutionary historiography", en Benjamin y Wasserman (eds.) 1999: 330-331.

[78] Wells 1991: 333.

[79] Matute 1991, t. II: 444.

Conclusión

[1] Cantor anónimo de *La Adelita*, citado en Downing 1996: 247-248.

[2] Iturriaga 1947: 32 y Silva Herzog 1949: 14, traducidos por Stanley R. Ross y reproducidos en Ross, ed. 1975: 92, 107.

[3] Haight 1956: 12.

[4] Manuel Germán Parra, citado en una entrevista con Ernesto Álvarez Nolasco, publicada originalmente en *Mañana,* 30 de agosto de 1952, y reproducida en Ross (ed.) *op. cit.*: 157.

[5] Haight *op. cit.*: 307.

[6] Ross (ed.) *op. cit.*: 24.

[7] *México, la revolución congelada,* es el título de un documental exhibido en 1971.

[8] González Casanova 1965.

[9] Ross 1977: 412-420.

[10] Meyer y Camacho 1979: 20.

[11] Bailey 1978: 63.

[12] González y González 1968; Womack 1969; Cockcroft (1971) hace algo similar para el magonismo; Gilly 1971.

[13] Keesing 1969: 716-738; Córdova 1973; Córdova 1974; Smith 1979. Benjamin y Ocasio-Meléndez 1984: 323-364.

[14] Véase Benjamin 1996a: 319-357.

[15] Benjamin 1985: 196.

[16] Knight 1996 y Hart 1987.

[17] Rius, "Aniversario", en Rius 1983: 80; Rocha, "Años después", en *La Jornada,* 19 de noviembre de 1990; Naranjo, "Los festejos", en *Proceso,* 18 de noviembre de 1985, p. 5, y "Recogido", en *Proceso,* 21 de noviembre de 1988.

[18] Anda 1967.

[19] Young 1993: 3.

[20] Daniel Esparza Hernández, "Las diversas facetas del México moderno y revolucionario, presentes en el desfile", en *El Universal,* 21 de noviembre de 1993.

[21] "La Revolución Mexicana", en *Excélsior,* 21 de noviembre de 1950.

[22] Aurora Serrano González, "La fiesta institucional que no cambia", en *Unomásuno,* 21 de noviembre de 1993.

[23] Alfonso Martínez Domínguez, "En el Monumento a la Revolución. El 20 de noviembre de 1968", en DDF 1968: 193.

[24] Rius, "Los dos Méxicos", en *Proceso* 236, 11 de mayo de 1981: 31; y Rius, "Avanzando", en *Proceso,* 19 de noviembre de 1984.

[25] *Siempre! Presencia de México,* 25 de noviembre de 1992.

[26] *Unomásuno,* 21 de noviembre de 1978; Alejandro Gómez Arias, "El festín de los enanos", en *Siempre!,* diciembre 6 de 1978: 20.

[27] "...Y ¿dónde quedó el desfile?", en *Reforma,* 21 de noviembre de 1993.

[28] Manuel Moreno Sánchez, "¿Cuál Revolución conmemoramos?", en *Siempre!,* 8 de diciembre de 1982: 24.

[29] Martín Chacón Albarrán, "Marcharon campesinos al Zócalo" en *El Nacional,* 21 de noviembre de 1993.

[30] Miguel Pérez, "Pide Cárdenas debate con CSG" en *Reforma,* 21 de noviembre de 1993.

[31] "Pasado mañana estaremos en pleno júbilo conmemorativo de una Revolución falsificada, traicionada diariamente". Véase "Siniestro aniversario", Samuel Máynez Puente, en la víspera del septuagésimo quinto aniversario de la Revolución, en *Proceso* 472 (18 de noviembre de 1985): 38.

[32] Presidente Lázaro Cárdenas, 30 de noviembre de 1938, citado en Ross (ed.) 1975: 183.

[33] José Revueltas en *Excélsior,* 18 de abril de 1947.

BIBLIOGRAFÍA

Archivos y bibliotecas:

Archivo Juan Barragán, Biblioteca Nacional, UNAM, ciudad de México.

Archivo del Centro Nacional de Investigación, Documentación e Información de Artes Plásticas, INBA, ciudad de México.

Archivo General de la Nación, Colección Documental del INEHRM y Ramo de Presidentes Cárdenas del Río y Alemán Valdés, ciudad de México.

Archivo Plutarco Elías Calles, Fideicomiso Archivos Elías Calles y Fernando Torreblanca, ciudad de México.

Clements Library, University of Michigan, Ann Arbor, Michigan.

Biblioteca Nacional, UNAM, ciudad de México.

Colección Basave, Biblioteca de México, ciudad de México.

Colección de Folletos de la Revolución Mexicana, Biblioteca Lerdo de Tejada, ciudad de México.

Hemeroteca Nacional, UNAM, ciudad de México.

Library of Congress, Manuscript Division, Washington, D. C.

Lilly Library, Indiana University, Bloomington, Indiana.

University Library, University of Groningen, Groningen, Holanda.

Hemerografía:

El Demócrata, 1914-1926.
El Día, 1912.
Diario Oficial, 1953.
Excelsior, 1917-a la fecha.
El Gobierno Mexicano, 1971-1979.
La Jornada, 1983-a la fecha.
México Nuevo, 1911-1913.
El Nacional Revolucionario, 1929-1930.
El Nacional, 1931-a la fecha.
Nueva Era, 1911.
El País, 1914.
La Prensa, 1930-1939.
Proceso, 1977-a la fecha.
Reforma, 1993-a la fecha.
El Renovador, 1914.
Revista de Revistas, 1932.
Revolución, 1938.
La Revolución Mexicana, 1934.
Siempre!, 1953-a la fecha.
El Tiempo, 1911.
El Universal, 1892, 1920-a la fecha.
Unomásuno, 1977-a la fecha.
La Voz de Sonora, 1913.

Bibliografía

Abad Santillán, Diego
1925   *Ricardo Flores Magón. El apóstol de la revolución social mexi-cana*, México, Grupo Cultural Ricardo Flores Magón.

Acevedo, Esther
1986 "Las decoraciones que pasaron a ser revolucionarias", en Acevedo (ed.), *El nacionalismo y el arte mexicano*, Méxi-co, UNAM.

Acton, Lord
1862 "Nationality", en *The Home and Foreign Review* I, julio.

Acuña, Jesús
1985   *Memoria de la Secretaría de Gobernación correspondiente al periodo revolucionario comprendido entre el 19 de febre-ro de 1913 y el 30 de noviembre de 1916, formada por el licenciado Jesús Acuña, secretario de Estado, encargado del despacho de Gobernación, para presentar ante el Soberano Congreso Constituyente*, ed. facs. de la 1ª ed., Talleres Linotipográficos de *Revista de Revistas*, 1916, Méxi-co, INEHRM.

Ades, Dawn
1989 *Art in Latin America: the modern era, 1820-1980*, New Haven, Yale University Press.

Aguilar, Rafael
1911 *Madero sin máscara*, México, Imprenta Popular.

Aguilar Camín, Héctor
1993 "La invención de México. Notas sobre nacionalismo e identidad nacional", en Aguilar Camín, *Subversiones silenciosas: ensayos de historia y política de México*, Méxi-co, Nuevo Siglo, pp. 19-56.

Aguilar Camín, Héctor, y Lorenzo Meyer
1993 *In the shadow of the Mexican Revolution: contemporary Mexican history, 1910-1989*, Austin, University of Texas Press.
1997 *A la sombra de la Revolución Mexicana*, México, Aguilar, León y Cal [decimonovena edición, a partir de la primera de 1989].

Aguirre Berlanga, Manuel
1918 *Revolución y reforma. Génesis legal de la Revolución Constitucionalista*, México, Imprenta Nacional.

Alcerreca, Félix M.
1913 *Crónica histórica de los acontecimientos trágicos y políticos que tuvieron lugar en la ciudad de México del 9 al 29 de febrero de 1913*, México, Imprenta Mixta Avenida de la Paz.

Alessio Robles, Miguel
1931 *Ídolos caídos*, México, Manuel León Sánchez.
1935a *Ideales de la Revolución*, México, Cvltvra.
1935b *Obregón como militar*, México, Cvltvra.
1938 *Historia política de la Revolución*, México, Botas.

Alvarado, Salvador
1915 *Cartilla revolucionaria para los agentes de propaganda de la causa constitucionalista*, Mérida, s.e.

Amado, Enrique
1914 *La revolución mexicana de 1913*, Valencia, Prometeo.

Análisis ideológico de la Revolución Mexicana, 1910-1971
1972 México, CEN del PRI.

Anaya Merchant, Luis
1995 "La construcción de la memoria y la revisión de la Revolución", en: *Historia Mexicana*, 54: 4, abril-junio.

Anda, Gustavo de
1967   "La tumba de la Revolución", en: *Impacto,* 1 de febrero.

Anda Alanís, Enrique X. de
1990   *La arquitectura de la Revolución Mexicana: corrientes y estilos de la década de los veinte,* México, UNAM.

Anderson, Benedict
1991   *Imagined communities: reflections on the origin and spread of Nationalism,* Londres, Verso.
1993   *Comunidades imaginadas: reflexiones sobre el origen y la difusión del nacionalismo,* México, FCE.

Anuario constitucionalista
1916 Puebla, La Nacional.

Aragón, Alfredo
1916   *¡A las armas!,* París Imp. F. Pozzoli.
1915   *El desarme del Ejército Federal por la revolución de 1911,* París, s.e.

Araquistain, Luis
1929   *La Revolución mejicana. Sus orígenes, sus hombres, su obra,* Madrid, Biblioteca del Hombre Moderno.

Arbena, Joseph L.
1991   "Sport, development, and mexican nationalism, 1920-1970", en: *Journal of Sport History,* 18: 3, invierno, pp. 350-364.

Arteaga, Agustín
1990   "Oliverio Martínez", en *Escuela Mexicana de Escultura. Maestros fundadores,* México, INBA, pp. 103-109.

Así fue la Revolución Mexicana
1985   8 vols., México, Consejo Nacional de Fomento Educativo, Comisión Nacional para las Celebraciones del 175 Aniversario de la Independencia Nacional y 75 Aniversario de la Revolución Mexicana.

Atl, Doctor (Gerardo Murillo)
1915   *Confederación Revolucionaria: Conferencias públicas. El País y los partidos. El momento decisivo de la acción,* México, s.e., 2 de febrero.

Aub, Max
1971   "De algunas aspectos de la novela de la Revolución Mexicana", en: *Diálogos* 7: 37, enero-febrero.

Ausband, Stephen C.
1983   *Myth and meaning, myth and order,* Macon, Mercer University Press.

Azcona B., Francisco
1914   *Luz y verdad: "Pancho" Villa, el cientificismo y la intervención,* Nueva Orleans, Coste and Frichter.

Azuela, Mariano
1958   *Los de abajo,* en: *Obras completas,* pról. de Francisco Monterde, México, FCE, p. 362.

Bailey, David C.
1969   "Álvaro Obregón and anticlericalism in the 1910 Revolution", en: *The Americas* 26: 2, octubre, pp. 183-198.
1978   "Revisionism and the recent historiography of the Mexican revolution", en: *Hispanic American Historical Review* 58: 1, febrero, pp. 62-79.
1979a   "Obregón: Mexico's accommodating president", en George Wolfskill and Douglas Richmond (eds.), *Essays on the mexican revolution: revisionist views of the leaders,* pp. 52-99, Austin, University of Texas Press.
1979b   "El revisionismo y la historiografía reciente de la Revolución Mexicana", en: *La Cultura en México,* suplemento de *Siempre!,* 4 de mayo, pp. 2-8.

Ballard, Perry L.
1978   *Juárez y Díaz: machine politics in México,* DeKalp, Northern Illinois University, p. 208.

Bantjes, Adrian A.
1997 "Idolatry and iconoclasm in revolutionary Mexico, the de-Christianization campaigns, 1929-1940", en *Mexican Studies/Estudios Mexicanos* 13: I, invierno.

Bartra, Armando
1977 *Regeneración 1900-1918. La corriente más radical de la Revolución Mexicana de 1910 a través de su periódico de combate,* pról., sel. y notas de Armando Bartra, México, Hadise.

Basave del Castillo, C.
1931 *Exploraciones y anotaciones en libros y folletos que tratan de la Revolución Mexicana,* México, s.e.

Basave Benítez, Agustín
1992 *México mestizo: análisis del nacionalismo mexicano en torno a la mestizofilia de Andrés Molina Enríquez,* México, FCE.

Bastian, Jean-Pierre
1988 "El paradigma de 1789. Sociedades de ideas y Revolución Mexicana", en *Historia Mexicana* 38 I, julio-septiembre, pp. 79-88.

Becker, Carl
1966 *Everyman his own historian: essays on history and politics,* Chicago, Quadrangle.

Beezley, William H.
1987 *Judas at the Jockey Club and other episodes of porfirian Mexico,* Lincoln, University of Nebraska Press.

Beezley, William H., Cheryl English, Martin, y William E. French, eds.
1994 *Rituals of rule, rituals of resistance: public celebrations and popular culture in Mexico,* Wilmington, SR Books.

Ben-Amos, Avner
1991   "The sacred center of power: Paris and republican sta-
       te funerals", en *Journal of Interdisciplinary History* 22I,
       verano, pp. 27-48.

Benjamin, Thomas
1985   "The Leviathan on the Zócalo: the recent historiogra-
       phy of the postrevolutionary Mexican State", en: *La-
       tin American Research Review* 20: 3, pp. 195-217.
1996a "Regionalizing the revolution: the many Mexicos in
       revolutionary historiography", en Thomas Benjamin
       y Mark Wasserman (eds.), *Provinces of the revolution:
       essays on regional mexican history,* 1910-1929, pp. 319-57,
       Albuquerque, University of New Mexico Press, 1990.
1996b "La Revolución hecha monumento: el Monumento a
       la Revolución", en *Historia y Grafía* 6: 113-139.
1997a "Historiography", en Michael S. Werner (ed.), *Encyclo-
       pedia of Mexico: history, society and culture,* vol. I, pp. 646-
       650, Chicago, Fitzroy Dearborn Publishers.
1997b "The past in the Mexican revolution", en Hub. Her-
       mans, Dick Papousek, y Catherine Raffi-Béroud
       (comps.), *México en movimiento. Concierto mexicano,
       1910-1940: repercusión e interpretaciones,* Groningen, Ho-
       landa, Centro de Estudios Mexicanos, pp. 11-25.
2000   "Rebuilding the nation, 1920-1945", en Michael C. Me-
       yer y William H. Beezley (eds.), *The Oxford History of
       Mexico,* Nueva York, Oxford University Press, pp.467-
       502.

Benjamin, Thomas and Marcial Ocasio-Meléndez
1984   "Organizing the memory of modern Mexico: porfi-
       rian historiography in perspective, 1880s-1980s", en:
       Hispanic American Historical Review, 64: 2, pp. 323-364.

Berger, Peter L., y Thomas Luckmann
1968   *La construcción social de la realidad,* trad. de Silvia Zule-
       ta, Buenos Aires, Amorrortu.

Berger, Peter L. y Stanley Pullberg
1965   "Reification and the sociological critique of conscio-
        usness", en: *History and Theory,* 4: 2.
Berlanga, David G.
1914   *Pro-Patria,* Aguascalientes, s.e.

Berlin, Isaiah
"The bent twig: on the rise of nationalism", en Henry Hardy
        (ed.), *The crooked timber of humanity: chapters in the his-
        tory of ideas,* Nuena York, Vintage.

Berlin, Isaiah y Henry Hardy (eds).
1998   *El fuste torcido de la humanidad: capítulos de historia de
        las ideas,* trad. de José Manuel Álvarez Flores, pról. de
        Salvador Giner, Barcelona, Península.

Beteta, Ramón
1937   *En defensa de la Revolución,* México, DAPP.

Bhabha, Homi K.
1990   *Nation and narration,* Londres, Routledge.

Bloque Nacional Revolucionario de la Cámara de Diputados
1929   *Versión taquigráfica de las sesiones en las cuales los repre-
        sentantes de diversos grupos obreros y patronales expusieron
        sus puntos de vista sobre el Proyecto de Código Federal del
        Trabajo,* México, s.e.

Bodnar, John
1992   *Remaking America: public memory, commemoration, and
        patriotism in the twentieth century,* Princeton, Princeton
        University Press.

Bonilla, Manuel
1922a   *Diez años de guerra: sinopsis de la historia verdadera de la Revo-
        lución Mexicana. Primera parte 1910-1913,* Mazatlán, s.e.
1922b   *El régimen maderista,* México, *El Universal.*

Brading, David A.
1973 *Los orígenes del nacionalismo mexicano*, México, SEP-Sep-Setentas.

Brading, D. A.
1988a "Liberal patriotism and the Mexican Reforma", en *Journal of Latin American Studies* 20, pp. 27-48.

1988b *Mito y profecía en la historia de México*, México, Vuelta.

1991a *The first America: the spanish monarchy, creole patriots, and the liberal State, 1492-1867*, Cambridge, Cambridge University Press.

1991b *Orbe indiano: de la monarquía católica a la república criolla, 1492-1867*, México, FCE.

1991c "Mexican intellectuals and political legitimacy", en Roderic A. Camp, Charles A. Hale y Josefina Zoraida Vázquez, (eds.), *Los intelectuales y el poder en México*, Los Ángeles, El Colegio de México-UCLA Latin American Center Publications.

Brenner, Anita
1970 *Idols behind altars: the story of the Mexican spirit* [1929], New York, Beacon.

1983 *Ídolos tras los altares*, traducción de Sergio Mondragón, México, Domés.

Brodsky, Joseph
"Profile of Clio", en *The New Republic*, febrero, pp. 60-66.

Brunk, Samuel
1995. *¡Emiliano Zapata! Revolution and betrayal in Mexico*, Albuquerque, University of New Mexico Press.

Brunk, Samuel
1998 "Remembering Emiliano Zapata: three moments in the posthumous career of the Martyr of Chinameca", en *Hispanic American Historical Review* 78: 3, agosto, pp. 457-490.

Bulnes, Francisco
1977   *Toda la verdad acerca de la Revolución Mexicana. La res-
        ponsabilidad criminal del presidente Wilson en el desastre
        mexicano*, trad. de Florencio Sánchez Cámara, Méxi-
        co, Libro-Mex.
1920   *El verdadero Díaz y la revolución*, México, s.e.

Bustamante, Luis F.
1916   *Bajo el terror huertil*, San Luis Potosí, s.e.

Byrne, Moyra
1987   "Nazi festival: the 1936 Berlin Olympics", en Alessandro
        Falassi (ed.), *Time out of time: essays on the festival*, Albu-
        querque, University of New Mexico Press.

Cabrera, Luis
1914a *Speech by Luis Cabrera before the Convention, México, D. F.,
        October 5*, Nueva York, Edgar Printing and Stationery.
1914b "Discurso pronunciado ante la Soberana Convención Re-
        volucionaria de la ciudad de México el 5 de octubre de
        1914", en *Obras completas*, t. III, *Obra política*, México, Oa-
        sis, 1975.
1975   *Obras Completas*, t. III, *Obra política*, México, Oasis.
1985   *La Revolución es la Revolución. Antología*, México, Co-
        misión Nacional Editorial del CEN del PRI.

Calderón Arzamendi, Ricardo
1929   *Síntesis de la Revolución Mexicana*, Santiago de Chile,
        La Sud-América.

Calero y Sierra, Manuel
1920   *Un decenio de política mexicana*, Nueva York, s.e.

Calles, Plutarco Elías
1924   "A hundred years of Revolution", en *The Survey* 52:3, 1°
        de mayo.
1979   *Declaraciones y discursos políticos*, México, Centro de Do-
        cumentación Política, A.C.

Calvert, Peter
1972   *México*, Nueva York, Praeger, 1972.
Casasola, Gustavo (ed.)
1945   *Historia gráfica de la Revolución Mexicana, 1900-1940*, 5 tt., México, s.e.
1973   *Historia gráfica de la Revolución Mexicana, 1900-1970*, 10 tt., México, Trillas.

Cassirer, Ernst
1999   *Antropología filosófica: introducción a una filosofía de la cultura*, trad. revisada de Eugenio Ímaz, México, FCE.

Castillo, Ignacio B. del
1918   *Bibliografía de la Revolución Mexicana de 1910-1916. Historia, legislación, literatura, cuestiones sociales, políticas y económicas, documentos, etc. Mayo de 1908 a junio de 1916*, México, Talleres Gráficos de la Secretaría de Comunicaciones y Obras Públicas.
Catálogo de monumentos escultóricos y conmemorativos del DF
1976   México, Oficina de Conservación de Edificios Públicos y Monumentos.
Catálogo de publicaciones del INEHRM, 1953-1993
1993   México, INEHRM.

Ceballos Dosamantes, Jesús
1911   *La gran mistificación maderista*, México, Carranza e Hijos.

Celebración del 20 de Noviembre, 1910-1985
1985   México, INEHRM.

Charlot, Jean
1950   *Art making from Mexico to China*, Nueva York, Sheed and Ward.

Choay, Françoise
1984   "Alberti: the invention of monumentality and memory", en *The Harvard Architecture Review* 4, pp. 99-105.

Cockcroft, James D.
1971   *Precursores intelectuales de la Revolución mexicana, 1900-1913*, México, Siglo XXI.

Colley, Linda
1992   *Britons: forging the nation, 1707-1837*, New Haven, Yale University Press.

1915   (aprox.) *El conflicto personal de la Revolución Mexicana*, México, s.e.

Congreso de crítica de la Revolución Mexicana, 1910-1945
1970   México, Libros de México.

Connerton, Paul
1989   *How societies remember*, Cambridge, Cambridge University Press.

Córdova, Arnaldo
1973   *La ideología de la Revolución Mexicana: la formación del nuevo régimen*, México, Era.
1974   *La política de masas del cardenismo*, México, Era.
1980   "Regreso a la Revolución Mexicana", en *Nexos* 33, pp. 3-8.
1984   "Revolución: metáfora y alegoría", en *Unomásuno*, 22 de noviembre.

Coss y León, B. Wendy (ed.)
1994   *Historia del Paseo de la Reforma*, México, INBA.

Costeloe, Michael P.
1988   "A pronunciamiento in nineteenth century Mexico: 15 de julio de 1840", en *Mexican Studies/Estudios Mexicanos* 4: 2, verano, pp. 245-264.
2000   *La república central en México, 1835-1846: "hombres de bien" en la época de Santa Anna*, trad. de Eduardo L. Suárez, México, FCE.

Covarrubias, José
1922   *La trascendencia política de la reforma agraria*, México, s.e.

Covo, Jacqueline
1988   "La idea de la Revolución Francesa en el Congreso Constituyente de 1856-1857", en *Historia Mexicana* 38: 1, julio-septiembre, pp. 69-81.
1996   "El periódico al servicio del cardenismo *El Nacional*, 1935", en *Historia Mexicana* 46: 1, julio-septiembre, pp. 133-161.

Cumberland, Charles C.
1952   *Mexican Revolution: genesis under Madero*, Austin, University of Texas Press.
1957   "'Doctor Atl' and Venustiano Carranza", en *The Americas* 13: 3, enero.
1968   *La Revolución Mexicana*, trad. de Aníbal Leal, Buenos Aires, Siglo XX.
1972   Con material adicional de David C. Bailey, *Mexican Revolution: the constitutionalist years*, Austin, University of Texas Press.
1977   *Madero y la Revolución Mexicana*, traducción de Stella Mastrangelo, México, Siglo XXI.

Curcio-Nagy, Linda A.
1994   "Giants and gypsies: Corpus Christi in colonial Mexico city", en William R. Beezley, Cheryl English Martin, y William E. French (eds.), *Rituals of rule, rituals of resistance: public celebrations and popular culture in Mexico*, Wilmington, SR Books, pp. 1-26.

Curso, balance y perspectivas de la Revolución Mexicana
1983 México, PRI, Comisión Nacional de Ideología.

Danzer, Gerald A.
1987   "Monuments", en *Public places: exploring their history*, Nashville, The American Association for State and Local History.

Davis, Natalie Zemon y Randolph Starn
1989 "Introduction" to the special issue on "Memory and counter-memory", en *Representations* 16, primavera, pp. 1-6.

DDF
1967 *Anuario cívico de la ciudad de México 1967*, México.
1968 *Anuario cívico de la ciudad de México, 1968*, México.
1956 *Altar de la patria*, México.
1934 *Monumentos al general Álvaro Obregón*, México.
1934 *Monumento al General Álvaro Obregón. Homenaje nacional en el lugar de su sacrificio*, México, DDF.
1939 *Memoria del DDF, del 1° de septiembre de 1938*, México, AGN.
1939 *Memoria del Departamento del Distrito Federal, del 1° de septiembre de 1938 al 31 de agosto de 1939*, México, Talleres Gráficos de la Penitenciaría.
1942 *Memoria del Departamento del Distrito Federal, 1941-1942*, México, s.e.

De la Madrid, Miguel
1985 "Third state of the nation report by the president of Mexico, halfway along the road", en *Mexico Today* 34, septiembre, pp. 1-12.

1932 *De la pasión sectaria a la nación de las instituciones*, México, s.e.

Dewey, John, y Arthur F. Bendey
1960 *Knowing and the known*, Boston, Little Brown.

Diario de los debates del Congreso Constituyente
1922 t. I, México, Imprenta de la Cámara de Diputados.

Diario de los debates del Congreso Constituyente 1916-1917
1960 México, INEHRM, 1960.

Díaz Arciniega, Víctor
1989 *Querella por la cultura "revolucionaria", 1925*, México, FCE.

Diccionario Porrúa de historia, biografía y geografía de México,
1986. 5a ed. 3 vols. México, Porrúa.

Diplomatic dealings of the constitutionalist revolution of Mexico,
México, Mexican Foreign Office, s.a.

Documentos de la Revolución Mexicana,
1945 México, Biblioteca Enciclopedia Popular, SEP.

Doezema, Marianne
1977 "The public monument in tradition and transition",
en *The public monument and its audience*, Cleveland, The
Cleveland Museum of Art.

Downing, Todd
1996. *The Mexican earth*, Norman, University of Oklahoma
Press.

Dulles, John W.F.
1993 *Ayer en México. Una crónica de la Revolución, 1919-1936*,
México, FCE.

Edelman, Murray
1985 *The symbolic uses of politics*, Urbana, University of Illinois Press.
1988 *Constructing the political spectacle*, Chicago, University
of Chicago Press.

El Monumento de la Revolución
1933 *Texto de la iniciativa presentada al ciudadano Presidente
de la República por los ciudadanos general Plutarco Elías
Calles e ingeniero Alberto J. Pani y del acuerdo presidencial
recaído sobre la misma*, México, Cvltvra.

Eliade, Mircea
1985 *Symbolism, the sacred, and the arts*, Nueva York, Cross-
road.

Escobedo, Helen (ed.)
1989   *Mexican monuments: strange encounters*, Nueva York, Abbeville.

Esposito, Matthew D.
1993   *From Cuauhtémoc to Juárez: monuments, myth, and culture in porfirian Mexico, 1876-1900*, tesis de maestría, Arizona State University.

Esquivel Obregón, T.
1919   "Factors in the historical evolution of Mexico", en *Hispanic American Historical Review* 2, mayo.

Estrada, Roque
1912   *La Revolución y Francisco I. Madero*, Guadalajara, Imprenta Americana.

Fabela, Isidro
1916   *Arengas revolucionarias. Discursos y artículos políticos*, Madrid, s.e.

Fabela, Isidro (ed.)
1960-1970 *Documentos Históricos de la Revolución Mexicana: revolución y régimen constitucionalista*, 5 vols., México, FCE.
1964-1965 *Documentos históricos de la Revolución Mexicana: revolución y régimen maderista*, 5 vols., México, Jus.

Falassi, Alessandro (ed.)
1987   *Time out of time: essays on the festival*, Albuquerque, University of New Mexico Press.

Fernández, José Diego
1914   *Discursos en el Senado. La Revolución de 1910. Golpe de estado en Morelos*, México, s.e.
Fernández, Justino
1937   *El arte moderno en México. Breve historia. Siglos XIX y XX*, México, Antigua Librería Robredo, José Porrúa e hijos.

1988   "El Monumento a Porfirio Díaz", en Daniel Schavelzon (ed.), *La polémica del arte nacional en México, 1850-1910,* pp. 249-250, México, FCE.

Fernández Güell, Rogelio
1911   *El moderno Juárez. Estudio sobre la personalidad de don Francisco I. Madero,* México, Tipografía Artística.

Fernández Rojas, José
1913   *La Revolución Mexicana de Porfirio Díaz a Victoriano Huerta, 1910-1913,* México, s.e.

Figueroa Domenech, J.
1918   *Veinte meses de anarquía. Segunda parte de la revolución y sus héroes,* México, s.e.

Florescano, Enrique
1990   "La Revolución Mexicana en la mira", en *La Jornada Semanal,* 15 de julio, pp. 23-31.
1991   *El nuevo pasado mexicano,* México, Cal y Arena.
1995   *Memoria mexicana,* México, FCE.

Florescano, Enrique (ed.)
1995   *Mitos mexicanos,* México, Aguilar Nuevo Siglo.

Fogelquist, Donald
1942   "The figure of Pancho Villa in the corridos of the Mexican Revolution", en *Hispanic-American Studies* 3, pp. 11-12.

Folgarait, Leonard
1998   *Mural painting and social revolution in Mexico, 1920-1940: art of the new order,* Cambridge, Cambridge University Press.

Fornaro, Carlo de
1915   "The great Mexican Revolution: an analysis", en *The Forum* 59, noviembre.

Foucault, Michel
1977   *Language, counter-memory, practice: selected essays and interviews,* trad. y ed. de Donald F. Bouchard, Ithaca, Cornell University Press, 1977.

Fox, Elizabeth
1995   "Latin American broadcasting", en Leslie Bethell (ed.), *The Cambridge history of Latin America,* vol. x, *Latin America since 1930: ideas, culture, and society,* Cambridge, Cambridge University Press, pp. 519-568.

Furman, Necah S.
1978   "Vida nueva: a reflection of villista diplomacy, 1914-1915", en *New Mexico Historical Review* 53:3, abril, pp. 171-192.

Galarza, Geraldo
1985   "A los héroes que la vida separó, ni tener su nombre en la Cámara los reúne", en *Proceso,* 7 de enero, pp. 21-24.

Gamio, Manuel
1916   *Forjando patria (pro-nacionalismo),* México, Porrúa.

Garay, Graciela de
1991   "La ciudad de los andamios", en *Asamblea de ciudades: años 20's/50's, Ciudad de México,* México, Museo del Palacio de Bellas Artes y CNCA.

Garay Arellano, Graciela de
1979   *La obra de Carlos Obregón Santacilia, arquitecto,* México, SEP-INBA.

García, Genaro (ed.)
1911   *Crónica oficial de las fiestas del primer centenario de la Independencia de México,* México, Secretaría de Gobernación, Talleres del Museo Nacional.

García, Silvino, gral.
1916   *Vibraciones revolucionarias (prensa y tribuna)*, México, s.e.

García, Telésforo
1913   *Sobre el problema agrario en México*, México, Secretaría de Fomento, Comisión Agraria Ejecutiva.

Garciadiego Dantan, Javier
1988   "Salvador Azuela: aproximación biográfica", en Salvador Azuela, *La Revolución Mexicana: estudios históricos*, sel. de Garciadiego Dantan, México, INEHRM.

Gass, William H.
1982   "Monumentality/mentality", en: *Oppositions* 25, otoño, pp. 23-9.

Geertz, Clifford
1992   *La interpretación de las culturas*, trad. de Alberto L. Bixio, Barcelona, Gedisa.
1997   "Learning with Bruner", en *The New York Review of Books*, 10 de abril.

Gil, Feliciano
1914   *Biografía y vida militar del general Álvaro Obregón*, Hermosillo, s.e.

Gilbert, Dennis
1997   "Rewriting history: Salinas, Zedillo and the 1992 textbook controversy", en *Mexican Studies/Estudios Mexicanos* 12: 2 verano, pp. 271-298.

Gildea, Robert
1994   *The past in French history*, New Haven, Yale University Press.

Gillis, John R. (ed.)
1994   *Commemorations: the politics of national memory*, Princeton, Princeton University Press.

Gilly, Adolfo
1971 *La revolución interrumpida: México (1910-1920), una guerra campesina por la tierra y el poder*, México, El Caballito.
1983 *The Mexican Revolution*, Londres, Verso.
1986 "Memoria y olvido. Razón y esperanza: sugerencias
para el estudio de la historia de las revoluciones", en
Brecha I, otoño: 7-15.

Gimeno, Conrado
1912 *La canalla Rojas. Notas acerca del movimiento sedicioso*, El
Paso, s.e.

Giron, Nicole
1992 "Ignacio M. Altamirano y la Revolución Francesa: una
recuperación liberal", en Solange Alberro, Alicia Hernández Chávez y Elías Trabulse (eds.), *La Revolución
Francesa en México*, México, El Colegio de México, pp.
201-214.

Glassberg, David
1991 "Monuments and memories", en *American Quarterly*
43: 1, marzo, pp. 143-156.

Gluckman, Max y Mary Gluckman
1977 "On drama, games, and athletic contests", en Sally F.
Moore y Barbara G. Myerhoff (eds.), *Secular ritual*,
Ámsterdam, Van Gorcum.

Gómez Morín, Manuel
1927 *1915*, México, Cvltvra.

Gómez Tepexicuapan, Amparo
1994 "El Paseo de la Reforma, 1864-1910", en B. Wendy Coss
y León (ed.), *Historia del Paseo de la Reforma*, México,
INBA, pp. 47-52.

González, Antonio P. (Kanta Klaro) y J. Figueroa Doménech
1911   *La Revolución y sus héroes. Crónica de los sucesos políticos ocurridos en México desde octubre de 1910 a mayo de 1911*, México, Herrero Hermanos.

González Casanova, Pablo
1965   *La democracia en México*, México, Era.

González Garza, Roque
1914   *Discurso leído por el ciudadano coronel Roque González Garza en la solemne apertura de la Convención Militar Revolucionaria de Aguascalientes, la noche del 14 de octubre de 1914*, Aguascalientes, s.e.
1916   *Memorándum que en el tercer aniversario de la muerte del presidente de la República Mexicana Francisco I. Madero dirigen al ciudadano Venustiano Carranza y personas que integran los elementos civil y militar de su gobierno de tacto*, Nueva York, s.e.

González y González, Luis
1968   *Pueblo en vilo. Microhistoria de San José de García*, México, El Colegio de México.
1981   "La pesada herencia del pasado", en *Diálogos* 17: 100, julio-agosto, pp. 31-36.
1985   "La Revolución Mexicana desde el punto de vista de los revolucionados", en *Historias* 8-9, enero-junio, pp. 5-13.
1986   "La Revolución Mexicana y los revolucionados", en *Nexos* 104, agosto, pp. 9-13.
1989   *Todo es historia*, México, Aguilar.

González y González, Luis (ed.)
1962-1963 *Fuentes de la historia contemporánea en México. Libros y folletos*, 3 vols., México, El Colegio de México.

González-Blanco, Edmundo
1916   *Carranza y la Revolución de México*, segunda ed., Madrid, Imprenta Helénica.

Goodin, Robert E.
1978 "Rites of rulers", en *British Journal of Sociology* 29: 3, septiembre, pp. 281-299.

Goodman, Nelson
1978 *Ways of worldmaking*, Indianapolis, Hackett.
1990 *Maneras de hacer mundos*, Madrid, Visor.

Greenfield, Liah
1996 "The Madero religion?", en *Critical Review* 10: 2, primavera, pp. 169-192.

Grimaldo, Isaac
1916 *Apuntes para la historia. Contiene la vida, muerte y funerales del general Maclovio Herrera*, San Luis Potosí, s.e.

Gruening, Ernest
1928 *Mexico and its heritage*, Nueva York, The Century Co.

Guerra, François-Xavier
1988 *México, del Antiguo Régimen a la Revolución*, México, FCE.

Guilpain Peuliard, Odile
1991 *Felipe Ángeles y los destinos de la Revolución Mexicana*, México, FCE.

Gunther, John
1942 *El drama de América Latina*, trad. de C. Siralceta, Buenos Aires, Claridad.

Gutiérrez Cruz, C.
1924 *El brazo de Obregón*, México, La Liga de Escritores Revolucionarios.

Haight, Charles Henry
1956 *The contemporary Mexican Revolution as viewed by Mexican intellectuals*, tesis doctoral, Department of History, Stanford University.

Halbwachs, Maurice
1950 *La mémoire collective*, París, Presses Universitaires de France.
1992 *On collective memory*, trad. y ed. de Lewis A. Coser, Chicago, University of Chicago Press.

Hale, Charles A.
1968 *Mexican Liberalism in the age of Mora, 1821-1853*, New Haven, Yale University Press.
1989 *The transformation of liberalism in late nineteenth-century Mexico*, Princeton, Princeton University Press.
1994 "The revival of political history and the French Revolution in Mexico", en Joseph Klaits y Michael H. Haltzel (eds.), *The global ramifications of the French Revolution*, Cambridge, Cambridge University Press and the Woodrow Wilson Center Press.
1995 "Continuidad, ruptura y transformaciones en el liberalismo mexicano", entrevista con Rubén Gallo, en *Vuelta* 19, agosto, pp. 31-35.
1997 "Los mitos políticos de la nación mexicana: El Liberalismo y la Revolución", en *Historia Mexicana* 46: 4, abril-junio, pp. 821-837.

Hall, Linda B.
1985 *Álvaro Obregón: power and revolution in Mexico, 1911-1920*, College Station, Texas A&M University Press, 1981.//Hall, Linda B., *Álvaro Obregón: poder y revolución en México, 1911-1920*, trad. de Mercedes Pizarro, México, FCE.

Hamnett, Brian
1994 *Juárez*, Londres, Longman.

Hart, John Mason
1987 *Revolutionary Mexico: the coming and process of the Mexican Revolution*, Berkeley, University of California Press.
1988 *El anarquismo y la clase obrera mexicana, 1860-1931*, trad. de María Luisa Puga, México, Siglo XXI.

Hartog, François
1990   "Memory and time", *en* *The UNESCO Courier,* marzo.

Helm, MacKinley
1953   *Man of fire, José Clemente Orozco: an interpretative memoir,* Nueva York,

Harcourt, Brace.
1989   *Modern mexican painters: Rivera, Orozco, Siqueiros and other artists of the social realist school,* Nueva York, Dover.

Hernández, Teodoro
1950   *La historia de la Revolución debe hacerse,* México, s.e.

Hernández y Lazo, Begoña, (ed.)
1985   *Celebración del Grito de Independencia: recopilación hemerográfica, 1810-1985,* México, INEHRM.

Hobsbawm, E. J.
1990   *Echoes of the Marseillaise: two centuries look back on the French Revolution,* Londres, Verso.
1990   *Nations and nationalism since 1780: programme, myth, reality,* Cambridge, Cambridge University Press.
1992   "Mass-producing traditions: Europe, 1870-1914", en E. J. Hobsbawm y Terence Ranger (eds.), *The invention of tradition,* Cambridge: Cambridge University Press, Canto, pp. 263-308.

Hobsbawm, E. J., y Terence Ranger (eds.)
1992   *The invention of tradition,* Cambridge, Cambridge University Press, Canto edition.

Hodges, Donald C.
1995   *Mexican anarchism after the Revolution,* Austin, University of Texas Press, 1995.

Hughes, Lloyd H.
1950   *The mexican cultural mission programme,* París, UNESCO.

Hunt, Lynn (ed.)
1989   *The new cultural history*, Berkeley, University of California Press.

Hutton, Patrick H.
1981   *The cult of the revolutionary tradition: the blanquists in french politics, 1864-1893*, Berkeley, University of California Press.
1988   "Collective memory and collective mentalities: the Halbwachs-Ariès Connection", en *Historical Reflexions/Reflexions Historiques* 15: 2, verano, pp. 311-322.
1991   "The role of memory in the historiography of the French Revolution", en *History and Theory* 30, pp. 56-69.
1993   *History as an art of memory*, Hanover: University of Vermont.

INEHRM
1958   *Conversaciones con Enrique Flores Magón. Combatimos la tiranía. Un pionero revolucionario mexicano cuenta su historia a Samuel Kaplan*, México, Biblioteca del INEHRM.

Inman, Samuel G.
1938   "The Mexican Revolution", en *Southwest Review* 23:3, abril.

Islas Bravo, Antonio
1927   *La sucesión presidencial de 1928*, México, Imprenta Manuel León Sánchez.

Jara, René
1989   "The inscription of creole consciousness: Fray Servando de Mier", en Jara y Nicolas Spadaccini, *1492-1992: re/discovering colonial writing*, pp. 349-382, Minneapolis, University of Minnesota Press.

Iturriaga, José
1947   "México y su crisis histórica", en *Cuadernos Americanos*, mayo-junio, pp. 21-37.

Judt, Tony
1998 "A la recherche du temps perdu", en *The New York Review of Books,* 3 de diciembre, pp. 51-58.

Junco, Alfonso
1934 *Carranza y los orígenes de su rebelión,* México, s.e.

Kammen, Michael
1991 *Mystic cords of memory: the transformation of tradition in American culture,* Nueva York, Vintage.

Katz, Friedrich
1998a *The life and times of Pancho Villa,* Stanford, Stanford University Press.
1998b *Pancho Villa,* trad. de Paloma Villegas, México, Era.
1986 "Mexico: Restored Republic and Porfiriato, 1867-1910", en Leslie Bethell (ed.), *The Cambridge History of Latin America,* vol. V: *c. 1870-1930,* Cambridge, Cambridge University Press, pp. 3-78.

Keesing, Donald
1969 "Structural change early in development: Mexico's changing industrial and occupational structure from 1895 to 1950", en *Journal of Economic History* 29, diciembre, pp. 716-738.

Kellner, Hans
1989 *Language and historical representation: getting the story crooked,* Madison, University of Wisconsin Press.

Knight, Alan
1985 "The Mexican Revolution: bourgeois? nationalist? or just a 'great rebellion'?", en *Bulletin of Latin American Research* 4: 2, pp. 1037.
1986 *The Mexican Revolution,* t. II, *Counter-revolution and reconstruction,* Cambridge, Cambridge University Press.

1990a "Mexico, c. 1930-46", en Leslie Bethell, (ed.), *The Cambridge History of Latin America*, vol. VII, *1930 to the present*, Cambridge, Cambridge University Press, pp. 3-157.

1990b "Revolutionary project, recalcitrant people: Mexico, 1910- 1940", en Jaime E. Rodríguez O. (ed.), *The revolutionary process in Mexico: essays on political and social change*, Los Ángeles, UCLA Latin American Center, pp. 227-264.

1991 "Intellectuals in the Mexican Revolution", en Roderic A. Camp, Charles A. Hale, y Josefina Zoraida Vázquez (eds.), *Los intelectuales y el poder en México*, México, El Colegio de México y UCLA Latin American Center Publications.

1996 *La Revolución mexicana*, t. I, *Porfiristas, liberales y campesinos*, trad. de Luis Cortez Bargalló, México, Grijalbo.

Koselleck, Reinhart
1985 *Futures past: on the semantics of historical time*, Cambridge, The MIT Press.

Krauze, Enrique
1993 "Prólogo", en Magú y Enrique Krauze, *Hidalgo y sus gritos*, México, Sentido Contrario.

1994 "Founding fathers", en *The New Republic*, 28 de noviembre, pp. 58-66.

1995 "Y el mantel olía a pólvora", en *Vuelta*, julio, pp. 6-11.

1999 *Biografía del poder: caudillos de la Revolución Mexicana, 1910-1940*, México, Tusquets.

LaBatut, Jean
1952 "Monuments and memorials", en Talbot Hamlin, (ed.), *Forms and functions of twentieth-century architecture*, vol. III, Nueva York, Columbia University Press, pp. 521-533.

Lacy, Elaine C.
1995 "The 1921 centennial celebration of Mexican Independence: contested meaning, memory, and national identity", ms. presentado en el Latin American Studies Association Meeting, Washington, DC, septiembre.

La democracia social en México
1929 *Historia de la Convención Nacional Revolucionaria. Sucesión Presidencial de 1929*, México, s.e.

La Revolución libertaria y la reacción en México.
1915 México, s.e.

La Revolución Mexicana a través de sus documentos
1987   México, UNAM.

Langle, Arturo
1966 *Vocabulario, apodos, seudónimos, sobrenombres y hemerografía de la Revolución*, México, UNAM.

Larson, Neil
1995 "Phenomenology and colony: Edmundo O'Gorman's *The invention of America*", en Larson (ed.), *Reading north by south: on Latin American literature, culture and politics*, Minneapolis, University of Minnesota Press.

Lerdo de Tejada, C. Trejo
1916 *La Revolución y el nacionalismo*, La Habana, s.e.

Libro de oro de la Revolución Mexicana: contribución histórica, 1930 México, s.e.

Lipsitz, George
1989 *Time passages: collective memory and american popular culture*, Minneapolis, University of Minnesota Press.

Lira, Andrés
1992   "La Revolución francesa en la obra de Justo Sierra", en Solange Alberro, Alicia Hernández Chávez y Elías Trabulse (eds.), *La Revolución Francesa en México*, México, El Colegio de México, pp. 179-200.
1995   "Justo Sierra: la historia como entendimiento responsable", en Enrique Florescano y Ricardo Pérez Montfort (eds.), *Historiadores de México en el siglo XX*, México, FCE.

List Arzubide, Germán
1927   *Emiliano Zapata. Exaltación*, Jalapa, s.e.

Llorente, Enrique C.
1915   *General Francisco Villa. His policy in dealing with certain of the clergy and the reactionary element in Mexico —its justification*, Washington, DC, s.e.

Lombardo Toledano, Vicente
1943   *Definición de la nación mexicana*, México, Universidad Obrera de México.

López, Alfonso E.
1913   *La revolución de Carranza y Maytorena*, México, s.e.

López, José Luis
1986   "20 de noviembre, exhibición masiva de miseria deportiva", en *Proceso* 525, 24 de noviembre, pp. 60-63.

López-Portillo y Rojas, José
1921   *Elevación y caída de Porfirio Díaz*, México, s.e.

Lorey, David E.
1997   "The revolutionary festival in Mexico: noviembre 20 celebrations in the 1920s and 1930s", en *The Americas* 54: 1, julio, pp. 39-82.

Los Zapatas de Diego Rivera
1989   México y Cuernavaca, Conaculta-INBA-Gobierno Constitucional del Estado de Morelos.

Lowenthal, David
1985   *The past is a foreign country*, Cambridge, Cambridge University Press.

Loyo, Engracia
1988   "La lectura en México, 1920-1940", en *Historia de la lectura en México*, México, El Colegio de México.

1994   "Popular reactions to the educational reforms of cardenismo", en William H. Beezley, Cheryl English Martin y William E. French (eds.), *Rituals of rule, rituals of resistance: public celebrations and popular culture in Mexico*, pp. 247-260, Wilmington, SR.

Lukes, Steven
1975   "Political ritual and social integration", en *Sociology* 9: 2, mayo, pp. 289-308.

MacAloon, John J.
1984   "Olympic games and the theory of spectacle in modern societies", en MacAloon (ed.), *Rite, drama, festival, spectacle: rehearsals toward a theory of cultural performance*, pp. 243-257, Filadelfia, Institute for the Study of Human Issues.

Mach, Zdzislaw
1993   *Symbols, conflict, and identity: essays in political anthropology*, Albany, State University of New York Press.

Macías, Carlos (ed.)
1988   *Plutarco Elías Calles. Pensamiento político y social. Antología (1913-1936)*, México, FCE.

Maciel, David R.
1991   "Los orígenes de la cultura oficial en México, los intelectuales y el Estado en la República Restaurada", en Roderic A. Camp, Charles A. Hale y Josefina Zoraida Vázquez (eds)., *Los intelectuales y el poder en México*, Los Ángeles, El Colegio de México y UCLA Latin American Center Publications.

MacLachlan, Colin M.
1991   *Anarchism and the Mexican Revolution*, Berkeley, University of California Press.

MacLachlan, Colin M. y William H. Beezley
1994   *El gran pueblo: a history of greater México*, Englewood Cliffs, Prentice Hall.

Madero, por uno de sus íntimos
1916   México, Editorial Azteca, 1916.

Manero, Antonio
1915   *Qué es la Revolución*, Veracruz, Tipografía La Heroica.
1916   *Por el honor y por la gloria. Cincuenta editorales escritos durante la lucha revolucionaria constitucionalista en Veracruz*, México, Imprenta T. Escalante.

Manifiestos políticos, 1892-1912
1957   México, FCE.

Manjarrez, Froylán
1930   *La jornada institucional. Parte primera: la crisis de la política*, México, Diario Oficial.

Marin, Louis
1987   "Notes on a semiotic approach to parade, cortege, and procession", en Alessandro Falassi, (ed.), *Time out of time: essays on the festival*, Albuquerque, University of New Mexico Press.

Martínez, Rafael, Carlos M. Samper y Gral. José P. Lomelín
1912   *La Revolución y sus hombres (apuntes para la historia contemporánea)*, México, El Tiempo.

Matute, Álvaro
1982   "La Revolución Mexicana y la escritura de su historia", en *Revista de la Universidad de México* 36, enero, pp. 2-6.
1991   "La Revolución recordada, inventada, rescatada", en: María Isabel Monroy de Martí, (ed.), *Memoria del Congreso Internacional sobre la Revolución Mexicana*, México, INEHRM.

Maytorena, José M.
1919   *Algunas verdades sobre el General Álvaro Obregón,* Los Ángeles, Imprenta de *El Heraldo de México.*

McCaleb, Walter F.
1920   "The press of Mexico", en *Hispanic American Historical Review;* 3: 3, agosto, pp. 443-450.

McNeill, William
1981   "Make mine myth", en *The New York Times,* 28 de diciembre.

Medin, Tzvi
1982   *El minimato presidencial: historia política del Maximato, 1928-1935,* México, Era.

Medina Peña, Luis
1994   *Hacia el nuevo Estado: México, 1920-1993,* México, FCE.

Méjico revolucionario
ca.   1918 *A los pueblos de Europa y América. 1910-1918,* La Habana, s.e.

Meléndez, José T., (ed.)
1936   *Historia de la Revolución Mexicana,* t. I, México, Talleres Gráficos de la Nación.
1940   *Historia de la Revolución Mexicana,* t. II, México, Águilas.
1987   *Historia de la Revolución Mexicana,* t. I, reimpresión, México, INEHRM.

Melgar, Rafael (ed.)
1935   *Calendario nacionalista y enciclopedia popular,* México, PNR.

Mellado, Guillermo
ca. 1916 *Tres etapas políticas de don Venustiano Carranza. (Campañas del Cuerpo de Ejército de Oriente),* México, s.e.

Mendoza, Vicente T.
1990 *El corrido de la Revolución Mexicana*, México, UNAM.

Mérito revolucionario
1939 *Antecedentes revolucionarios de los militares y civiles a quienes se les han otorgado las condecoraciones del mérito revolucionario*, t. I, México, Esparta.

DAPP
1937 *The Mexican Revolution: a defense*, México.

Mexican Foreign Office
s/f *Diplomatic dealings...* México.
1984 "Mexico. An exclusive interview with Miguel de la Madrid", en *Excelsior*, julio.

Meyer, Eugenia
1972 *Luis Cabrera: teórico y crítico de la Revolución*, México,
SEP-SepSetentas.
1991 "Cabrera y Carranza: hacia la creación de una ideología oficial", en: Roderic A Camp, Charles A Hale y
Josefina Zoraida Vázquez (eds.), *Los intelectuales y el
poder en México*, Los Ángeles, El Colegio de México y
UCLA Latin American Center Publications.

Meyer, Jean
1986 "Mexico: revolution and reconstruction in the 1920s",
en Leslie Bethell, (ed.), *The Cambridge History of Latin
America*, vol. V: *c. 1870-1930*, Cambridge, Cambridge
University Press, pp. 155-194.
1995 "History as national identity", en *Voices of Mexico*, octu-
bre-diciembre pp. 34-37.

Meyer, Lorenzo y Manuel Camacho
"La ciencia política en México. Su desarrollo y estado
actual", en *Ciencias sociales en México, desarrollo y perspectiva*, México, El Colegio de México.

Middleton, David y Derek Edwards (eds.)
1990   *Collective remembering*, Londres, Sage.

Molina Enríquez, Andrés
1932-1936 *Esbozo de la historia de los primeros diez años de la Revolución Agraria de México (de 1910-1920) hecho a grandes rasgos*, México, Talleres Gráficos del Museo Nacional de Arqueología, Historia y Etnografía.

Monsiváis, Carlos
1992   "Sobre los monumentos cívicos y sus espectadores", en Helen Escobedo (ed.), *Monumentos mexicanos. De estatuas de sal y de piedra*, México, Grijalbo.

Monteforte Toledo, Mario
1979   *Las piedras vivas: escultura y sociedad en México*, México, UNAM.

Moore, Sally F. y Barbara G. Myerhoff (eds.)
1977   *Secular ritual*, Amsterdam, Van Gorcum.

Mora, José María Luis
1950   *México y sus revoluciones*, 3 vols.. México, Porrúa.

Morales Hesse, José
1916   *El general Pablo González. Datos para la historia, 1910-1916*, México, s.e.

Morales Jiménez, Alberto
1951   *Historia de la Revolución Mexicana*, México, Instituto de Investigaciones Políticas, Económicas y Sociales del PRI.
1961   *Historia de la Revolución Mexicana*, 3a. ed., México, Morelos.

Mosse, George L.
1990   *Fallen soldiers: reshaping the memory of the world wars*, Nueva York, Oxford University Press.

Museo del Monumento a la Revolución
1987 ...*Y nos fuimos a la Revolución*, México, Museo del Monumento a la Revolución.

Naranjo, Francisco
1935 *Diccionario biográfico revolucionario*, México, Cosmos.

Nava Nava, Carmen
1984 *Ideología del PRM*, México, Centro de Estudios de la Revolución Mexicana Lazaro Cárdenas, AC.

Nora, Pierre (dir.)
1996 *Realms of memory: the construction of the french past. I. Conflicts and divisions*, trad. de Arthur Goldhammer, Nueva York, Columbia University Press.

Núñez y Domínguez, José de J. y Nicolás Rangel
1930 *El Monumento a la Independencia: bosquejo histórico*, México, DDF.

Obregón, Álvaro
1928 *Discursos del gral. Obregón. Segunda Parte, de 1924 a 1928*, México, Talleres Gráficos de la Nación.
1932 *Discursos del general Obregón*, México, Biblioteca de la Dirección General de Educación Militar.

Obregón Santacilia, Carlos
1952 *50 años de arquitectura mexicana*, México, Patria.
1960 *El Monumento a la Revolución: simbolismo e historia*, México, SEP.

O'Gorman, Edmundo
1958 *La invención de América. Investigación acerca de la estructura histórica del Nuevo Mundo y del sentido de su devenir*, México, FCE.
1960 "La historiografía", en *México, cincuenta años de la Revolución*, México, FCE.

Oliverio Martínez, 1901-1938
1991   *Catálogo*, Galería de Arte Rafael Matos, ciudad de México, julio-agosto.

O'Malley, Ilene V.
1986   *The myth of the Mexican Revolution: hero cults and the institutionalization of the Mexican state, 1920-1940*, Nueva York, Greenwood.

O'Neil, Daniel J.
1978   "The cult of Juárez", en *Journal of Latin American Lore* 4:1, pp. 49-60.

Orozco, José Clemente
1945   *Autobiografía*, México, Occidente.

Ortega, Felipe de J.
1911   *La Revolución y la patria*, México, s.e.

Ortiz Monasterio, Luis
1932   "La disputa de la escultura", en *Revista de Revistas* 22, pp. 1135, 14 de febrero.

Ortiz Pinchetti, Francisco
1983   "La Revolución descuidó su monumento, que ahora amenaza todo lo que lo rodea", en *Proceso* 349, 11 de julio.

Ortiz Rubio, Pascual
1919   *La Revolución de 1910. Apuntes históricos*, México, Herrero.

Osorio Marbán, Miguel (ed.)
1970   *El Partido de la Revolución Mexicana*, t. I, México, Impresora del Centro.

Oviedo Mota, Alberto
1919   *Paso a la verdad. Causas de la Revolución Mexicana*, Nueva York, s.e.

Padilla, Ezequiel
1929   *En la tribuna de la Revolución. Discursos*, México, Cvltvra.

Padilla González, Francisco
1915   *Perfiles rojos*, Veracruz, Imprenta del Gobierno Constitucionalista.

Palacios, Aurelio
1924   *Historia verídica del célebre guerrillero del sur, Emiliano Zapata*, Orizaba, s.e.

Palacios, Guillermo
1969   *La idea oficial de la "Revolución Mexicana"*, tesis de maestría, Centro de Estudios Históricos, El Colegio de México.
1998   "Postrevolutionary intellectuals, rural readings and the shaping of the 'peasant problem'" en *Mexico: el maestro rural, 1932-34, Journal of Latin American Studies* 30, pp. 309-339.

Palavicini, Félix F.
1915   *Un nuevo congreso constituyente*, Veracruz, s.e.
1931   *Cómo y quiénes hicieron la revolución social en México*, México, Cvltvra.

Palavicini, Félix F. (ed.)
1916   *El Primer Jefe*, México, s.e.
1945   *México, historia de su evolución constructiva*, 4 vols., México, Libro.

Palomares, Justino N. y Francisco Múzquiz
1914   *Las campañas del norte (sangre y héroes). Narración de los sucesos más culminantes registrados en las batallas de Torreón, Durango, Gómez Palacio y San Pedro*, México, Andrés Botas.

Pani, Alberto J.
1918   *En camino hacia la democracia*, México, Poder Ejecutivo Federal.

1951   *Apuntes autobiográficos*, t. II, México, Manuel Porrúa.

Parra, Gonzalo de la
1915   *De cómo se hizo revolucionario un hombre de buena fe*, México, s.e.

Pastor Bodmer, Beatriz
1992   *The armature of conquest: spanish account of the Discovery of America, 1492-1589*, Stanford, Stanford University Press.

Paz, Octavio
1986   "Muertes paralelas", en: *Tres revolucionarios, tres testimonios*, t. I, *Madero y Villa*, México, EOSA.
1993   "Re/visions: mural painting", en *Essays on mexican art*, Nueva York, Harcourt Brace and Co.

Paz, Octavio (ed.)
1986   *Tres revolucionarios, tres testimonios*, t. I, Madero y Villa, t. II, *Zapata*, México, EOSA.

Pazuengo, Matías, general
1915   *Historia de la Revolución en Durango. De junio de 1910 a octubre de 1914*, México, s.e.

Peña, Manuel de la
1920   "Greetings to the world from the new liberal constitutional party in Mexico", en: George H. Blakeslee, ed., *Mexico and the Caribbean*, Nueva York, G. E. Stechert and Co., pp. 41-46.

Pérez Walters, Patricia
1990   "Jesús F. Contreras", en: *Jesús F. Contreras, 1866-1902: escultor finisecular*, México, CNCA-INVA-Museo Nacional de Arte, pp. 23-45.

Perry, Laurens Ballard
1978   *Juárez and Díaz: machine politics in Mexico*, DeKalb, Northern Illinois University Press.

Pfaff, William
1993   *The wrath of nations civilization and the: furies of Nationalism*, Nueva York, Touchstone.
1994   *La ira de las naciones: la civilización y las furias del nacionalismo*, trad. Carlos Gardini, Santiago de Chile, Andrés Bello.

Perra-Purra (Pedro Lamicq)
1915   *La parra, la perra y la porra*, México, Azteca.

Plasencia de la Parra, Enrique
1991   *Independencia y nacionalismo a la luz del discurso conmemorativo (1825-1867)*, México, Conaculta.

Plenn, J. H.
1939   *Mexico marches*, Indianapolis, The Bobbs-Merrill Co.

Plumb, J. H.
1973   *The death of the past*, Middlesex, Penguin.
1974   *La muerte del pasado*, Madrid, Barral.

PNM
1987   *Planes en la Nación Mexicana*, libro 7, México, Senado de la República-El Colegio de México.

PNR
1934   *Calendario nacionalista y enciclopedia popular.* México.

Popoca y Palacios, Lamberto
1912   *Historia del vandalismo en el estado de Morelos. Ayer como ahora.* Puebla, s.e.

Popular Memory Group, eds.
1982   *Making histories: studies in history writing and politics*, Minneapolis, University of Minnesota Press.

Portes Gil, Emilio
1936   *En memoria de Zapata. Un balance social político del momento actual en México*, Nva. Biblioteca de Eds. Conmemorativas, México, Partido Nacional Revolucionario.

Potash, Robert A.
1960   "Historiography of Mexico since 1821", en: *Hispanic American Historical Review* 40:3, agosto, pp. 381-424.

PRI
1983   *Curso, balance y...*, México, Comisión Nacional de Ideología.

Prida, Ramón
1914   *From despotism to anarchy: facts and commentaries about the mexican revolutions at the beginning of the twentieth century*, Nueva York, s.e.
1914b   *De la dictadura a la anarquía*, San Antonio, s.e.

Primer Congreso
1927   *Primer Congreso de Unificación de las Organizaciones Campesinas de la República celebrado en la ciudad de México, DF, del 15 al 20 noviembre de 1926*, Puebla, s.e.

PRM
1940   *Cárdenas habla*, México.

Puente, Ramón
1912   *Pascual Orozco y la revuelta de Chihuahua*, México, Eusebio Gómez de la Puente.
1936   "Prólogo", en: José T. Meléndez, ed., *Historia de la Revolución Mexicana*, México, Talleres Gráficos de la Nación, pp. 7-16.
1938   *La dictadura, la revolución y sus hombres*, México, s.e.

Puig Casauranc, J. M.
1933   *La aspiración suprema de la Revolución Mexicana*, México, Imprenta de la SRE.

1936   *El sentido social del proceso histórico de México*, México, Botas.

1938   *Galatea rebelde a varios pigmaliones*, México, s.e.

Quirk, Robert E.
1962   *La Revolución Mexicana, 1914-1915. La Convención de Aguascalientes*, trad. de Manuel Zepeda Castillo, México, Azteca.

Quiroz Martínez, Roberto
1928   *Álvaro Obregón. Su vida y su obra*, México, s.e.

Rabasa, Emilio
1920   *La evolución histórica de México*, México, s.e.

Rabasa, José
1993   *Inventing America: spanish historiography and the formation of eurocentrism*, Norman, University of Oklahoma Press.

Ramírez, Rafael, *et al.*
1948   *La enseñanza de la historia en México*, México, Instituto Panamericano de Geografía e Historia.

Ramírez Garrido, J. D.
1934   "El porqué de esta revista", en: *La Revolución Mexicana. Revista ilustrada de Historia y Literatura* 1:1, junio, pp. 1-3.

Ramos, Roberto
1931   *Bibliografía de la Revolución Mexicana (hasta mayo de 1931)*, México, Imprenta de la SRE.

Ramos Pedrueza, Rafael
1932   *Sugerencias revolucionarias para la enseñanza de la historia*, México, UNAM.

Rauch, Angelika
1996   "The broken vessel of tradition", en: *Representations* 53, invierno, pp. 74-96.

Reed, Alma
1956   *Orozco*, Nueva York, Oxford University Press.

Reed, John
1971   *México insurgente*, trad. tomada de la ed. cubana de E. V., Barcelona, Ariel.

Renan, Ernest
1990   "Qu'est-ce qu'une nation?", reproducido bajo el título "What is a nation?", en Homi K. Bhabha, *Nation and narration*, Londres, Routledge.

Reséndiz, Salvador F.
1912   *La revolución actual. Sus causas y tendencias, sus triunfos y fracasos*, México, s.e.

Resumen de historia patria
1916   San Antonio, Librería de Quiroga.

Reyes Avilés, Carlos
1928   *Cartones zapatistas*, México, s.e.

Ribot, Héctor
1912   *Las últimas revoluciones, 1910-1911*, México, s.e.

Richmond, Douglas
1986   *La lucha nacionalista de Venustiano Carranza, 1893-1920*, México, FCE.

Rius
1983   *Rius en* Proceso, México, Revista *Proceso*.

Rivas Coronado, Carlos
1915   *Los horrores del carrancismo en la ciudad de México*, México, s.e.

Rivera de la Torre, Antonio
1918   *Paralelismo de hombres y caracteres. Juárez = Carranza. Asuntos varios del constitucionalismo*, México, Oficina Impresora de Hacienda.

Rivero, Gonzalo G.
1911   *Hacia la verdad. Episodios de la Revolución*, México, Compañía Editora Nacional.

Robeledo, Federico P.
1915   *El constitucionalismo y Francisco Villa a la luz de la verdad*, Matamoros, El Demócrata.

Rodríguez Kuri, Ariel
1991   "El discurso del miedo: *El Imparcial* y Francisco I. Madero", en: *Historia Mexicana* 40:4, pp. 697-740.

Rodríguez Prampolini, Ida
1964   *La crítica de arte en México en el siglo XIX*, t. I, México, Imprenta Universitaria.

Rolland, M. C.
1916   *Carta a mis conciudadanos*, México, s.e.

Romero Flores, Jesús
1939   *Anales históricos de la Revolución Mexicana*, 4 vols., México, Ediciones Encaudernables de *El Nacional.*

Ross, Stanley Robert
1959   *Francisco I. Madero. Apóstol de la democracia mexicana*, trad. de Edelberto Torres, México, Gandesa.
1977   "La protesta de los intelectuales ante México y su revolución", en: *Historia Mexicana* 26, enero-marzo, pp. 412-420.

Ross, Stanley Robert, ed.
1975   *Is the Mexican Revolution dead?*, 2a ed., Filadelfia, Temple University Press.

Ruiz, Ramón Eduardo
1980   *The great rebellion: Mexico, 1905-1924*, Nueva York: W.W. Norton.
1992   *Triumphs and tragedy: a history of the mexican people*, Nueva York, W.W. Norton.

Rutherford, John
1978 *La sociedad mexicana durante la revolución*, México, El Caballito.

Ryan, Mary
1989 "The american parade: representations of the nineteenth-century social order", en: Lynn Hunt, ed., *The new cultural history*, Berkeley, University of California Press, pp. 131-153.

Sáenz, Aarón
1935 *Obregón, aspectos de su vida*, México, Cvltvra.

Sáenz, Moisés
1926 *Some Mexican problems*, Chicago, s.e.
1929 *Mexico: an appraisal and a forecast*, Nueva York, The Committee on Cultural Relations with Latin America.
1939 *México íntegro*, Lima, Torres Aguirre.

Salazar, Rosendo y José G. Escobedo
1923 *Las pugnas de la gleba, 1907-1922*, México, s.e.

Santamaría, Francisco J.
1974 *Diccionario de mejicanismos*, 2a ed., México, Porrúa.

Santos Chocano, José
1914 *Los fines de la Revolución Mexicana considerados dentro del problema internacional*, Chihuahua, Imprenta del Gobierno.
1915 *El conflicto personal de la Revolución Mexicana*, México, s.e.

Schaar, John H.
1984 "Legitimacy in the modern State", en: William Connolly, ed., *Legitimacy and the State*, pp. 104-133, Nueva York, New York University Press.

Schavelzon, Daniel (ed.)
1988 *La polémica del arte nacional en México, 1850-1910*, México, FCE.

Schmidt, Henry C.
1978 *The roots of lo mexicano: self and society in Mexican thought, 1900-1934*, College Station, Texas A & M University Press.
1991 "Power and sensibility: toward a typology of mexican intellectuals and intellectual life, 1910-1920", en Roderic A. Camp, Charles A. Hale y Josefina Zoraida Vázquez, (eds.), *Los intelectuales y el poder en México*, Los Ángeles, El Colegio de México y UCLA Latin American Center Publications.

Schultz, Alfred
1973 *Collected papers. I. The problem of social reality*, Maurice Natanson, ed., La Haya, Martinus Nijhoff.

Schwartz, Barry
1990 "The reconstruction of Abraham Lincoln", en David Middleton y Derek Edwards, eds., *Collective Remembering*, Londres, Sage, pp. 81-107.

Semo, Enrique
1985 "La resurrección de Madero", en: *Proceso* 435, 4 de marzo, pp. 38-39.

Seoane, Luis F.
1920 *Méjico y sus luchas internas*, Bilbao, Viuda e Hijos de Hernández.

SEP
1954 *La Revolución Mexicana*, México, SEP.

Serrano, T.F.
1911 *Episodios de la Revolución en México*, El Paso, Modern Printing.

Serrano, T.F. y C. del Vando
1914   *Ratas y ratones o Carranza y los carrancistas*, El Paso, s.e.

Sierra, Justo
1993   *Evolución política del pueblo mexicano*, est. introd. de Álvaro Matute, México, Conaculta.

Sierra Horcasitas, Luis
1916   *Patria. Obra histórico-revolucionaria*, México, Talleres Gráficos de la Secretaría de Comunicaciones y Obras Públicas.

Silberman, Neil Asher
1992   "Fallen idols", *Archaeology*, enero-febrero, pp. 26.

Simmons, Merle E.
1957   *The mexican* corrido *as a source for interpretive study of modern Mexico (1870-1950)*, Bloomington: Indiana University Press.

Silva Herzog, Jesús
1949   "La Revolución Mexicana es ya un hecho histórico", en: *Cuadernos Americanos*, septiembre-octubre, pp. 7-16.

Smith, Michael S.
1995   "Carrancista propaganda and the print media in the United States: an overview of institutions", en: *The Americas* 52:2, octubre, pp. 155-174.

Smith, Peter H.
1979   *Labyrinths of power: political recruitment in twentieth-century Mexico*, Princeton, Princeton University Press.

Solís Cámara, Fernando
1915   *La reconstrucción de nuestra patria*, Nueva York, s.e.

Sosa, Francisco
1974   *Las estatuas de la Reforma*, México, Colección Metropolitana.

Soto, Jesús S.
1929   *Aspectos de la nueva ideología mexicana*, México, SEP.

Spenser, Daniela
1998   *El triángulo imposible: México, Rusia Soviética y Estados Unidos en los años veinte*, México, CIESAS.

Staples, Anne
1992   "El rechazo a la Revolución Francesa", en: Solange Alberro, Alicia Hernández Chávez y Elías Trabulse, eds., *La Revolución Francesa en México*, pp. 161-170, México, El Colegio de México.

Stevens, Donald Fithian
1991   *Origins of instability in early republican Mexico*, Durham, Duke University Press.

Tablada, José Juan
1913   *Historia de la campaña de la División del Norte*, México, Imprenta del Gobierno Federal.

Tamayo, J. A.
1922   *El gral. Obregón y la guerra*, México, s.e.

Tapia, Lucio, profesor y doctor Krumm Heller
1916   *Trilogía heroica: historia condensada del último movimiento libertario en México*, México, Andrés Botas.

Taracena, Alfonso
1987   *Historia extraoficial de la Revolución Mexicana (desde las postrimerías del porfirismo hasta los sexenios de Echeverría y López Portillo)*, México, Jus.

Teja Zabre, Alfonso
1935   *Guide to the history of Mexico*, México, Press of the Ministry of Foreign Affairs.
1938   *Panorama histórico de la Revolución mexicana*, México, Botas.

Tenenbaum, Barbara A.
1994 "Streetwise history: the Paseo de la Reforma and the porfirian State, 1876-1910", en: William H. Beezley, Cheryl English Martin y William E. French, eds., *Rituals of rule, rituals of resistance: public celebrations and popular culture in Mexico*, Wilmington, SR Books, pp. 127-150.

Thomason, Burke C.
1982 *Making sense of reification: Alfred Schultz and constructionist theory*, Londres, Macmillan.

Thomson, Guy P. C.
1990 "Bulwarks of patriotic liberalism: the national guard, philharmonic corps and patriotic *juntas* in Mexico, 1847-1888", en: *Journal of Latin American Studies* 22:1, febrero, pp. 31-68.

Tobler, Hans Werner
1994 *La Revolución Mexicana: transformación social y cambio político, 1876-1940*, México, Alianza Editorial.

Tolosa Sánchez, Guadalupe
1990 "Luis Ortiz Monasterio", en: *La escuela mexicana de escultura. Maestros fundadores*, México, INBA.

Tres intelectuales hablan sobre México
1916 México, s.e.
Tribuna revolucionaria
1930 *Discursos pronunciados durante la gira política del ingeniero Pascual Ortiz Rubio. Año de 1929*, México, s.e.

Tumarkin, Nina
1994 *The living and the dead: rise and fall of the cult of World War II in Russia*, Nueva York, Basic Books.

Turner, Frederick C.
1968 *The dynamic of mexican nationalism*, Chapel Hill, University of North Carolina Press.

Turner, Victor
1984 "Liminality and the performative genres", en: John J. MacAloon, ed., *Rite, drama, festival, spectacle: rehearsals toward a theory of cultural performance*, Filadelfia, Institute for the Study of Human Issues.

Urquiaga y Rivas, Vicente
1938 "La Avenida 20 de Noviembre", en: *Arquitectura y Decoración* 2:7, mayo, pp. 335-348.

Urquijo, Ygnacio
1925 *Apuntes para la historia de México (1910-1924)*, México, Tipográfica Moderna.

Urrea, Blas [Luis Cabrera]
1920 *La herencia de Carranza*, México, s.e.
1921 *Obras políticas del Lic. Blas Urrea*, México, Imprenta Nacional.

Valadés, José C.
1985 *Historia general de la Revolución Mexicana*, t. II, *Los hombres en armas*, México, Guernika, edición conmemorativa del 75 Aniversario de la Revolución Mexicana.

Valtierra Miranda, Moisés
1989 "Historia de un símbolo: el Monumento a la Revolución", ms., Museo Nacional de la Revolución.

Valverde, Custodio
1916 *Julián Blanco y la revolución en el estado de Guerrero*, México, Imprenta J. Chávez.

Vanderwood, Paul
1981 *Disorder and progress: bandits, police and mexican development*, Lincoln, University of Nebraska Press.

Van Young, Eric
1994 "Conclusion: the State as vampire-hegemonic projects, public ritual, and popular culture in Mexico, 1600-

1990", en: William H. Beezley, Cheryl English Martin y William E. French, eds., *Rituals of rule, rituals of resistance: public celebrations and popular culture in Mexico,* Wilmington, SR Books, pp. 343-374.

Vasconcelos, José
1920 *La caída de Carranza, de la dictadura a la libertad,* México, s.e.

Vaughan, Mary Kay
1982 *Estado, clases sociales y educación en México,* t. I, trad. de Martha Amorín de Pablo, México, Conafe-FCE.
1994 "The construction of the patriotic festival in Tecamachalco, Puebla, 1900-1946", en: William H. Beezley, Cheryl English Martin y William E. French, eds., *rituals of rule, rituals of Resistance: public celebrations and popular culture in Mexico,* Wilmington, SR Book, pp. 213-246.
1997 *Cultural politics in revolution: teachers, peasants, and schools in Mexico, 1930-1940,* Tucson, University of Arizona Press.

Vázquez Gómez, Emilio
1912 *El pensamiento de la revolución,* México, s.e.

Vázquez Santa Ana, Higinio
1920 *Hombres ilustres nacionales,* México, Secretaría de Gobernación.

Vera Estañol, Jorge
1911 *Partido Popular Evolucionista,* México, s.e.

Villegas Moreno, Gloria
1983 "El viraje de la historiografía mexicana frente a la crisis revolucionaria, 1914-1916", en: *Anuario de Historia* 11, pp. 213-30.

1991 "La militancia de la «clase media intelectual» en la Revolución Mexicana", en: Roderic A. Camp, Charles A. Hale y Josefina Zoraida Vázquez, eds., *Los intelectuales y el poder en México*, pp. 211-233, Los Ángeles, El Colegio de México y UCLA Latin American Center Publications.

Wahrman, Dror
1995 *Imagining the middle class: the political representation of class in Britain, c. 1780-1840*, Cambridge, Cambridge University Press.

Walzer, Michael
1967 "On the role of symbolism in political thought", en: *Political Science Quarterly* 82:2, junio, pp. 191-204.

Weeks, Charles A.
1987 *The Juárez myth in Mexico*, Tuscaloosa, University of Alabama Press.

Wells, Allen
1991 "Oaxtepec revisited: the politics of Mexican historiography, 1968-1988", en: *Mexican Studies/Estudios Mexicanos* 7:2, verano, pp. 311-346.

Widdifield, Stacie G.
1996 *The embodiment of the national in late nineteenth-century Mexican painting*, Tucson, University of Arizona Press.

Wieseltier, Leon
1993 "After memory", en: *The New Republic,* mayo, pp. 15-21.

Wilentz, Sean, ed.
1985 *Rites of power: symbolism, ritual, and politics since the Middle Ages*, Filadelfia: University of Pennsylvania Press.

Wilson, Elizabeth Barkeley
1998 "Jacques-Louis David: stage manager of the revolution", en: *Smithsonian,* agosto, pp. 81-91.

Wolfe, Bertram D.
1924 "Art and revolution in Mexico", en: *The Nation,* agosto 27, pp. 207-208.
1963 *The fabulous life of Diego Rivera*, Nueva York, Stein and Day.

Womack, John, Jr.
1986   "The Mexican Revolution, 1910-1920", en: Leslie Be-
        thell, ed., *The Cambridge History of Latin America*, vol. V:
        c. 1870-1930, Cambridge, Cambridge University Press,
        pp. 79-153.
1969   *Zapata and the Mexican Revolution*, Nueva York, Vintage.

Wong, Oscar
1990   "Reflexión y la historia: el Museo Nacional de la Re-
        volución", en: *Siempre!*, 1953, noviembre 28.

Yack, Bernard
1996   "The myth of the civic nation", en: *Critical Review* 10:2,
        primavera, pp. 193-212.

Yankelevich, Pablo
1997   *Miradas australes. Propaganda, cabildeo y proyección de la
        Revolución mexicana en el Río de la Plata, 1910-1930*,
        México, SRE-INEHRM.
1998   "Némesis: mecenazgo revolucionario y propaganda
        apologética", en: *Boletín* 28, mayo-agosto, pp. 1-32.

Yépez Solórzano, Miguel
1924   *Mensaje al grupo revolucionario de México: programa de
        táctica revolucionaria para obtener su solidaridad y cohe-
        sión*, México, s.e.

Young, James E.
1989   "The biography of a memorial icon: Nathan Rapoport's
        Warsaw ghetto monument", en: *Representations* 26,
        primavera, pp. 69-106.
1993   *The texture of memory: holocaust memorials and meaning*,
        New Haven, Yale University Press.

Zerubaval, Evitar
1981   *Hidden rhythms: schedules and calendars in social life*, Chi-
        cago, The University of Chicago Press.

Zerubavel, Yael
1995   *Recovered roots: collective memory and the making of israeli national tradition,* Chicago, University of Chicago Press.

ÍNDICE ONOMÁSTICO

La Revolución Mexicana. Memoria, mito e historia se terminó de imprimir en octubre de 2003, en Litográfica Ingramex, S.A. de C.V. Centeno 162, Col. Granjas Esmeralda, C.P. 09810, México, D.F. Composición tipográfica: Angélica Alva Robledo. Cuidado de la edición: Thomas Benjamin, Enrique Florescano y Mónica Vega. Lectura, cotejo y corrección: Raúl Aguilera, Concepción Rodríguez, Ana Tamarit y Jimena Romero.